RUTE

Dados Internacionais de Catalogação na Publicação (CIP)
(Câmara Brasileira do Livro, SP, Brasil)

Viega, Alessandra Serra
  Rute : uma heroína e mulher forte / Alessandra Serra Viega ; sob a coordenação de Waldecir Gonzaga. – Petrópolis, RJ : Vozes; Rio de Janeiro: Editora PUC, 2020. – (Série Teologia PUC-Rio)

  Bibliografia.
  ISBN 978-65-5713-063-6 (Vozes)
  ISBN 978-65-990194-4-9 (PUC-Rio)

  1. Bíblia. A. T. Rute – Comentários 2. Cristianismo 3. Mulheres da Bíblia 4. Rute (Personagem bíblico) I. Gonzaga, Waldecir. II. Título III. Série.

20-39438   CDD-222.3507

Índices para catálogo sistemático:
1. Rute : Livros históricos : Bíblia : Comentários
222.3507

Maria Alice Ferreira - Bibliotecária - CRB-8/7964

Alessandra Serra Viegas

RUTE
Uma heroína e mulher forte

SÉRIE **TEOLOGIA PUC-RIO**

© 2020, Editora Vozes Ltda.
Rua Frei Luís, 100
25689-900 Petrópolis, RJ
www.vozes.com.br
Brasil

Todos os direitos reservados. Nenhuma parte desta obra poderá ser reproduzida ou transmitida por qualquer forma e/ou quaisquer meios (eletrônico ou mecânico, incluindo fotocópia e gravação) ou arquivada em qualquer sistema ou banco de dados sem permissão escrita da editora.

CONSELHO EDITORIAL

Diretor
Gilberto Gonçalves Garcia

Editores
Aline dos Santos Carneiro
Edrian Josué Pasini
Marilac Loraine Oleniki
Welder Lancieri Marchini

Conselheiros
Francisco Morás
Ludovico Garmus
Teobaldo Heidemann
Volney J. Berkenbrock

Secretário executivo
João Batista Kreuch

©**Editora PUC-Rio**
Rua Marquês de S. Vicente, 225 –
Casa da Editora PUC-Rio
Gávea – Rio de Janeiro – RJ – CEP
22451-900
T 55 21 3527-1760/1838
edpucrio@puc-rio.br
www.puc-rio.br/editorapucrio

Reitor
Pe. Josafá Carlos de Siqueira SJ

Vice-Reitor
Pe. Anderson Antonio Pedroso SJ

Vice-Reitor para Assuntos Acadêmicos
Prof. José Ricardo Bergmann

Vice-Reitor para Assuntos Administrativos
Prof. Ricardo Tanscheit

Vice-Reitor para Assuntos Comunitários
Prof. Augusto Luiz Duarte Lopes Sampaio

Vice-Reitor para Assuntos de Desenvolvimento
Prof. Sergio Bruni

Decanos
Prof. Júlio Cesar Valladão Diniz (CTCH)
Prof. Luiz Roberto A. Cunha (CCS)
Prof. Luiz Alencar Reis da Silva Mello (CTC)
Prof. Hilton Augusto Koch (CCBS)

Conselho Gestor da Editora PUC-Rio
Augusto Sampaio, Danilo Marcondes, Felipe Gomberg, Hilton Augusto Koch, José Ricardo Bergmann, Júlio Cesar Valladão Diniz, Luiz Alencar Reis da Silva Mello, Luiz Roberto Cunha e Sergio Bruni.

Coordenação da série: Waldecir Gonzaga
Editoração: Programa de pós-graduação em Teologia (PUC-Rio)
Diagramação: Raquel Nascimento
Cotejamento: Nilton Braz da Rocha
Capa: WM design

ISBN 978-65-5713-063-6 (Vozes)
ISBN 978-65-990194-4-9 (PUC-Rio)

Editado conforme o novo acordo ortográfico.

Este livro foi composto e impresso pela Editora Vozes Ltda.

Sumário

Prefácio | Leonardo Agostini Fernandes, **13**

Introdução, 15

Capítulo 1 | Rt 3: texto, organização e constituição, 33
Tradução e notas de crítica textual, 33
Delimitação do texto, 42
Unidade interna, 49
Organização do texto, 52
Gênero literário, 68

Capítulo 2 | Análise narrativa de Rt 3, 73
História e discurso expressos em Rt 3: encontros e relacionamentos, 76
Espaço e tempo *da* história e *na* história: as peripécias e o narrar do tempo, 81
O enredo, 87
Perspectiva, voz e foco narrativo: as peripécias de Noemi, Rute e Booz, 97
Personagens protagonistas: Noemi, Rute e Booz por seus ditos e feitos, 99
Narrador e *narratário*: uma narrativa com propósito bem definido, 101
Autor implícito e *leitor implícito*: o efeito a ser impresso no ouvinte-leitor, 105

Capítulo 3 | Análise intertextual de Rt 3, 110
Pressupostos teóricos à análise intertextual de Rt 3, 110
Heroínas bíblicas: o prestígio da mulher no "tempo dos juízes", 116
Heroínas bíblicas: o prestígio da mulher na monarquia davídica e na sabedoria, 125

Heroínas extrabíblicas: o prestígio da mulher na literatura grega, 133
Rute e as heroínas bíblicas e extrabíblicas: um caminho percorrido, 152

Conclusão, 161

Posfácio | Waldecir Gonzaga, **167**

Referências bibliográficas, 171

Lista de Abreviaturas

a.C.	Antes de Cristo
AOP	Antigo Oriente Próximo
BHQ	Bíblia Hebraica Quinta
BHQ^{app}	Aparato crítico da Bíblia Hebraica Quinta
apud	Citado por
BibInt	Biblical Interpretation
BSac	Bibliotheca Sacra
BTB	Biblical Theology Bulletin
ca.	Cerca de
CBQ	The Catholic Biblical Quarterly
Ct	Cântico dos cânticos
CT	Cuadernos de Teología
1Cr	1 Crônicas
2Cr	2 Crônicas
CTJ	Calvin Theological Journal
CurTM	Currents in Theology and Mission
Dt	Deuteronômio
Ed	Esdras
EB	Estudios Bíblicos
Ed	Editor(a)
Et	Ester
Ex	Êxodo
Ez	Ezequiel
Gn	Gênesis
HTR	Harvard Theological Review
Is	Isaías
JBL	Journal of Biblical Literature

JBQ	Jewish Bible Quarterly
JBS	Journal of Biblical Studies
Jn	Jonas
JNSL	Journal of Northwest Semitic Languages
JJLT	Judaism: A Quarterly Journal of Jewish Life and Thought
JSem	Journal for Semitics
JSOT	Journal for the Study of the Old Testament
JSOTSup	Journal for the Study of the Old Testament – Supplementum
JSJPHR	Journal for the Study of Judaism in the Persian, Hellenistic and Roman Period
JTI	Journal of Theological Interpretation
Jr	Jeremias
Js	Josué
Jt	Judite
Jz	Juízes
KTU	Die keilalphabetischen Texte aus Ugarit
LA	*Liber Annuus*
Lm	Lamentações de Jeremias
Lv	Levítico
LXX	Septuaginta
MCom	Miscelánea Comillas
Nashim	Nashim: A Journal of Jewish Women's Studies & Gender Issues
Ne	Neemias
Nm	Números
org.	Organizador (a)
p.	Página (s)
PdV	Parole di Vita
Pr	Provérbios
PSV	Parola Spirito e Vita
PT	Political Theory
ResQ	Restoration Quarterly
RIBLA	Revista de Interpretação Bíblica Latino-Americana
2Rs	2 Reis
Rt	Rute
Sl	Salmos
1Sm	1 Samuel

2Sm	2 Samuel
SJOT	Scandinavian Journal of the Old Testament
TM	Texto Massorético
TS	Theological Studies
USQR	Union Seminary Quarterly Review
v.	Versículo
vv.	Versículos
vol.	Volume
VT	Vetus Testamentum
WTJ	Westminster Theological Journal
W&W	Word & World
ZAW	Zeitschrift für die Alttestamentliche Wissenschaft
Zc	Zacarias

Super Homem
(Gilberto Gil, 1978)

Um dia, vivi a ilusão
De que ser homem bastaria
Que o mundo masculino
Tudo me daria
Do que eu quisesse ter

Que nada
Minha porção mulher
Que até então se resguardara
É a porção melhor
Que trago em mim agora
É que me faz viver

Quem dera
Pudesse todo homem compreender
Oh Mãe, quem dera
Ser no verão o apogeu da primavera
E só por ela ser

Quem sabe
O Super Homem
Venha nos restituir a glória
Mudando como um Deus
O curso da história
Por causa da mulher

Prefácio

A pesquisa de Alessandra Serra Viegas contribui para a compreensão do texto bíblico como espaço de reflexão tanto no contato com outras literaturas quanto com as culturas que estão subjacentes ao próprio texto. Tal fato permite que outras áreas do conhecimento estabeleçam uma interface com os estudos bíblico-teológicos, pois se alinha com a demanda de interdisciplinaridade na produção acadêmica universitária.

A pesquisa permite, ainda, uma leitura de mundo e com o mundo a partir da Bíblia, pois, ao explicitar um valor intercultural do passado, vem ao encontro de uma questão latente no tempo presente: a paridade entre homem e mulher que se acolhem mutuamente e valorizam a sua dignidade. Na verdade, paridade e dignidade são dons do Criador à sua criatura desde o princípio (cf. Gn 1,26-27; 2,18-23); dons que se tocam no amor e no resgate humano, demonstrados, nessa pesquisa, que se debruça, com paixão e rigor científico, sobre o livro de Rute, capítulo 3.

A relevância dessa pesquisa desponta, com propriedade, ao apresentar e destacar essa paridade não apenas a partir da relação entre Rute e Booz (Rt 3), mas também porque se enriquece pelo contato com outros textos da literatura bíblica que exaltam figuras femininas: Débora, Jael, Abigail, a mulher de Pr 31,10-31, bem como pelo contato alargado com as figuras femininas presentes na literatura extrabíblica: a rainha Arete, da *Odisseia* de Homero, e a princesa Alceste, do drama homônimo de Eurípides.

A ampliação semântica da "virtude" de Rute, como uma mulher de força/valor (אֵשֶׁת חַיִל), presente também na mulher de Pr 31,10-31, como característica peculiar das outras mulheres, bíblicas e extrabíblicas, oferece uma dupla chave de leitura: 1) para a percepção e o entendimento de como se pensa a mulher na Antiguidade através dos textos que refletem a sociedade *desse* tempo; 2) para o conhecimento e engajamento da Palavra de Deus, atualizada nas questões *do nosso* tempo, que também possui mulheres de força/valor, verdadeiras heroínas e pares dos homens em conquistas e importância.

Então, a percepção literária, produzida na Bacia do Mediterrâneo e na Palestina nos séculos V-IV a.C., indicam o caminho da novidade presente nesta pesquisa. Sem dúvida, é uma contribuição que, na atualidade, permite a ampliação e o avanço dos estudos de Teologia Bíblica.

Boa leitura!

Prof. Leonardo Agostini Fernandes
Pontifícia Universidade Católica do Rio de Janeiro

Introdução

Refletir acerca de Rute como uma heroína[1] é olhar para dentro de cada mulher que luta todos os dias pela manutenção de sua vida e daqueles que ama, trabalhando incansavelmente para isto e fazendo o que for necessário para consegui-lo. Apresentar Rute como uma heroína própria da Antiguidade, considerando Rt 3 como pertencente ao século V a.C., portanto pós-exílico, em termos históricos, é elencar: sua obediência em amor a Noemi; sua coerência pela opção feita em Rt 1,16-17 na descida à eira de Booz; a firmeza dos atos e das palavras de Rute diante de Booz; a força/valor e a bondade que caracterizam Rute, declaradas através da fala de Booz, seu par na cena central de Rt 3; o espaço como protagonista, junto a Booz, que lhe é dado ao longo de Rt 3.

Rute é uma típica mulher-heroína[2] de seu tempo. Neste sentido, a pesquisa em busca das aventuras que retratam *o herói de mil faces*[3] no universo literário da Antiguidade, ocidental ou oriental, causa certo espanto: os heróis e as heroínas são, de fato, modelos de homens e mulheres extremamente reais que saem em busca de uma nova aventura cheia de desafios, tornam-se mais fortes à medida que os vencem e, cheios de força e bondade, retornam com o aprendizado que adquiriram.

Expectante, o ouvinte-leitor busca heróis e heroínas que lhe apresentem o maravilhoso e o fantástico e em tudo lhe sejam superiores. E encontra, na verdade, nas peripécias do discurso narrativo acerca do herói e da heroína, *quem* é o homem e *quem* é a mulher – a partir de uma *nuance* essencialmente ontológica que envolve quem as ouve ou lê e faz com que esse ouvinte-leitor se encontre consigo mesmo, com suas próprias limitações, para ultrapassá-las, com suas dificuldades,

---

1. WÉNIN, A., El libro de Rut, p. 15-16; SKA, J.-L., La storia di Rut, p. 3-28; SKA, J.-L., La Bíblica Cenerentola, p. 5-16.
2. BRENNER, A., Rute e Noemi, p. 92-111.
3. CAMPBELL, J., O herói de mil faces, p. 36-43.

a fim de que se supere, a partir do exemplo a que é exposto nos textos imbuídos das gestas heroicas.

Esta é a beleza que envolve a mulher de força/valor[4] e cheia de bondade que é Rute (Rt 3,11e). Ela é uma mulher estrangeira no meio de um povo que não é o seu. Povo que deveria rechaçá-la, mas que a percebe como alguém cheia de virtude. Ela é pobre e tem uma sogra, Noemi, que não tem de onde tirar seu sustento, apesar desta ter um campo para vender. Campo que deixara quando foi para Moab acompanhar o marido e os filhos em busca de pão. Como a mulher de Pr 31,10-31, Rute era incansável no trabalho, e seu trabalho foi obter para si e para a sogra o que conseguira respigar até o fim da colheita da cevada e do trigo nos campos de Booz (Rt 2,15-17.23). Ela é viúva, e só tem a si e à sua força/valor (חַיִל) para recorrer, enquanto aprende a ter fé em YHWH.

Força/valor notados e ditos com todas as letras por Booz em Rt 3. Força/valor referendados por todo o povo da cidade. Associada a esta força/valor, que em Rute é também virtude, há uma bondade (חֶסֶד) apreciada por todos de Belém de Judá, no trabalho árduo e incansável da moabita para alcançar o sustento para si e para a sogra. Bondade narrada a Booz pelo jovem que observara Rute nos campos e citada, em Rt 3, como a primeira das bondades de Rute, cuja segunda bondade é escolher ser tomada por ele, Booz, como mulher, a fim de que haja o resgate, pelo goelato,[5] também da sogra. Como resultado, ambos os gestos de bondade afetam positivamente Noemi e conquistam a admiração de Booz.

Para pertencer ao universo das heroínas da Antiguidade, Rute precisaria ocupar o espaço em paridade a Booz e, com ele, dividir a cena central – e principal – de Rt 3, na noite na eira (Rt 3,6-15), bem como ser protagonista nas cenas anterior (Rt 3,1-5) e posterior (Rt 3,16-18), que se passam em ambiente diverso,

---

4. O vocábulo חַיִל (*hayil*), presente em Rt 2,1; 3,11; 4,11, assume diversas acepções semânticas de acordo com as relações que se estabelecem com outros vocábulos e com o contexto. Os significados mais utilizados giram em torno de força, seja esta física – em adjetivos: forte, robusto, viril, poderoso; em substantivos: poder; ou moral – em adjetivos: valoroso, virtuoso, (de) valor; em substantivos: coragem, retidão, virtude (KOEHLER, L.; BAUMGARTNER, W., חַיִל, p. 99; GESENIUS, W., חַיִל, p. 228). Optou-se pela tradução mulher de força/valor para אֵשֶׁת חַיִל: 1) pelo caráter semântico – Rute porta em si força física e força moral – valor; 2) pelo caráter sintático – a relação entre mulher e força é construta, portanto, mulher de força/valor.

5. O *goelato* (resgate ou redenção) é apresentado em Lv 25,25 e aponta se um israelita vende uma propriedade para sobreviver financeiramente, seu parente mais próximo é quem deve resgatá-la, "comprando-a de volta" e restituindo-a ao seu dono original. Se este conseguisse recursos, ele mesmo poderia readquirir a propriedade. A narrativa de Rt 3-4 é entendida por alguns estudiosos como levirato, no entanto, o uso de גָּאַל (*go'el*) e seus derivados parece referir-se à aquisição por Booz da terra ancestral de Elimelec e da viúva Rute tomada por mulher como resgate e não como levirato (Van GEMEREN, W. A. (org.), גָּאַל, p. 765-766, v.1). FISCHER, I., Noémi et Ruth, les femmes non conventionelles de la Maison de David, p. 217-220, aponta que Rute fez uma "interpretação criativa do levirato" para salvaguardar a si e a Noemi, a fim de que a sogra recebesse de volta a parte da terra dada em herança por YHWH.

junto à sogra, Noemi. O autor tratou de ambos os casos, demarcando equiparadamente os espaços de fala e de ação de Rute e de Booz, na cena central, e os de Rute e de Noemi nas cenas periféricas.

Quanto à cena central, essa mesma demarcação, equiparada e pedagógica entre homem e mulher, herói e heroína, pode ser encontrada com elementos que aproximam de Rt 3 as gestas heroicas de mulheres bíblicas, como Débora, Jael, Abigail e da mulher-modelo que encerra o livro de Provérbios. O mesmo se pode observar no trato de duas mulheres extrabíblicas: Arete, da *Odisseia* de Homero, e Alceste, protagonista do drama homônimo de Eurípides.[6] Todas estas mulheres, em suas narrativas, recebem do autor o espaço em termos de paridade à sua contraparte masculina, seus pares em cena, bem como dialogam com os mesmos.

O interesse pelo tema desenvolvido nesta pesquisa surgiu a partir de dois enfrentamentos próprios do mundo contemporâneo, nos âmbitos histórico-social e teológico-religioso. Tais enfrentamentos, ou embates, vão ao encontro e tocam indelevelmente aqueles que lidam com o texto bíblico e o estudam à luz da história da humanidade, aplicando-o como contributo para um mundo mais harmônico e próximo de Deus, diante do qual homem e mulher são complementares e iguais em dignidade (Gn 1,26-27; 2,18-23).

O primeiro deles é a questão da afirmação da mulher na sociedade como par do homem, em busca dos mesmos direitos – civis, políticos, econômicos, trabalhistas – com uma luta justa pelos tais. O segundo é o discurso de muitas denominações religiosas, assegurando que as Escrituras Sagradas possuem um cunho machista e que o Deus, nelas apresentado, corrobora o não direito das mulheres à fala e às atitudes em paridade com os homens. Baseando-se nisso, este último enfrentamento contribui para o fortalecimento do não cumprimento do primeiro enfrentamento supradito.

Partindo da latência destas duas questões principais na sociedade, esta obra traz o texto de Rt 3 através da análise narrativa e da análise intertextual, a fim de apontar caminhos que tragam respostas e argumentos capazes de distinguir nas Escrituras Sagradas como um texto que, sendo "espelho", "lâmpada" e "janela"[7] da sociedade em que é produzido, retrata o comportamento na Antiguidade. Texto pedagógico, teológico e antropológico quanto aos relacionamentos. Texto no qual homem e mulher lidam um com o outro como pares que são.

---

6. Outras mulheres heroínas encontram-se nos textos da épica e do teatro gregos, no entanto Arete, em Homero e *Alceste*, em Eurípides são as que mais se aproximam de Rute na narrativa de Rt 3, permitindo a possibilidade do diálogo entre as mesmas por meio da intertextualidade.

7. SKA, J.-L., Specchi, lampade e finestre, p. 37-68.

O trabalho exegético por meio da análise narrativa aponta no texto de Rt 3 as possibilidades que assinalam a paridade entre Rute e Booz, como protagonistas em cena, através da narração de seus atos e do discurso de ambos, não se esquecendo da importância de Noemi para o texto. Para além, intentou-se aplicar a Rute, como mulher de força/valor e cheia de bondade que é, o conceito de heroína[8] própria da Antiguidade, a partir da análise intertextual com algumas mulheres bíblicas e extrabíblicas, as quais em muito se assemelham às características de Rute na cena com Booz, quanto ao comportamento, bem como à paridade apresentada entre ambos no episódio que se dá na eira de Booz.

É a presença desse personagem masculino que reforça a imagem da mulher heroína. Partindo desse pressuposto, esta obra apresenta estudos intertextuais a partir dos quais se pode perceber nas gestas das mulheres heroínas bíblicas e extrabíblicas a possibilidade de um *ethos* comum quanto à posição da mulher e do homem nestas sociedades que produziram tais narrativas.

Tomando-se Rute como parâmetro em Rt 3, foram utilizados textos referentes às mulheres bíblicas Débora (Jz 4,4-16; 5,1-23.28-31), Jael (Jz 4,17-23; 5,24-27), Abigail (1Sm 25,2-42) e a mulher de Provérbios 31,10-31; bem como textos referentes às mulheres extrabíblicas Arete (Homero, *Odisseia*, Cantos V-VII, no contexto que abarca a personagem) e Alceste (Eurípides, *Alceste*, tomando textos seletos do drama que a aproximam de Rute, como mulher de força/valor). Outros textos bíblicos do Antigo Testamento e textos clássicos gregos também foram empregados para referendar conceitos ou aproximações com Rt 3.

Neste livro, optou-se por assinalar: 1) os elementos que permitem elaborar a organização do texto e apontar o gênero literário a que pertence; 2) os elementos constituintes e as instâncias narrativas presentes em Rt 3; 3) os conceitos de *dialogismo* de Mikhail Bakhtin, bem como o de *intertextualidade* de Julia Kristeva, e as relações entre as categorias intertextuais de Tânia Carvalhal e D. Markl. Esta proposta, com ambas as análises se complementando, tornou eficaz a elaboração dos elementos textuais tratados nesta obra.

Com a introdução, o capítulo primeiro deste trabalho (*status quaestionis*) apresenta, inicialmente, o estado atual da pesquisa acerca de Rt 3, o texto em estudo. Poucos trabalhos acadêmicos recentes foram encontrados sobre o capítulo em si, mesmo em inglês, francês, italiano, espanhol e alemão. Desta maneira, coube pesquisar o livro de Rute como um todo, apontando as três principais tendências em que se dividem as pesquisas, apresentadas em artigos científicos e livros acerca

---

8. WÉNIN, A., El libro de Rut, p. 15-16; SKA, J.-L., La Biblica Cenerentola, p. 5-16.

de Rute como personagem e como livro: Tendências histórico-sociais e culturais, linguístico-literárias e de linha hermenêutica judaica.

O primeiro capítulo discorre sobre a aplicação do método histórico-crítico ao texto de Rt 3, considerando-o como uma unidade textual. Esta aplicação a Rt 3 suscitou o tema proposto para este trabalho: perceber Rute como uma mulher de força/valor e percorrer, por esse motivo, o caminho da paridade. Em Rt 3, os personagens protagonistas, Rute (e Noemi) e Booz são construídos de modo complementar: a) no nível narrativo, pois a eles é dado o mesmo valor pelo narrador; b) no nível literário-estrutural, pois ambos ocupam o mesmo espaço de fala e de ação; c) no nível hermenêutico, na medida em que se percebe a não supremacia de um gênero – masculino ou feminino – sobre outro, mas sim o que está demonstrado nitidamente como paridade (de gêneros); d) no nível teológico-antropológico, pois YHWH é inserido na narrativa como aquele que abençoa e age através da bondade[9] (*ḥesed*) de Rute e de Booz, mulher e homem, contidas na cena central de Rt 3.

No segundo capítulo, aplica-se a análise narrativa a Rt 3, unindo teoria literária e aplicação ao texto, sem dissociar ou dividir ambos ao longo do capítulo. Assim, foram-se apresentando as categorias de espaço (*casa*[10] de Noemi – eira de Booz – *casa* de Noemi), de gestão da temporalidade (tempo narrado e tempo da narração), a disposição do enredo com suas peripécias, a tipologia da trama, o estudo da estrutura quinária de Rt 3 (situação inicial, nó ou complicação, ação transformadora, desenlace, situação final), a constituição dos personagens, a perspectiva, a voz e o foco narrativo. Ainda, observaram-se as instâncias narrativas presentes: *narrador* e *narratário*, *autor implícito* e *leitor implícito*.

O terceiro capítulo apresenta ao leitor a análise intertextual do livro de Rute 3, levantando a questão sobre o prestígio da mulher no "tempo dos juízes", por meio de personagens como Débora e Jael, e durante a monarquia davídica, tendo como eixo principal a figura de Abigail. Foram seguidos os pressupostos da pesquisa com o conceito literário de intertextualidade e seus usos de forma geral

---

9. O vocábulo חֶסֶד (*ḥesed*) é polissêmico, dentro de um campo semântico de sentimentos positivos e sublimes no trato relacional, a responsabilidade mútua daqueles que pertencem um ao outro, podendo significar, entre outros: bondade, generosidade, compaixão, misericórdia, benignidade, amor, graça, favor (KOEHLER, L.; BAUMGARTNER, W., חֶסֶד, p. 110; GESENIUS, W., חֶסֶד, p. 247). Neste trabalho, optou-se pela bondade, mas sempre imbuída destes outros significantes.

10. Rt 3 não tem a ocorrência ou alusão a uma "casa" de Noemi. No entanto, infere-se que Noemi e Rute habitam um lugar, isto é, usufruem uma moradia. Para esta referência, utilizar-se-á, em diante, o substantivo casa, em itálico, ou o termo com a especificação, casa de Noemi, para demarcar este ambiente interno que serve de cenário para as cenas anterior e posterior ao encontro de Rute e Booz na eira.

e metodológica de Júlia Kristeva[11] e Mikhail Bakhtin,[12] e de seus comentadores,[13] bem como suas aplicações específicas ao trato com o texto bíblico.[14]

Sobre os critérios específicos de D. Markl,[15] pode-se acompanhá-los em alguns momentos, em outros não, pelo número de textos e gestas de heroínas apresentados. Por isso, apontou-se, ainda, a intertextualidade como conceito em literatura comparada,[16] nos casos em que não se estabelecem os critérios de Markl, mas se reconhecem as mesmas estruturas no trato com as heroínas no que tange à paridade entre as mesmas e sua contraparte masculina. A opção pela intertextualidade partiu do viés de se perceber a construção literária de Rute como uma heroína que se mostra em paridade a Booz, sua contraparte masculina no texto, a cena da eira. Esta paridade poderá ser notada através de similitudes apresentadas no estudo das heroínas bíblicas e extrabíblicas apontadas neste capítulo.

Tendências interpretativas de Rt 3

A maioria dos estudos que abarcam o livro de Rute como um todo, em torno de questionamentos acerca do texto, e não somente comentários deste, estão dentro do que ficou cunhado como *exegese feminista*, cujos primeiros estudos foram produzidos e publicados na Alemanha no fim dos anos 1970.[17] Esta abordagem do texto, como objetivo principal, quer apontar a luta e o valor das mulheres no transfundo histórico-social do Antigo Testamento, como parte essencial da sociedade da época no que diz respeito à construção do pensamento e do comportamento humano.

Os estudos vão desde a abordagem de uma construção linguística feminina – o que muito tem auxiliado a pesquisa acerca de Rt 3 – até a fundamentação para uma base histórico-hermenêutica do feminino, em si, presente no texto. Neste ínterim, os livros de Luise Schottroff, Silvia Schroer e Marie-Theres Wacker[18] (2008) e Athalya Brenner[19] (2001; 2002) servem como base para

---

11. KRISTEVA, J., Introdução à semanálise, 1974.
12. BAKHTIN, M., Marxismo e filosofia da linguagem, 1979; Questões de Literatura e de Estética, 1998; Estética da Criação Verbal: os gêneros do discurso, 1997.
13. TODOROV, T., Mikail Bakhtine, 1981; STAM, R., Bakhtin, 1992.
14. NIELSEN, K., Intertextuality and Hebrew Bible, 1998; LETE, G., La Biblia y su intertextualidad, 2013.
15. MARKL, D., Hab 3 in intertextueller und kontextueller Sicht, 2004.
16. CARVALHAL, T., Literatura Comparada, 2001; CARVALHAL, T., O próprio e o alheio, 2003.
17. SCHOTTROFF, L.; SCHROER, S.; WACKER, M.-T., Exegese feminista, p. 30-31.
18. SCHOTTROFF, L.; SCHROER, S.; WACKER, M.-T., Exegese feminista.
19. BRENNER, A. (Ed.), A Feminist Companion to Ruth; BRENNER, A. (Org.), Rute a partir de uma leitura de gênero.

referendar o papel da mulher como "mulher de força/valor" e tão importante quanto o homem para a (re)construção da identidade do povo de Israel após o exílio, como apontam as pesquisas acerca do contexto social de produção do livro de Rute.[20]

Este trabalho opta pela datação pós-exílica para a produção do livro de Rute e corrobora os critérios e argumentos apresentados pelos pesquisadores[21] para a mesma, elencados: o número de aramaísmos presentes no texto; a menção da explicação para um costume antigo utilizado, a fim de que o ouvinte-leitor saiba do que se trata (Rt 4,7); o lugar canônico do livro de Rute entre os Escritos (*K^etûbîm*), o que supõe uma nova coleção após os Profetas, tendo sido esta completada; a imagem favorável da moabita Rute, na contramão dos textos etnocêntricos pós-exílicos de Esdras e Neemias; a desapropriação das terras dos pobres pelos ricos (Rt 1,1; 4,1-3; Ne 5,1-5); os problemas em torno da observância da lei do resgate (Rt 4,3-10; Ne 5,8-11); a união com mulheres estrangeiras (Rt 4,5.13; Ed 9,1-2; 10,2.10; Ne 13,23-27); o universalismo e a abertura da fé em YHWH (Rt 1,16-17; Is 40–66; Jn 1–4); a adequação do tema da jornada de saída e retorno à sua terra com a experiência do exílio.

O contexto social no qual o livro de Rute foi escrito demarca o que seria o pensamento da época, bem como o modelo literário apresentado nos textos, a partir de sua historicidade ou como provocação a esta.[22] Também se pode apontar

---

20. A sociedade retratada no Antigo Testamento é uma sociedade que vai se desenvolvendo e evoluindo seu pensamento manifesto nos textos, apontando sempre para a configuração, no sentido ricoeuriniano do livro de Rute no pós-exílio. A configuração é o que Ricoeur chama de momento da tecitura da intriga, mediadora entre acontecimentos ou incidentes individuais e uma história considerada como um todo, compondo juntos tanto fatores heterogêneos quanto meios, circunstâncias, agentes e, por isso também, mediadora de seus caracteres temporais próprios (RICOEUR, P., Tempo e Narrativa, p. 112-122). Tais elementos em sua conjuntura só seriam possíveis em Rute no pós-exílio.

21. CAMPBELL, E. F., Ruth, p. 23-28; LACOCQUE, A., Ruth, p. 18-21; SCAIOLA, D., Rut, p. 47-49; MESTERS, C., Rute, p. 10-12; ZENGER, E., Introdução ao Antigo Testamento, p. 189-190; LAU, P. H. W., Identity and Ethics in the book of Ruth, p. 44-45.

22. Discutindo o valor dos estudos culturais e sua intersecção com o papel da literatura na sociedade, Jonathan Culler (Teoria literária: uma introdução, p. 45-47) aponta esta – a literatura – como uma instituição paradoxal que, concomitantemente, é o veículo de ideologia e o instrumento para a sua anulação, pois produz algo que segue as convenções, mas também zomba delas, indo além; é o ruído da cultura assim como sua informação, vivendo de expor e de criticar os seus próprios limites. O que Culler mostra é a arte que enxerga o pensamento da sociedade que retrata e transborda-o, transcende-o, pensando o impensado que pode trazer como corolário grandes transformações no lugar vivencial dessa mesma arte, isto é, do texto. Sendo assim, paradoxos e antíteses encontrados na estrutura estilística de um texto podem denotar bem mais do que uma boa construção sintática ou literária. O texto, tido como uma via de mão dupla, pode relacionar-se com o contexto social de produção no qual se encontra, reconstruindo situações concretas às quais pode querer trazer uma resposta a uma questão histórica e real. Do mesmo modo, o texto também pode reconstruir o grupo social a cujo interesse sua formulação corresponde ou se opõe. Ou 'mexer nos brios' da sua comunidade ouvinte-leitora para que algo que está incomodando seja denunciado e resolvido, como parece ser o caso de Rute: há uma

a construção e o estabelecimento de um *ethos* – costumes e tradições postos em consonância com as novas realidades – em que se baseie a sociedade cujo ouvinte-leitor terá acesso ao texto. Chamem-se novas realidades aos influxos culturais recebidos no Israel pós-exílico através de tradição oral e escrita de outros povos do Antigo Oriente Próximo e da bacia do Mediterrâneo.[23]

Os comentários pesquisados, e mais extensos quanto à questão da datação,[24] apontam características imediatas no texto de Rute, em nível vocabular, que permitem datá-lo tanto no pré-exílio quanto no pós-exílio.[25] André Lacoque[26] é tido pelos estudiosos de Rute como quem mais se aprofundou em suas pesquisas. Após uma vasta apresentação, toma sua própria opinião e aponta o livro de Rute com grande possibilidade de pertencer ao pós-exílio, devido à abertura concedida à figura da mulher no texto – o que não seria possível antes do século V a.C.[27] Também o perfil histórico-literário do livro de Rute estabelecido por Donatela Scaiola[28] – que apresenta o estado da questão e opina pelo pós-exílio[29] – é bastante rico para determinar o estabelecimento deste contexto social de produção.

Erick Zenger resume os critérios e argumentos utilizados pelos estudiosos supracitados, de forma bastante didática, quais sejam: 1) por meio do conceito de "redenção-resgate", Rute proporciona uma conexão criativa de matrimônio de cunhados (levirato) e direito preferencial de compra/dever de recompra da propriedade do clã com desfecho favorável para Noemi e Rute, podendo-se falar de uma *halakah* para Lv 25 (instituição do resgate) e Dt 25 (levirato), propondo-se um modo de ver a Torah inimaginável no pré-exílio; 2) a ênfase forte na família e o destaque para sua função fundadora da comunidade compreendem-se como

---

situação típica – como trabalhar a universalidade da fé em YHWH e compartilhá-la em uma comunidade que está crescendo nos pós-exílio?

23. WAJDENBAUM, P., Argonautas do deserto: análise estrutural da Bíblia Hebraica, 2015, p. 7-116; GERSTENBERGER, E. S., Israel no tempo dos persas: Séculos V e IV antes de Cristo, 2014, p. 433-455.

24. CAMPBELL, E. F., Ruth, p. 23-27; HUBBARD, R., The book of Ruth, p. 23-34; VILCHEZ LÍNDEZ, J., Rut y Ester, p. 1-37; SCAIOLA, D., Rut, p. 44-49.

25. Robert Hubbard (The book of Ruth, p. 23-35) exibe exaustivamente argumentos que favorecem cada uma das datações e chega à conclusão de que é bastante difícil datar o livro de Rute. Donatella Scaiola (2009) chega à mesma conclusão de Lacoque – a de que é possível entender Rute no próprio pós-exílio (leitura em que Scaiola se manifesta pessoalmente em apresentar) ou até mesmo antes do final do exílio – o que ela sugere como possibilidade plausível (p. 48-49).

26. LACOQUE, A., Ruth, p. 85-107.

27. LACOQUE, A. Ruth, p. 106.

28. SCAIOLA, D., Rut, p. 44-49.

29. SCAIOLA, D., Rut, p. 49.

reação à ruína do estado; 3) a combinação do retorno do estrangeiro e nascimento de um filho para Noemi lembra as metáforas teológicas de Lm e Is 40–66; 4) o jogo planejado, intencionalmente, com os nomes próprios significantes de todos os personagens é típico para a literatura pós-exílica; 5) a perspectiva da mulher, que determina o cerne do livro de Rute, não poderia ser imaginada dessa forma para o tempo pré-exílico, válido para Rute como estrangeira, bem como para o destaque dado às mulheres na história das origens de Israel (Rt 4,11); 6) a multiplicidade de referências intertextuais exige que a formação do livro se tenha dado depois do exílio. Rute, a moabita, com sua importância "salvadora" constitui uma correção aos textos hostis a Moab (Gn 19,30-38; Nm 25,1-18); 7) se se supõe que o livro de Rute se ocupa polemicamente, também, da expulsão de esposas vindas de povos estrangeiros, exigida no século V a.C. pelos rigoristas (Esd 13; Ne 10), torna-se imperioso datar o livro nessa época.

A abordagem de Lacoque[30] tem como *background* direto a história de Tamar (Gn 38), sem a qual Rute não alcançaria, como personagem protagonista, o seu nível de elaboração na narrativa.[31] Assim, ele utiliza alguns pressupostos de Paul Ricoeur,[32] no que tange à comunicação entre textos, principalmente o princípio da *refiguração*, dentro da estrutura da tríplice mimese dos textos. Em seus comentários, cita os mais recentes estudos acerca de Rute, inclusive o de Adele Berlin (1996), mas não trabalha com a análise narrativa. Lacoque acompanha e analisa verso a verso, e encaixa as suas ideias, alinhavando suas conclusões com os pensamentos dos estudiosos considerados em seu trabalho.

Por questões de sistematização, propõem-se, dentro de todo o material pesquisado, três linhas de interpretação para o livro de Rute como um todo, bem como para o capítulo 3, base deste trabalho. Estas linhas-mestras, ou tendências, podem ser assim denominadas: 1) Tendências histórico-sociais e culturais; 2) Tendências linguístico-literárias; 3) Tendências de linha hermenêutica judaica. Tal sistematização cabe para a organização do pensamento, visto que os estudos e suas reflexões a todo tempo são intercambiáveis, apenas sofrendo mudanças metodológicas, a fim de fazer sobressair alguns aspectos em detrimento de outros presentes no texto.

---

30. LACOQUE, A., Ruth, p. 85-86.
31. Esta mesma abordagem permeia os estudos de hermenêutica judaica, onde as narrativas de Tamar e Rute são postas em cotejo, a fim de apresentar a "justiça" de tais mulheres como exemplo.
32. RICOEUR, P., Tempo e narrativa 1, p. 122-132.

Tendências histórico-sociais e culturais

Dentre os títulos e autores pesquisados, estão os estudos que entrelaçam a historicidade e o aspecto social do texto. Estes abarcam a questão da mulher e da estrangeira, muitas vezes indissociáveis como chave de leitura – com o caminho literário que a narrativa aponta e a partir da qual conduz o ouvinte-leitor, através da apresentação de um modelo literário a ser seguido, refletido ou até questionado. Os escritos de Victor Matthews,[33] Athalya Brenner,[34] Danna Fewell e David Gunn,[35] James McKeown[36] encaixam-se, principalmente, nesse parâmetro, e apontam interações e atualizações do livro de Rute para os dias e a sociedade atuais.

Destacam-se, neste sentido, entre os comentários, Donatela Scaiola[37] e André Lacoque,[38] que apresentam com profundidade o livro de Rute de um modo abrangente e perpassam várias áreas do conhecimento entre os estudos bíblicos. Isto traz um cabedal de informações plenamente aproveitadas na pesquisa, quais sejam, além do auxílio no estudo exegético-hermenêutico, aspectos históricos e culturais, literários, comentários linguísticos e filológicos, além de, eles mesmos, apresentarem o estado da questão acerca do livro de Rute em seu todo.

Os estudos se interseccionam e em alguns momentos torna-se difícil demarcá-los em uma tendência interpretativa específica. Muitas vezes, as questões histórico-culturais tocam o elemento literário. Assim, um dos rumos da pesquisa foi encontrar, através da análise narrativa e da análise intertextual em uma linha de literatura comparada, pistas que abordem a posição e o poder de fala e de ação da mulher nas sociedades da Antiguidade e que saltam aos olhos do ouvinte-leitor e do pesquisador em Rt 3.

Pode-se encontrar, em Rt 3, a possibilidade de empréstimos culturais ou literários entre as culturas judaica e outras do Antigo Oriente Próximo ou da bacia do Mediterrâneo e, ainda, de um *ethos* comum referente à posição da mulher

---

33. V. Matthews (The Determination of Social Identity in the Story of Ruth, p. 48-55) elabora o pensamento a fim de apresentar o par história social e processo narrativo dentro do livro de Rute.

34. BRENNER, A. (Ed.), A Feminist Companion to Ruth; BRENNER, A. (Org.), Rute a partir de uma leitura de gênero.

35. FEWELL, D.; GUNN, D., Booz, Pillar of Society, p. 45-59; FEWELL, D.; GUNN, D., Compromising Redemption, p. 23-94.

36. McKEOWN, J., Ruth, p. 71-140.

37. SCAIOLA, D., Rut, p. 13-49, 136-173. Scaiola (p. 136-169) apresenta um vasto e detalhado perfil histórico-literário do livro de Rute, onde se destaca o exaustivo estudo de questões literárias com base na discussão acerca da obra de vários autores, com riqueza de pesquisa apontada nas notas de rodapé.

38. LACOQUE, A., Ruth, p. 45-178.

como parte integrante da ação e da fala na sociedade em que se insere. Neste sentido, a tese de P. Wajdenbaum,[39] os textos de Victor Matthews,[40] G. Wright[41] e E. Gerstenberger[42] abrem o caminho para esta possibilidade, principalmente pela atividade mercantil na Antiguidade e do *modus vivendi* das sociedades agrícolas, em que a mulher é força de trabalho semelhante ao homem.

Outra questão é a força das mulheres da corte, rainhas e outras que eram investidas de autoridade legal, bem como profetisas e sacerdotisas (e magas), que assumiam poder de ação e de fala nas sociedades judaica e persa do pós-exílio.[43] Ainda, sobre o poder de fala e de ação pelas mulheres na Antiguidade, no que respeita à sociedade grega a partir do século V a.C., vale o estudo proposto por Mary Bucholtz e suas colaboradoras,[44] bem como a análise de personagens femininas na *Odisseia* de Homero, como Arete, Helena ou Penélope, ou as protagonistas do teatro de Eurípides, como Alceste.

As questões acerca da força e do valor das mulheres no ambiente pós-exílico ganha destaque em vários textos que tratam diretamente ou indiretamente do livro de Rute e que contribuem para a elaboração da protagonista Rute como uma mulher forte – assim também em relação a Noemi e a Orfa e ao coro das mulheres que possuem fala no livro. Elisa Estévez,[45] Jo Cheryl Exum,[46] Rebeca Cabrera,[47] Maristella Tezza e Cecilia Toseli.[48]

Autores nacionais pesquisados contribuem de modo essencial para o estudo, em sentido da hermenêutica que aponte a paridade entre homem e mulher na Antiguidade, a partir da história e cultura do povo do Antigo Testamento. Carlos Mesters colabora, com sua leitura popular do texto de Rute, sempre fazendo associação a Tamar e a uma proposta do círculo que elabora o texto de Rute como resposta universalista à proposta purista de Esdras e Neemias.[49] Mesters faz apli-

---

39. WAJDENBAUM, P., Argonautas do deserto, p. 7-116. Publicada em língua portuguesa em 2015.
40. MATTHEWS, V., The Determination of Social Identity, p. 48-55.
41. Wright (The mother-maid at Bethlehem, p. 56-72) faz um estudo sobre o intercâmbio cultural apontando semelhanças entre as personalidades de Noemi e de Deméter.
42. GERSTENBERGER, E. S., Israel no tempo dos persas, p. 440-456.
43. GERSTENBERGER, E. S., Israel no tempo dos persas, p. 440-456.
44. BUCHOLTZ, M., Gender Articulated, p. 3-21; BUCHOLTZ, M., Reinventing Identities, p. 221-240; BUCHOLTZ, M., Language and Woman's Place, p. 28-79.
45. ESTÉVEZ, E., Función socio-histórica y teológica del libro de Rut, p. 685-707.
46. EXUM, J. C., The Mother's Place, p. 94-147.
47. CABRERA, R., Identidades das mulheres estrangeiras no pós-exílio, p. 55-76.
48. TEZZA, M.; TOSELI, C., Rute, uma introdução, p. 47-58.
49. MESTERS, C., Rute, 2009, p. 8-13; 49-53.

cações inéditas e populares acerca do livro, apontando-o como um livro de luta e libertação para o povo de Deus.[50]

Seguindo linhas semelhantes, baseadas em respostas aos passos do método histórico-crítico aplicado ao livro de Rute, tem sua contribuição o livro de Leonardo Agostini Fernandes,[51] com tradução comentada, bem como os textos de José Luiz Gonzaga do Prado[52] e Airton José da Silva,[53] contidos na Revista *Estudos Bíblicos*, 98 (2008), que traz uma seleção de artigos sob óticas de leituras variadas acerca do livro de Rute.

Tendências linguístico-literárias

Um olhar literário, semiótico e linguístico tem sido utilizado, a partir do momento em que o texto de Rute 3 é rico em aspectos desta ordem e que contribuem para o seu entendimento. Nesta linha, os textos de Jack Sasson,[54] Peter Lau,[55] C. D'Angelo[56] e Tod Linafelt[57] oferecem apurada análise.

Quanto à aplicação da análise narrativa de modo específico, uma boa base está nos escritos de Adele Berlin[58] e de André Wénin, em seu caderno sobre Rute[59]. Unido aos estudos supracitados, o artigo de Jaldemir Vitório[60] acerca da narratividade do livro de Rute como um todo, servem de base para o capítulo da tese em que se apresentam tais passos em Rt 3. Vitório vai discorrendo desde a produção

---

50. No primeiro encontro do grupo DIPRAI, na PUC-SP, nos dias 03 a 05 de abril de 2013, ao comentar sobre seu "caderno de Rute", ouvi do próprio André Wénin, professor da Universidade Católica de Louvain, que o escrito de Mesters foi o estudo mais completo que ele lera até então sobre as questões apresentadas no livro de Rute, principalmente o modo como Mesters aponta e aplica à realidade do ouvinte-leitor a situação do povo que transparece em Rute.

51. FERNANDES, L. A., Rute, p. 27-78.

52. PRADO, J. L. G., O livro de Rute à luz do método histórico-crítico, p. 77-84.

53. SILVA, A. J., Leitura socioantropológica do Livro de Rute, p. 107-120.

54. SASSON, J. M., The Issue of Geu'lla in Ruth, p. 52-68.

55. LAU, P. H. W., Identity and Ethics in the Book of Ruth, 2011.

56. D'ANGELO, C., Il libro di Rut. La Forza delle Donne, p. 9-38.

57. LINAFELT, T., Narrative and poetic art in the Book of Ruth, p. 118-129.

58. BERLIN, A., Introduction to Hebrew Poetry, p. 301-314; BERLIN, A., Poetics and Interpretation of Biblical Narrative, p. 83-110 dedica o Capítulo IV ao estudo da narrativa de Rute, o que contribui bastante para a pesquisa.

59. WÉNIN, A., Le livre de Ruth, p. 5-11; 31-38. Os estudos de Wénin sobre o Gênesis (Studies in the Book of Genesis, p. 85-106) auxiliam, metodologicamente, quanto às pesquisas sobre Gn 1,26-28 e as relações ad extra com Rt 3.

60. VITÓRIO, J., A narratividade do livro de Rute, p. 85-106.

da intriga narrativa até o sistema de valores subjacentes à *tecitura*[61] do livro, passando por todos os elementos da análise narrativa.

O caminho narrativo percorrido pelos dois primeiros capítulos do livro de Rute aponta para Rt 3 e este tem seu cumprimento em Rt 4. Assim, esquematicamente, o livro de Rute pode ser apresentado da seguinte forma:

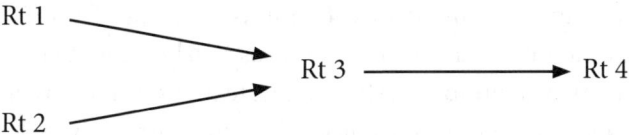

A culminância da narrativa em Rt 3 e sua relação, dentro do livro, de gradação ascendente com Rt 2 aponta a centralidade do livro e seu valor no contexto geral. André Wénin[62] demonstra que o marco destas seções centrais (Rt 2–3) é idêntico: cada uma começa e termina, na *casa*, com uma entrevista entre Rute e Noemi. Seu objeto é o mesmo. No ponto de partida, trata-se do que Rute irá fazer, e isto anuncia o encontro com Booz, daquele que se disse ser da família (Rt 2,1-3; 3,1-5). Ao final, Rute conta a Noemi o que havia sucedido em seu encontro com Booz, e suas palavras vão acompanhadas com uma doação de alimentos (Rt 2,18-23; 3,16-18).

Com o trabalho de análise literária e narrativa em Rt 3, pode-se perceber que, ao evocar situações humanas típicas, o narrador remete ao ouvinte-leitor a sua própria existência. Ao contar as decisões dos atores, convida implicitamente o ouvinte-leitor a se perguntar sobre suas próprias opções e os valores que estas põem em jogo. Ao conduzi-lo ao mundo de seu relato, insta-lhe a tomar perspectiva e a pôr em questão o mundo que é seu. Wénin afirma: "Parece-me que isto é o que se ventila no fundo da leitura, apesar desta transbordar o marco estrito da análise literária, que se limita a iluminar o mundo do relato".[63]

Ponto valioso também a ser apontado em Rt 3 é o poder do discurso presente no texto que permeia Noemi, Booz e Rute. Ilona Rashkow (2002) trata especificamente do poder deste discurso, retratado no livro de Rute, e utiliza os

---

61. Por meio do estudo e da análise no contato com o texto (= tecido), obteve-se a percepção da elaboração da narrativa do livro de Rute e, especificamente, de Rt 3 como uma tecitura, isto é, um conjunto de fios narrativos que resulta em um tecido perfeito em sua trama. Por este motivo, neste e em outros momentos, referir-se-á à narrativa de Rt 3 como uma tecitura.

62. WÉNIN, A., Le livre de Ruth, p. 8.

63. WÉNIN, A., Le livre de Ruth, p. 6-7. Wénin aplica, na análise narrativa do livro de Rute, as mesmas categorias de Ricoeur para o estudo direto do texto, como intriga e mundo do texto – que ele, Wénin, denomina mundo do relato.

dados da escola de Análise do Discurso francesa como metodologia, oferecendo a seguinte contribuição: "a análise do discurso ajuda a explicar por que o livro de Rute partilha um tema comum com muitas das narrativas patriarcais: 'a inversão da sorte feminina'".[64] Esta pesquisadora aponta que "Rute e Noemi sabem o que querem e lutam por isso. O discurso delas é de poder, e o poder deste discurso é que as faz ter sucesso".[65]

Dentro destas tendências linguístico-literárias e fazendo fronteiras com os estudos históricos, atentou-se a pesquisas valiosas à elaboração da tese para a fundamentação do quarto capítulo: os estudos intertextuais. Os textos apresentam, em sua grande maioria, relações histórico-literárias entre o livro de Rute e os livros de Samuel, apontando ligações de Rute e Noemi como ascendentes de Davi e os ecos dessa ascendência nas mulheres retratadas nos livros de Samuel. Contribuem neste sentido os textos de Irmtraud Fischer,[66] Frank Polak[67] e Yitzhak Berger.[68]

Estudos intertextuais em torno do livro de Rute e da mulher de Provérbios 31,10-31 são representados principalmente por Irmtraud Fischer[69] e Samuel T. S. Goh,[70] que apontam detalhadamente a relação intertextual direta dos dois textos, e também por Tom Hawkins,[71] Naphtali Gutstein,[72] Christine Roy Yoder.[73] Ainda, o artigo de Marcello Milani[74] trata da relação entre Rute e a mulher de Pr 31,10-31 no Texto Massorético a partir de uma linha de hermenêutica judaica.

A análise intertextual entre a personagem Rute em Rt 3 e duas personagens mulheres de destaque no livro de Juízes, Débora e Jael, não foi encontrada em artigos e livros, sendo sua elaboração constituída nesta tese. Estudos intertextuais entre Rute e as mulheres heroínas extrabíblicas Arete e Alceste também não foram

---

64. RASHKOW, I., Rute, p. 53.

65. Pode-se notar que nas referências bibliográficas há uma série de obras relacionadas à análise do discurso como um todo, entre elas os livros de Eni Orlandi. No entanto, foi interessante citar aqui este único texto encontrado que aplica os pressupostos da Aálise de Discurso francesa especificamente ao livro de Rute.

66. FISCHER, I., Noémi et Ruth, p. 217-220.

67. POLAK, F., Negotiations, social drama and voices of memory in some Samuel tales, p. 46-71.

68. BERGER, Y., Ruth and Inner-Biblical Allusion, p. 253-272

69. FISCHER, I., Von der Vorgeschichte zur Nachgeschichte, p. 143-160; GOH, S. T. S., Ruth as a Superior Woman of חַיִל?, p. 486-500.

70. GOH, S. T. S., Ruth as a Superior Woman of חַיִל?, p. 487-500.

71. HAWKINS, T., The Wife of Noble Character in Proverbs 31:10-31, p. 12-23.

72. GUTSTEIN, N., Proverbs 31:10-31, p. 36-39.

73. YODER, C. R., A Study of Women in the Socioeconomic Context of Proverbs 1–9 and 31:10-31, p. 39-58; YODER, C. R., The woman of substance ('ŠT-ḤYL), p. 427-447.

74. MILANI, M., Il poema acrostico di Pr 31, 10-31 e il libro di Rut, p. 65-74.

encontrados no tempo e nos ambientes buscados durante a pesquisa, tendo uma única exceção que perpassa a questão de forma genérica, com a mulher de Pr 31,10-31, no artigo de Bernhard Lang.[75]

Tendências de linha hermenêutica judaica

Dentre os autores principais, que abordam o que se pode chamar de uma linha hermenêutica judaica mais recente sobre Rute, estão as pesquisas de Mira Morgenstern,[76] Leila Bronner,[77] Leonardo Alanati,[78] Alan Levenson,[79] Rachel Adelman,[80] Cláudia Prata Ferreira[81] e Susana Chwarts.[82] Através da leitura e estudo de tais textos, pode-se perceber que estes estudiosos buscam complementar ou corroborar o livro de Rabbi Shmuel Yerushalmi[83] e também de Étan Levine.[84] Este último trata de uma versão aramaica de Rute e comenta todo o texto a partir dos *Targumin*.

As questões com a interpretação judaica acerca de Rute iniciam-se na própria datação, pois o autor do texto seria Samuel, no entanto o lugar do livro está entre os $K^e tûbîm$, o que demonstra que os sábios do Talmud não estavam seguros quanto à datação de Rute.[85] Quanto ao tema do livro, o *ḥesed* extraordinário de Rute (1,8; 2,20; 3,10), manifesto como *bondade*,[86] tem seu ápice em Rt 3, foco do específico interesse desta pesquisa.[87]

---

75. LANG, B., Women's work, household and property in two Mediterranean societies, p. 188-207. Sobre Débora e mulheres heroínas extrabíblicas foi encontrado o texto de D. Vainstub, Some Points of Contact between the Biblical Deborah War Traditions and Some Greek Mythologies (p. 324-334).
76. MORGENSTERN, M., Ruth and the Sense of Self, p. 131-145.
77. BRONNER, L., Uma abordagem temática de Rute na literatura rabínica, p. 195-226.
78. ALANATI, L., Releituras rabínicas do livro de Rute, p. 72-76.
79. LEVENSON, A. T., The mantle of the Matriarchs, p. 237-243.
80. ADELMAN, R., Seduction and recognition in the story of Judah and Tamar and the Book of Ruth, p. 87-92.
81. FERREIRA, C. A. P., O Livro de Rute, p. 496-509.
82. CHWARTS, S., Família e clã nas narrativas patriarcais e na literatura profética, p. 126-140.
83. YERUSHALMI, R. S., *MeAm Lo'ez*: The book of Ruth, 1985.
84. LEVINE, E., The Aramaic Version of Ruth, 1973.
85. BRONNER, L., Uma abordagem temática de Rute, p. 195.
86. BRONNER, L., Uma abordagem temática de Rute, p. 197-198; ALANATI, L., Releituras rabínicas, p. 73-74.
87. Rabi Ze'ira assevera: "O livro [de Rute] não fala de pureza e impureza, nem de proibição e permissão. Com qual propósito ele foi escrito? Para ensinar como é grande a recompensa daqueles que praticam atos de bondade" (Midrash Ruth Rabbah, 2.13).

A Jewish Study Bible[88] apresenta um comentário inicial acerca do livro de Rute, apontando a ênfase do mesmo para "perdas totalmente revertidas": o tema central do livro de Rute é o movimento do vazio para o completamente cheio – o cumprimento. Este movimento se expressa em dois planos, o agrícola e o pessoal, cuja temática vai sendo tratada ao longo do comentário.

Os estudos de linha hermenêutica judaica acerca de Rute como modelo de prosélita e portadora de força/valor (חַיִל) e de bondade (חֶסֶד) apontam-na como aquela que percorreu o caminho abraâmico (então exodal) de modo pleno no que diz respeito à sua força/valor e à sua bondade: Rute vai em seu caminho sem uma ordem divina, mas pelo grande amor à sogra (Rt 1,16-17). Corroboram tal pensamento as pesquisas de Hans-Georg Wünch, em um artigo bastante completo e recente.[89]

Outra questão, que toca especificamente o texto de Rt 3, é a paridade da "virtuosidade" de Rute e Booz, tratados em dois textos pesquisados.[90] Em primeiro lugar, de Rute, ao acolher os conselhos de Noemi no início de Rt 3, embora saiba que possa ser julgada como fora Tamar.[91] Em segundo lugar, de Rute e de Booz na cena da eira, pois ambos têm atitudes justas, que manifestam um modelo exemplar de comportamento, seja de um judeu, seja de uma moabita prosélita.

Optou-se, nesta pesquisa, a não se aprofundar nas questões legais que perpassam o livro de Rute e na hermenêutica criativa que se faz quanto a uma mescla entre levirato e goelato na atitude de Booz para com Rute e Noemi, cuja temática foi encontrada em alguns textos.[92] Referiu-se à bondade de Booz realizada no resgate (goelato) e que o aproxima a Rute, tornando-os pares nessa caminhada e que depois, em Rt 4, alcançará o ápice através de sua união e do nascimento de Obed.

Diante das referências bibliográficas acerca do livro de Rute como um todo, deparou-se com a pouca quantidade de artigos acadêmicos que retratem especificamente o estudo aprofundado de Rt 3 (ao todo doze),[93] apontando alguma

---

88. BERLIN, A.; ZVI BRETTLER, M. (Eds.), The Jewish Study Bible, p. 1578-1586.

89. WÜNCH, H-G., Ruth, a proselyte par excellence, p. 34-36.

90. BRONNER, L., Uma abordagem temática de Rute na literatura rabínica, p. 195-226 (a paridade entre Rute e Booz é tratada especificamente na p. 207); WÜNCH, H.-G., Ruth, a proselyte par excellence, p. 34-36.

91. O Midrash Ruth Rabbah 5,12 interpreta Rute 3,3 "lava-te", trazendo a seguinte explicação: "Lava-te, purifica-te de tua idolatria por um banho ritual" (ZLOTOWITZ, M; SCHERMAN, N., The Book of Ruth, p. 109). Tal interpretação defende a virtuosidade de Rute e a afasta da possibilidade de ser tomada pelo narrador ou pelo ouvinte-leitor como uma prostituta ou uma mulher que sai para seduzir Booz na calada da noite.

92. GRÄTZ, S., The Second Temple and the legal status of the Torah, p. 273-287; JACKSON, B. S., Ruth, the Pentateuch and the nature of Biblical Law, p. 75-111.

93. ADELMAN, R., Seduction and recognition in the story of Judah and Tamar and the Book of Ruth, p. 87-96; BEATTIE, D. R. G., Ruth III, p. 39-48; COHEN, A. D., The eschatological meaning of the book of

característica da narrativa que chame a atenção. Dois textos: um que aponta Rt 3 como o "núcleo teológico" do livro de Rute[94] e outro que trata da análise narrativa na cena entre Rute e Booz[95] são os que tratam do texto da pesquisa com o elemento de sedução envolvido no plano de Noemi e cumprido por Rute. Outros dois artigos se restringem a estudos basicamente de questionamentos acerca dos problemas de tradução e/ou sobre filologia,[96] e um traz a relação intertextual de Rt 3 com Gênesis 38 e Juízes 4,17-22.[97] Nesta questão, e quanto à abordagem do texto de Rt 3 que se procurou apresentar neste trabalho, não se percebeu nenhuma semelhança nos livros e artigos científicos pesquisados.

Novidade e originalidade

O texto de Rt 3 é construído (= tecido) de forma que Rute e Booz agem como pares para levar a bom termo o plano de Noemi, demonstrando a bondade, compaixão e generosidade contida no ser humano. Essa paridade que constitui o texto de Rt 3, e aproxima homem e mulher, fazendo-os agirem juntos, bem como a força e a coragem das personagens femininas, análoga à dos personagens masculinos, não é exclusiva do livro de Rute.

O modelo literário no qual se enquadram essas mulheres também não surge apenas em Rt 3. No antigo Israel, Débora e Jael são dois exemplos citados do tempo dos juízes que vêm para contribuir e iluminar esse modelo literário de heroínas próximas a Rute e Noemi, bem como Abigail, na monarquia davídica. A mulher de valor de Pr 31,10-31, no texto de sabedoria, na qual cujo marido confia e a louva, junto com os filhos, também se faz um modelo, exemplo a ser seguido.

A construção literária de modelos de heroínas femininas é característica das narrativas, textos épicos e dramáticos da Antiguidade. Textos que, provavelmente, circulavam no século V a.C. na bacia do Mediterrâneo e no Antigo Oriente Próximo, chegando ao antigo Israel, em forma oral ou escrita. Sobre o livro de Rute e, especificamente, Rt 3, levantam-se duas possibilidades que as análises

---

Ruth, p. 163-170; EMBRY, B., Redemption-acquistion, p. 257-273; HYMAN, R. T., Questions and changing identity in the Book of Ruth, p. 189-201; IRWIN, B. P., Removing Ruth, p. 331-338; KRUGER, P. A., The Hem of the Garment in Marriage, p. 86; LEVINE, B. A., On the concept hesed in the Hebrew Bible, p. 6-8; LEVINE, N., Ten Hungers/Six Barleys, p. 312-324; MARTÍN-CONTRERAS, E., Masoretic and rabbinic lights on the word habî, Ruth 3:15: yhb or bw'?, p. 257-265; WÉNIN, A., La stratégie déjouée de Noémi en Rt 3, p. 179-199; WIJK-BOS, V.; JOHANNA, W. H., Out of the shadows, p. 37-67.

94. HALTON, C., An indecent proposal, p. 30-43.
95. WÉNIN, A., La stratégie déjouée de Noémi en Rt 3, p. 179-199.
96. MARTÍN-CONTRERAS, E., Masoretic and rabbinic lights on the word habî, p. 331-338.
97. WIJK-BOS, V.; JOHANNA, W. H., Out of the shadows, p. 37-67.

exegético-narrariva e intertextual buscam, juntas, responder: a) houve influxos e comunicação entre as culturas e as literaturas, devido às semelhanças na construção de suas heroínas; b) havia um *ethos* comum entre as sociedades do antigo Israel e da bacia do Mediterrâneo, que possibilitou a construção de escritos que retratassem o comportamento e os costumes destas sociedades.

Como novidade, este livro apresenta Rute como uma mulher de força/valor e uma heroína da Antiguidade à luz de outros exemplos de mulheres bíblicas e extrabíblicas, cuja característica "heroica" intrínseca é a paridade com a contraparte masculina nos textos supracitados. Ainda, o emprego conjunto de diversos elementos metodológicos que apontam esta paridade e a interdisciplinaridade com estudos literários tanto na aplicação da análise narrativa de Rt 3 quanto da análise intertextual para a compreensão de Rt 3 são vistos como um desafio promissor para a pesquisa bíblica, e que pode ser estudado com a devida abertura.

Capítulo 1 | Rt 3: texto, organização e constituição

Tradução e notas de crítica textual

Então, Noemi, sua sogra, disse-lhe:	3,1a	וַתֹּאמֶר לָהּ נָעֳמִי חֲמוֹתָהּ
"Minha filha, não buscarei[98] para ti um lugar de descanso	3,1b	בִּתִּי הֲלֹא אֲבַקֶּשׁ־לָךְ מָנוֹחַ
que seja bom para ti?	3,1c	אֲשֶׁר יִיטַב־לָךְ
E agora não [é] Booz um parente nosso	3,2a	וְעַתָּה הֲלֹא בֹעַז מֹדַעְתָּנוּ
com cujas jovens estavas?	3,2b	אֲשֶׁר הָיִית אֶת־נַעֲרוֹתָיו
Eis que ele estará espalhando na eira a cevada esta noite.	3,2c	הִנֵּה־הוּא זֹרֶה אֶת־גֹּרֶן הַשְּׂעֹרִים הַלָּיְלָה
Então te lavarás[99]	3,3a	וְרָחַצְתְּ[a]
e te perfumarás,	3,3b	וָסַכְתְּ
porás tuas vestes sobre ti	3,3c	וְשַׂמְתְּ שִׂמְלֹתֵךְ עָלַיִךְ[b]
e descerás à eira.	3,3d	וְיָרַדְתִּי[c] הַגֹּרֶן

---

98. A partícula interrogativa הֲלֹא está sendo usada com sentido afirmativo, esperando uma resposta positiva, como também ocorre em Rt 2,8 e 3,2 (SCAIOLA, D., Rut, p. 136). É possível considerar também que o *yiqtol* pode exprimir um matiz de obrigação (JOÜON, P.; MURAOKA, T., A Grammar of Biblical Hebrew, § 113m), reforçando a ideia de retribuição de Noemi a Rute e permitindo propor a tradução: "Não deveria eu buscar...".

99. Seguem-se quatro verbos em *qal qatal*: normalmente o *weqatal* continua uma série que inicia com um verbo no imperativo (GESENIUS, W.; KAUTSCH, E.; COWLEY, A. E., Hebrew Grammar, § 112x.aa.), o que não é o caso aqui. Interpreta-se, então, a forma como futuro que exprime um comando: "Lavar-te-ás..." (JOÜON, P., Ruth, p. 68). Percebendo no texto que Rute 'fará tudo que Noemi disser' (v. 3,5b-c), a sogra comanda o plano arquitetado, o que permite o matiz imperativo proposto por Joüon, com o qual concordou-se para a tradução.

Não te farás notar ao homem	3,3e	אַל־תִּוָּדְעִי לָאִישׁ
até que ele termine de comer	3,3f	עַד כַּלֹּתוֹ לֶאֱכֹל
e de beber.	3,3g	וְלִשְׁתּוֹת
E quando ele for descansar,	3,4a	וִיהִי בְשָׁכְבוֹ
conhecerás o lugar	3,4b	וְיָדַעַתְּ אֶת־הַמָּקוֹם
onde ele descansa,	3,4c	אֲשֶׁר יִשְׁכַּב־שָׁם
então, irás,	3,4d	וּבָאת
descobrirás os pés[100] dele	3,4e	וְגִלִּית מַרְגְּלֹתָיו
e deitarás ali.	3,4f	וְשָׁכָבְתִּי[a]
E ele declarará para ti	3,4g	וְהוּא יַגִּיד לָךְ
o que deverás fazer."[101]	3,4h	אֵת אֲשֶׁר תַּעֲשִׂין
E [ela][102] lhe respondeu:	3,5a	וַתֹּאמֶר אֵלֶיהָ
"Tudo o que dizes,[103]	3,5b	כֹּל אֲשֶׁר־תֹּאמְרִי[a]
farei!"	3,5c	אֶעֱשֶׂה
Então desceu à eira	3,6a	וַתֵּרֶד הַגֹּרֶן
e fez conforme tudo	3,6b	וַתַּעַשׂ כְּכֹל
que lhe ordenou sua sogra.	3,6c	אֲשֶׁר־צִוַּתָּה חֲמוֹתָהּ
E Booz comeu,	3,7a	וַיֹּאכַל בֹּעַז
Bebeu	3,7b	וַיֵּשְׁתְּ[a]
e teve deleite o seu coração;	3,7c	וַיִּיטַב לִבּוֹ

---

100. J. Vílchez Líndez (Rut y Ester, p. 108) e J. M. Sasson (Ruth, p. 69) preferem a tradução "o lugar dos pés dele".

101. Importa destacar a ocorrência de num paragógico no diálogo da narrativa presentes em Rt 3,4.18 (também em 2,8.21). Hoftijzer (Num Paragogicum, § 55-56) aponta que há um contraste marcado na forma mais longa e também se denota uma pausa na prosa quando usadas as formas raras de 2ª masculina plural e 2ª feminina singular. Ao concordar com Hoftijzer e aplicar sua tese, percebe-se que é a afirmação de Noemi que ressoará no texto mais duas vezes, provocando o contraste entre as falas de Rute (3,5b-c) e de Booz (3,11b-c).

102. O uso dos pronomes pessoais na tradução em 3,5a; 3,7e; 3,9a.c; 3,10a; 3,13b-d; 3,14a-b.d; 3,15a.d-e.g; 3,16a.d; 3,17a entre colchetes se fez necessário para melhor clareza do texto.

103. O uso do yiqtol em lugar de um esperado qatal é raro, mas gramaticalmente próprio. Este uso do verbo אָמַר pode implicar o fato de que o efeito das palavras de Noemi permanecerá após ela ter terminado de dizê-las. Ou pode simplesmente significar uma fórmula de obediência (HUBBARD, R. L., The Book of Ruth, p. 198).

então veio descansar na extremidade de um monte de cevada.	3,7d	וַיָּבֹא לִשְׁכַּב בִּקְצֵה הָעֲרֵמָה
E [ela] veio em silêncio,	3,7e	וַתָּבֹא בַלָּט
descobriu os pés dele	3,7f	וַתְּגַל מַרְגְּלֹתָיו
e deitou-se.	3,7g	וַתִּשְׁכָּב
E aconteceu que, no meio da noite,[104]	3,8a	וַיְהִי בַּחֲצִי הַלַּיְלָה
o homem estremeceu	3,8b	וַיֶּחֱרַד הָאִישׁ
e apalpou-se[105]	3,8c	וַיִּלָּפֵת
e eis que uma mulher estava deitada aos pés dele.	3,8d	וְהִנֵּה אִשָּׁה שֹׁכֶבֶת מַרְגְּלֹתָיו
Então [ele] disse:	3,9a	וַיֹּאמֶר [a]
"Quem és tu?"	3,9b	מִי־אָתְּ
E [ela] respondeu:	3,9c	וַתֹּאמֶר
"Eu sou Rute, tua serva.	3,9d	אָנֹכִי רוּת אֲמָתֶךָ
Poderás estender a ponta de tua veste[106] sobre a tua serva	3,9e	וּפָרַשְׂתָּ כְנָפֶךָ עַל־אֲמָתְךָ
porque tu és resgatador".	3,9f	כִּי גֹאֵל אָתָּה
E [ele] exclamou:	3,10a	וַיֹּאמֶר
"Abençoada tu sejas, diante de YHWH, minha filha!	3,10b	בְּרוּכָה אַתְּ לַיהוָה בִּתִּי
Fizeste bem!	3,10c	הֵיטַבְתְּ
Tua última bondade foi maior do que a primeira,	3,10d	חַסְדֵּךְ הָאַחֲרוֹן מִן־הָרִאשׁוֹן

---

104. Não necessariamente בַּחֲצִי הַלַּיְלָה significa, cronologicamente, meia-noite e sim durante a madrugada.

105. O verbo לָפַת é raríssimo e seu sentido fundamental assemelha-se a "voltar-se para, virar-se" (JOÜON, P., Ruth, p. 72). Ocorre no Antigo Testamento apenas em Rt 3,8 e em Jz 16,29 e Jó 6,18. No qal significa "apalpar, tocar", este é o caso de Jz. Em Jó, o verbo se apresenta no niphal, e assume o significado de "desviar-se". Em Rt 3,8, o verbo está no niphal, porém, pelo contexto, um significado provável que assumiria é o do qal, partindo-se do significado de raízes semíticas próximas, especialmente no árabe e no acádico (SCAIOLA, D., Rut, p. 144). Concorda-se com a significação "apalpou" (FERNANDES, L. A., Rute, p. 56), contudo, utilizando-se o reflexivo – se, pelo fato de o verbo estar no *niphal*.

106. Optou-se por esta tradução, mais próxima do entendimento do texto, pois a expressão hebraica "a asa tua" (כְּנָפֶךָ) pode ser um emprego figurado, isto é, uma metáfora para "a ponta da tua veste" (JOÜON, P., KNP 'aile', employé figurément, p. 202-204). Com este sentido – a ponta da tua veste – também coaduna Ez 16,8 (GESENIUS, W., *Hebräisches und Aramäisches Handwörterbuch über das Alte Testament*, p. 353-354).

por não andar atrás de homens jovens [sejam] pobres, [sejam] ricos	3,10e	לְבִלְתִּי־לֶכֶת אַחֲרֵי הַבַּחוּרִים אִם־דַּל וְאִם־עָשִׁיר
E agora, minha filha, não temas!	3,11a	וְעַתָּה בִּתִּי אַל־תִּירְאִי[a]
Tudo o que dizes	3,11b	כֹּל אֲשֶׁר־תֹּאמְרִי
farei para ti;	3,11c	אֶעֱשֶׂה־לָּךְ
pois todo o meu povo sabe[107]	3,11d	כִּי יוֹדֵעַ כָּל־שַׁעַר עַמִּי
que tu és uma mulher de força/valor.	3,11e	כִּי אֵשֶׁת חַיִל אָתְּ
E agora, pois, verdadeiramente que eu sou resgatador.	3,12a	וְעַתָּה כִּי אָמְנָם כִּי אִם[a] גֹאֵל אָנֹכִי
Mas[108] também existe outro resgatador mais próximo do que eu.	3,12b	וְגַם יֵשׁ גֹּאֵל קָרוֹב מִמֶּנִּי
Permanece [esta][109] noite.	3,13a	לִינִי הַלַּיְלָה
E acontecerá pela manhã que, se [ele] te resgatar,	3,13b	וְהָיָה בַבֹּקֶר אִם־יִגְאָלֵךְ
bem! Que [ele] resgate!	3,13c	טוֹב יִגְאָל
Mas, se [ele] não quiser te resgatar,	3,13d	וְאִם־לֹא יַחְפֹּץ לְגָאֳלֵךְ
então eu te resgatarei!	3,13e	וּגְאַלְתִּיךְ אָנֹכִי
Viva YHWH!	3,13f	חַי־יְהוָה
Descansa até o amanhecer".	3,13g	שִׁכְבִי עַד־הַבֹּקֶר
E [ela] deitou aos pés dele até a manhã.	3,14a	וַתִּשְׁכַּב מַרְגְּלוֹתָו[a] עַד־הַבֹּקֶר
[Ela] levantou	3,14b	וַתָּקָם
antes que fosse reconhecida por algum homem companheiro dele.	3,14c	בְּטֶרוֹם[b] יַכִּיר אִישׁ אֶת־רֵעֵהוּ
Então [ele] disse:	3,14d	וַיֹּאמֶר[c]
"Não seja sabido	3,14e	אַל־יִוָּדַע
que a mulher veio até a eira".	3,14f	כִּי־בָאָה[d] הָאִשָּׁה[e] הַגֹּרֶן

---

107. O valor semântico do qal particípio assevera que todo o povo é conhecedor – em um tipo de verbo (יָדַע) em que há o aspecto durativo implícito. O conhecimento é um processo contínuo, pois se supõe que se conhece algo no passado e há continuidade em conhecê-lo ainda no presente e no futuro (SCAIOLA, D. Rut, p. 145).

108. O waw pode ter sentido adversativo e ser traduzido como mas também (WALTKE, B.; O'CONNOR, M., Introdução à sintaxe do Hebraico Bíblico, § 8.3b).

109. O artigo também pode ser tido com função de acusativo de tempo equivalente a "o resto desta noite" (JOÜON, P., Ruth, p. 75; HUBBARD, R. L., The Book of Ruth, p. 218). Utilizada com esta força semântica, a expressão enriquece o texto e enfatiza o sentimento de Booz por Rute, o que vem sendo demonstrado ao longo dos capítulos 2 e 3.

E [ele] disse:	3,15a	וַיֹּאמֶר[a]
"Estende a manta que [está] sobre ti	3,15b	הָבִי הַמִּטְפַּחַת אֲשֶׁר־עָלַיִךְ
e agarra-a firme".	3,15c	וְאֶחֳזִי־בָהּ
[Ela] a agarrou firme,	3,15d	וַתֹּאחֶז בָּהּ
[ele] mediu seis medidas de cevada	3,15e	וַיָּמָד שֵׁשׁ־שְׂעֹרִים
e pôs sobre ela.	3,15f	וַיָּשֶׁת עָלֶיהָ
[Ele][110] entrou na cidade,	3,15g	וַיָּבֹא[b] הָעִיר
e [ela] veio até a sua sogra.	3,16a	וַתָּבוֹא אֶל־חֲמוֹתָהּ
E [esta] disse:	3,16b	וַתֹּאמֶר
"Quem [és] tu, minha filha?"	3,16c	מִי־אַתְּ בִּתִּי
E [ela] declarou-lhe	3,16d	וַתַּגֶּד־לָהּ
tudo o que o homem lhe fizera.	3,16e	אֵת כָּל־אֲשֶׁר עָשָׂה־לָהּ הָאִישׁ
E [ela] disse:	3,17a	וַתֹּאמֶר[a]
"Estas seis medidas de cevada [ele] me deu",	3,17b	שֵׁשׁ־הַשְּׂעֹרִים הָאֵלֶּה נָתַן לִי
pois disse:	3,17c	כִּי אָמַר[b]
"Não irás sem nada para a tua sogra!"	3,17d	אַל־תָּבוֹאִי רֵיקָם אֶל־חֲמוֹתֵךְ
E [esta] respondeu:	3,18a	וַתֹּאמֶר
"Senta, minha filha,	3,18b	שְׁבִי בִתִּי
até que saibas como será o desfecho do assunto,	3,18c	עַד אֲשֶׁר תֵּדְעִין אֵיךְ יִפֹּל דָּבָר
pois não estará quieto o homem	3,18d	כִּי לֹא יִשְׁקֹט הָאִישׁ
até se completar, hoje, a questão".	3,18e	כִּי־אִם־כִּלָּה הַדָּבָר הַיּוֹם

---

110. Preferiu-se inserir o pronome pessoal em 3,15g e 3,16a para questões de desambiguação. Conforme se lerá na crítica textual, optou-se pelo TM, entendendo Booz como sujeito em 3,15g e Rute em 3,16a.

– v.3:

v.3a[a] O TM traz a 2ª pessoa feminina singular vinculada ao verbo, isto é, na desinência final (וְרָחַצְתְּ), enquanto a LXX o desvincula do verbo, iniciando o verso com o pronome pessoal de 2ª pessoa seguido da partícula pospositiva δὲ – σὺ δὲ = "tu, pois... / mas tu..." dando, deste modo, maior ênfase, no discurso, à pessoa de Rute.[111] Isso não acarretaria problemas na tradução do TM para o português, embora o texto grego use esta "estratégia".

v.3c[b] 3,3c: Vários manuscritos hebraicos trazem o vocábulo שִׂמְלָה ("manta, veste") no singular, com sufixo em 2ª pessoa feminina singular, e a LXX apoia este uso – τὸν ἱματισμόν σου – o vestido teu.[112] Optou-se pelo plural na tradução, pois na cena da eira, à frente (Rt 3,15b-f), Rute tomará uma veste – o seu manto – para colocar as seis medidas de cevada oferecidas por Booz, subentendendo-se que está com mais uma veste cobrindo seu corpo.

v.3d[c] Muitos manuscritos hebraicos trazem a correção proposta pelos massoretas וְיָרַדְתְּ ("tu descerás"), com os quais concordam a LXX, a Vulgata, a Siríaca e o Targum, a fim de harmonizar com o sujeito dos verbos anteriores, que é Rute.[113] Optou-se por esta tradução, pois o contexto torna difícil a leitura "eu descerei", contida em alguns manuscritos que apoiam o TM.[114]

– v. 4:

v.4f[a] Conforme o caso de 3,3d. Aceita-se וְשָׁכָבְתְּ ("tu deitarás"), pois o contexto com o *Ketib* וְשָׁכַבְתִּי ("eu deitarei") deixa o texto com margem de ambiguidade. Como a sequência de verbos vem na segunda pessoa do discurso tendo como sujeito Rute, faz-se necessário manter a continuidade do discurso harmonizado.

---

111. O pronome pessoal em primeira posição no texto grego e a partícula com matiz adversativo revertem a atenção do ouvinte-leitor de Noemi para Rute, atribuindo valor a esta. A utilização do pronome pessoal nos textos gregos aponta a ênfase dada à pessoa do discurso, no caso aqui, Rute. Os verbos gregos já contêm em si as pessoas verbais não necessitando de explicitá-las. Por essa disposição morfossintática, quando os textos manifestam explicitamente o pronome pessoal, a intencionalidade do autor é corroborar o valor dado ao personagem em cena.

112. Pode-se também optar por traduzir "o seu melhor vestido (entre outros)". O vocábulo שִׂמְלָה, ainda, abarca um valor coletivo, ocorrência que se dá em Dt 10,18; 21,13; 22,5; Is 3,7 (HUBBARD, R. L., The Book of Ruth, p. 197).

113. Para R. L. Hubbard (The Book of Ruth, p. 197), a questão se resolve ao apontar que a forma verbal utilizada não é usual e, provavelmente, um sufixo feminino arcaico de 2ª pessoa, o qual aparece em Jr 2,33; 31,21 e Ez 16,18.

114. B. P. Irwin (Removing Ruth, p. 331-338) aponta que as formas verbais em Rt 3,3-4 se lidas na 1ª pessoa comum singular, possivelmente são casos de *tiqqune sopherim* ("emenda intencional dos escribas"). Há 18 casos em todo o Antigo Testamento, principalmente em Gn, Ex, 1Sm, 1Rs, Jó, Jr, Ez, Zc. Tais emendas não objetivam contribuir para uma leitura coerente do contexto, mas meramente "eliminar" um problema teológico específico. Pode-se pensar que seria o modo de Noemi dizer a Rute o que ela faria ou que a ela tocaria tal ação.

– v. 5:

v.5b[a] A BHQ apresenta uma lacuna que os massoretas preencheram com as vogais, indicando que ali estaria a preposição אֶל com o sufixo de 1ª comum singular – אֵלַי, porque o verbo אָמַר e o contexto exigiriam tal complemento, como aparece na LXX, na Vulgata e na Siríaca. Prefere-se o texto mais curto – sem אֵלַי, conforme traz o TM, pois mesmo assim possui sentido.

– v. 7:

v.7b[a] Enquanto o TM traz as ações de Booz – comeu (וַיֹּאכַל) e bebeu (וַיֵּשְׁתְּ) corroborando e reiterando a fala de Noemi em 3,3f-g, a LXX considerada original e a Siríaca omitem וַיֵּשְׁתְּ ("e bebeu").[115] O fato poderia estar subentendido pelo ouvinte-leitor da LXX e da Siríaca, devido ao costume implícito de que toda refeição era acompanhada por bebida.[116]

– v. 9:

v.9a[a] A recensão grega de Luciano (bem como a Siríaca e a Vulgata em suas línguas próprias) acrescenta o dativo αὐτῇ= "para ela"[117] que corresponde ao hebraico לָהּ. A sugestão de acréscimo da partícula לָהּ como objeto indireto pode ser apoiada, também, dentro do próprio texto (Rt 2,11.14: וַיֹּאמֶר לָהּ), no entanto, a "ocultação" tanto do sujeito como do objeto indireto na frase não causa dificuldades na tradução ou na interpretação.

– v. 11:

v.11a[a] Alguns manuscritos hebraicos, a LXX dentro da *Hexapla* de Orígenes (πρός με), a Siríaca, o Targum e a Vulgata acrescentam אֵלַי ("a mim/ diante de mim")[118] como complemento ao verbo na 2ª pessoa feminina singular תֹּאמְרִי ("dizes"). Apresenta-se uma repetição literal do v. 5b-c "tudo o que dizes farei"

---

115. R. L. Hubbard (The Book of Ruth, p. 206) aponta que as omissões ocorrem inexplicavelmente.

116. Quanto à LXX, o fato possivelmente ocorre porque, segundo o costume grego, registrado na literatura produzida desde Homero e Hesíodo (século VIII a.C. em diante), a refeição era acompanhada basicamente de água e vinho misturados. Quanto à Siríaca, o mesmo costume pode estar implícito ao texto, pois os povos do Oriente Médio e da Mesopotâmia também o conservam, utilizando em suas refeições tanto o vinho como a cerveja, ambos misturados à água. Tais registros, tanto de uma história da gastronomia no mundo antigo quanto de tais costumes e sua ligação à economia e à política, estão registrados na obra de Atheneu de Naucrátis, o Deipnosophistae ("Sábios à mesa"), de cerca do século III d.C., compilando obras que remontam aos séculos III-II a.C. Para saber mais: ATHENAEUS, The Learned Banqueters, 2008 (7 volumes).

117. Uma vez mais se percebe o valor dado à interlocução de Rute na narrativa devido à presença do pronome pessoal explícito. Pelo contexto, isso faria entender que Booz já soubesse que Rute estaria ali.

118. Essa extensão manifesta ênfase no direcionamento da ação do verbo (אָמַר) a Booz e reporta ao v.5b, pois a resposta de Booz a Rute é idêntica à desta a Noemi. É. Levine (The aramaic version of Ruth, p. 92) nota que a adição da especificação "para mim" constitui uma divergência do TM em uma tradução não midráshica, sugerindo a influência da Siríaca ou uma vorlage hebraica contida em outros manuscritos.

(כֹּל אֲשֶׁר־תֹּאמְרִי אֶעֱשֶׂה). Aqui também opta-se pelo texto mais difícil, pois é notadamente clara, apesar de implícita, a ideia de *para mim* junto a תֹּאמְרִי.[119]

– v. 12:

v.12a[a] Muitos manuscritos hebraicos e Qumram trazem אִם, como a BHQ, sem a vocalização.[120] Segundo a *masorah*, é um caso de *Ketib-qere*, no qual há o escrito, mas não será lido.[121] A sequência כִּי אִם (vocalizada) pode também ser considerada uma ditografia da expressão precedente כִּי אָמְנָם ("pois verdadeiramente") ou introduzir uma expressão enfática.[122] A LXX, a Vulgata e a Siríaca omitiram כִּי אִם = "pois se", o que faz com que a afirmação de Booz, por um lado, ganhe força sem a presença do elemento condicional, mas por outro não tenha o elemento continuativo (כִּי). Optou-se pelo TM, sem o uso do condicional *se* e, ao mesmo tempo, conectando, através do כִּי, os vocábulos אָמְנָם e גֹּאֵל אָנֹכִי, traduzindo-se "e agora, pois, *verdadeiramente que eu sou um resgatador*".

– v. 14:

v.14a[a] Muitos manuscritos hebraicos, com Qumram, trazem o plural מַרְגְּלוֹתָיו (*pés dele*) enquanto no TM a forma apresentada seria singular מַרְגְּלָתוֹ (*pé dele*). Donatela Scaiola (Rut, p. 146, n. 31) apresenta uma nota, bastante plausível, em sua pesquisa, interpretando a mesma crítica como sendo uma questão de proximidade: os autores em geral sugerem que se leia o *Qere* מַרְגְּלוֹתָיו (*pés dele*), que determina maior proximidade e até ousadia de Rute, em lugar do *Ketib* מַרְגְּלָתוֹ (pé dele). O TM apresentar-se-ia como texto mais *respeitoso* na atitude de temor de Rute em cumprir o plano de Noemi.

v.14c[b] O TM traz escrito o *hápax* formado por preposição + partícula adverbial בְּטֶרֶם, forma única no livro de Rute, no entanto, muitos manuscritos trazem a forma usual e comum בְּטֶרֶם. Tem-se, portanto, mais um caso de *Qere-Ketib*. Neste caso, porém, a forma *Ketib* não influenciaria na tradução ou na interpretação do texto.[123]

v.14d[c] Apoiada pela Vulgata, a LXX traz Booz como sujeito explícito (καὶ εἶπεν Βοος); a Siríaca curiosamente traz Rute como sujeito implícito (וַתֹּאמֶר = ela disse), sugerindo que teria sido Rute a dizer a Booz que ninguém soubesse que ela estivera ali na eira à noite. Esta escolha continuaria dando a Rute maior pro-

---

119. E. F. Campbell (Ruth, p. 114) aponta que há adições da mesma natureza em Rt 3,9.16 (além dos vv. 5.11.17) atestadas por várias testemunhas.

120. O que poderia apontar ao ouvinte-leitor que os massoretas não creram ser importante ler אִם.

121. JOÜON, P.; MURAOKA, T., A Grammar, § 16e.

122. GESENIUS, W.; KAUTSCH, E.; COWLEY, A. E., Hebrew Grammar, § 163d.

123. A despeito do hápax, a forma בְּטֶרֶם sempre é seguida de um *yiqtol* (no caso יַכִּיר) que indique uma ação passada (JOÜON, P.; MURAOKA, T., A Grammar, § 113j).

tagonismo, corroborando outros elementos que a Siríaca emprega à personagem ao longo de Rt 3. Optando-se pelo TM, que traz o verbo na 3ª pessoa masculina singular, percebe-se o cuidado de Booz tanto para salvaguardar a reputação de Rute, como mulher de força e valor que é, quanto para a sua própria, pois ainda precisa tratar com o resgatador.[124]

v.14f[d] A Siríaca traz o verbo na 1ª pessoa comum singular, a fim de manter o sentido de "*eu* vim à eira", donde "eu" é Rute. Dessa forma, o texto de 3,14 fica harmonizado, isto é, a atitude e a fala têm Rute como sujeito.

v.14f[e] A Siríaca omite o termo "a mulher" para harmonizar com a presença de "*eu* vim à eira" e não se contradizer ou criar um texto ilegível. A LXX traz o vocábulo sem o artigo, cuja escolha pode denotar a finalidade de deixar indefinida a questão. O TM, inserindo הָאִשָּׁה (*a* mulher) com a presença do artigo definido, aponta para Rute como receptora do cuidado de Booz, que toma a atitude de protegê-la.

– v. 15:

v.15a[a] A LXX enfatiza, mais uma vez, a presença de Rute como protagonista, acrescentando o dativo αὐτῇ ao verbo grego λέγω que traduziu אָמַר ("disse"). A recensão de Luciano vai além, acrescentando o próprio nome da personagem – τῇ Ρουθ. É mantida a valorização da personagem Rute. O TM não vê a necessidade de nomear Rute, prevendo-se que é a ela que Booz se dirige, não exigindo a ênfase. Preferiu-se o texto mais curto, pois é claro e não deixa dúvidas quanto à interlocução de Rute. Quanto ao sujeito da fala, acrescentou-se [ele] ao verbo.

v.15g[b] Booz como sujeito, ou seja, a 3ª pessoa masculina singular do verbo וַיָּבֹא ("e ele entrou") encontra-se nos Códices de Aleppo e Leningradense, bem como nas edições de Ben Hayyim e Minhat Shay. Por outro lado, mais de quarenta manuscritos hebraicos têm a leitura feminina em וַתָּבֹא ("e ela entrou"), com o que concordam a Vulgata, a LXX e o Targum, tendo Rute como sujeito implícito. Ainda, vários manuscritos gregos incluem o nome Rute para tornar a questão mais clara e dissipar qualquer dúvida – καὶ εἰσῆλθεν Ρουθ.[125] A utilização da forma feminina mantém a sequência lógica dos verbos precedentes na narrativa. Deste modo, é plausível a sugestão da crítica textual. No entanto, preferiu-se o TM, pois se pode pensar que, para manter o masculino, enquanto Rute voltava para a *casa*

---

124. L. A. Fernandes (Rute, p. 57, n. bg) aponta: "Pela lógica textual o sujeito dessa fala deveria ser Rute e não Booz. Todavia, a fala pode ser vista como uma expressão do pensamento de Booz. Neste sentido, o narrador propôs uma simultaneidade entre o que Rute diz e o que Booz pensa sobre a delicada situação".

125. F. W. Bush (Ruth, Esther, p. 179) e E. F. Campbell (Ruth, p. 128) mantêm o sujeito masculino segundo o TM, pois para os mesmos ambas as leituras – masculina e feminina – foram presentes na história da transmissão do texto e foi preservado o texto que aponta o sujeito masculino.

de Noemi, Booz entrava na cidade para decidir a questão do resgate com o parente próximo.[126]

– v. 17:

v.17a[a] Como em Rt 3,15a, a LXX procura harmonizar os textos, ao trazer mais uma vez a ênfase da presença do interlocutor no dativo: αὐτῇ ("e disse para ela"). O TM, como texto mais curto, mais uma vez percebe que logicamente a interlocução é de Rute e não vê a necessidade da expressão dativa direcionada, conservando sua clareza e concisão.

v.17c[b] A título de ser mais direcionada a fala (a exemplo do que ocorre em Rt 3,5b.11b), a LXX, a Siríaca e o Targum utilizam אֵלַי ("para mim", "diante de mim") como complemento de אָמַר. O TM parece indicar que se leia אֵלַי possivelmente sugerindo que a ausência das consoantes se deva a um erro do copista do texto hebraico, ou, mais uma vez, não vê necessidade desta utilização por entender que o interlocutor está implícito e mantém o texto mais curto. A relação existente com os casos de 3,5b e 3,11b fica nítida em relação ao verbo אָמַר, no entanto em parâmetros diferentes. Em 3,5b e 3,17c o preenchimento de lacunas pelos massoretas (com אֵלַי), conforme apontado em BHQ[App] não se faz necessário, pois o texto permanece com sentido. Em 3,11, há o caso de acréscimo (também de אֵלַי) em uma fala idêntica à presente em 3,5b. Não obstante, percebe-se, em ambos os casos, a preocupação com uma leitura que direcione a fala ao interlocutor em cena, seja Rute, seja Booz.

Delimitação do texto

Rt 3 é uma narrativa linear e bem delimitada, apresentando início, desenvolvimento e fim. Nitidamente, a narrativa apresenta suas peripécias,[127] desdobramentos e chega a um desfecho natural.[128] Os massoretas não fizeram marcações textuais, como a *setumah* ou a *petuhah*. Não obstante isto, o texto apresenta elementos internos que evidenciam sua unidade.

Rt 3 em relação a Rt 2 apresenta critérios de espaço e tempo[129] que se destacam. Quanto ao espaço, o cenário de Rt 2 inicia-se no externo: Rute está nos

---

126. FERNANDES, L. A., Rute, p. 62.

127. A categoria "peripécias" está sendo usada segundo a noção aristotélica de ações que vão contribuindo para o encadeamento, crescimento (em gradação ascendente) e clímax do texto. Conforme a Poética de Aristóteles (1452a, 15-20), uma ação pode se organizar segundo o provável ou o necessário; ele elenca a sequência lógica das partes da tragédia com a mesma assertiva: segundo o provável ou o necessário, de modo imprescindível.

128. SIMIAN-YOFRE, H., Diacronia: os métodos histórico-críticos, p. 80; LIMA, M. L. C., Exegese Bíblica, p. 85.

129. C. M. D. Silva (Metodologia de Exegese Bíblica, p. 70-71) elenca os critérios para delimitação do texto e inicia apontando tempo e espaço como coordenadas importantes para a verificação de um novo início: "O

campos de Booz respigando a sobra da colheita. A partir do v. 18, Rute volta para *casa*, entretanto uma informação ao longo da narrativa chama a atenção e parece retomar a cena externa: em Rt 2,23 sabe-se que Rute se junta às jovens (נַעֲרוֹת)[130] de Booz e continua a respigar "até finalizar a colheita da cevada e a colheita dos grãos". Ainda uma última informação é oferecida: "e *morava* (וַתֵּשֶׁב) com a sogra".[131]

Um ambiente geográfico-espacial diverso daquele apresentado em Rt 2 compõe o cenário desta nova situação: o ambiente da cena, em que Rt 3 se inicia, é o mesmo no qual se encerra, isto é, o interior do lugar em que vivem Noemi e Rute em Belém de Judá, provavelmente citadino, e não mais os campos de Booz. Assim, considerando-se os capítulos 2-3 de forma geral, tem-se um movimento espacial campo → cidade entre Rt 2-3, necessariamente nesta ordem.

Quanto à estrutura espacial interna, de modo mais detalhado, tanto Rt 2 como Rt 3 apresentam semelhanças quanto ao deslocamento: *casa* → campo → *casa*, que se apresenta abaixo:

O deslocamento simétrico em Rt 2 e 3: *casa*→ campo→ *casa*			
Rt 2,3a-c→	"ela partiu (de *casa*) e foi e respigou no campo"	→ Rt 2,18b	"Ela entrou (para *casa*) na cidade"
Rt 3,6a→	"ela desceu (de *casa*) à eira"	→Rt 3,15g-3,16a	"E [entrou na cidade] e veio (para *casa*) até sua sogra"

Rt 3,2c introduz o elemento temporal: "esta noite", que será retomado em Rt 3,13a e complementado por "até a manhã", em Rt 3,13g-14a. Portanto, Rt 2,1-23

---

tempo pode indicar o início, a continuação, a conclusão ou a repetição de um episódio. O espaço, por sua vez, localiza fisicamente a ação e dá noção de movimento".

130. Importa perceber como Booz vê Rute e como esta mesma se vê diante dele. Booz nomeia Rute como uma de suas jovens (Rt 2,5.8-9.), ao passo que Rute se autoproclama sua serva em todos os momentos em que se dirige àquele que a favorece (Rt 2,13). Há ainda, em Rt 2, um jogo comunicativo entre as falas dos personagens e o narrador quanto ao uso de os jovens (Rt 2,9 [2x].15.21) e as jovens (Rt 2,8.22-23) que trabalham para Booz (que já não seria tão jovem assim), aos quais trata com benevolência (Rt 2,4.8.14). Em Rt 3 encontra-se Noemi, que faz referência às jovens (Rt 3,2), e em Rt 4 as mulheres da cidade veem Rute como uma jovem (Rt 4,12).

131. A forma verbal וַתֵּשֶׁב e habitava, presente no texto em *wayyiqtol*, pode, propositadamente, apontar o lapso de tempo que há entre o fim de Rt 2 e o início de Rt 3 (a primeira seção – vv. 1-5), de onde será retomada a linha narrativa principal: os discursos diretos entre os protagonistas de todo o texto de Rute, trazidos com sentido presentificado, pela presença de formas verbais no *yiqtol* e *weqatal* em sua maioria. L. A. Fernandes (Rute, p. 48) aponta que o verbo "habitar" indica que Rute aceita partilhar com Noemi todas as situações e expectativas. Este mesmo verbo evocava a permanência de Elimelec e sua família nos campos de Moab (Rt 1,2.4).

transcorre durante o dia, enquanto Rt 3,7-13 transcorre durante a noite. Ainda, Rt 2,1-23 gira em torno dos *acontecimentos no campo* que se deram durante o dia: "Rute respigou no campo até à tarde" (Rt 2,17), enquanto Rt 3,1-17 gira em torno dos *acontecimentos na eira* (no campo), que, em parte, se deram durante a noite: "ela deitou aos pés dele até a manhã" (Rt 3,14a).

Quanto ao tempo, as duas informações últimas de Rt 2 – a locução adverbial + a forma verbal no infinitivo construto: *até finalizar* (עַד־כְּלוֹת) – auxiliam na delimitação entre Rt 2–3. O ouvinte-leitor perceberá que o fato trazido à tona em Rt 2,23: "*até finalizar* a colheita da cevada e a colheita dos grãos" afasta-se, por um tempo considerável,[132] tanto do diálogo entre Noemi e Rute em Rt 2,19-22 quanto daquele que abre Rt 3, novamente entre as duas.[133]

Neste novo momento de Rt 3, um elemento subjacente é a *corrida* do tempo apresentado na narração dos fatos. Ao longo do capítulo, que se dá no espaço de um dia, há uma progressão temporal ascendente intensa, após o tempo de exposição do plano de Noemi a Rute em detalhes (Rt 3,1b-4h). Conquanto, não há um limitador entre a ordem dos acontecimentos e aquilo que estes intentam comunicar:[134] plano → execução → conclusão. Nesta corrida do tempo, várias palavras ocorrem no texto designando os elementos temporais: *esta noite* (Rt 3,2c); *na metade da noite* (3,8a); *permanece esta noite* (Rt 3,13a); *pela manhã* (Rt 3,13b); *até a manhã* (Rt 3,13g; 3,14a); levantou *antes* que fosse reconhecida (Rt 3,14b-c); *hoje* (Rt 3,18e).

Assim, Noemi conversa com Rute partindo do que acontecerá "esta noite" (Rt 3,2c), e a nora diz que fará tudo que a sogra lhe dissera. A partir de então, o tempo corre: Rute se arruma; desce à eira; observa; deita-se aos pés de Booz; Booz estremece e acorda, conversa com a mulher que está aos seus pés, Rute, que se identifica; ambos se deitam e novo diálogo ocorre no dia seguinte; Rute recebe para levar para *casa* seis medidas de cevada; Rute chega a *casa* e relata a Noemi; Noemi afirma, após ouvir de Rute: "pois não estará quieto o homem até se completar *hoje* a questão" (Rt 3,18d-e).

---

132. L. A. Fernandes (Rute, p. 51) aponta que o aspecto temporal de "até o fim da colheita da cevada e a colheita dos grãos" não permite pensar, a princípio, que o novo diálogo entre Noemi e Rute, sobre o que esta teria que fazer, deva ser lido como um acontecimento imediato ao que fora dito em Rt 2,22.

133. D. Scaiola (Rut, p. 138) lembra que a fala de Noemi fecha o capítulo 2 e abre o 3, embora haja diferenças significativas do assunto entre uma fala e outra: em Rt 2,22 Noemi cerca Rute de cuidados para que esta se junte às servas de Booz; em Rt 3,1-4 Rute deverá ir sozinha até Booz a fim de ser alcançado o objetivo de Noemi – conseguir o descanso para a nora.

134. Há apenas uma primeira conclusão que separa a primeira parte da narrativa da segunda: Tudo o que dizes farei (Rt 3,5b).

Acerca dos critérios temáticos[135] e também de estilo, Rt 3 apresenta, com relação a Rt 2, a introdução de uma nova situação: o plano de Noemi, a fim de buscar um marido para sua nora, de modo a garantir-lhes a manutenção da vida. Neste ponto da narrativa, a abertura de Rt 3, não se tem mais uma exposição do narrador, como em Rt 2, e sim um discurso:[136] o de Noemi à nora, comunicando o seu plano. Ainda, Rt 3,1-17 é caracterizado pela dramaticidade, pois não há uma introdução do narrador nos versos iniciais (como ocorre em Rt 1,1-8a; 2,1-2a; 4,1a-d), mas inicia subitamente com a fala de Noemi para Rute: "Então, Noemi, sua sogra, disse-lhe".

Rt 2,23 é um sumário do que foi a jornada de Rute nos campos de Booz, dando então por encerrados os feitos desta jornada de trabalho e abrindo espaço para a introdução de uma nova temática. Em Rt 2,1-23 é Rute quem sai para prover víveres para ela e sua sogra: "*Permita* que *eu vá* ao campo respigar" (Rt 2,2b-d). Rt 3,1 introduz uma nova temática: Noemi se preocupa em prover o futuro dela e de Rute: "não *deveria eu buscar* para ti um lugar de descanso". Portanto, em Rt 2,2 quem toma a iniciativa é Rute, mas em Rt 3,1 quem toma a iniciativa é Noemi.

A iniciativa de Noemi pode ser vista como um contraste ou uma resposta ao que Rute fizera por ambas, em continuidade ao andamento do texto como um todo. Se tomada como contraste ou continuidade, pode-se acrescentar outro argumento: a temática de Rt 2,1-23 gira em torno da jornada de *trabalho diurno* de Rute nos campos de Booz, enquanto Rt 3,1-17 gira em torno do "jogo de sedução" que Rute deve *executar durante a noite* na eira do campo de Booz.

As falas no diálogo entre as personagens com um *assunto novo* são delimitadores do texto, não obstante Rt 3 seja simétrico a Rt 2 quanto ao momento das falas entre Noemi e Rute – no início e no fim do capítulo – e entre Rute e Booz – no meio. Rt 3 é iniciado por וַתֹּאמֶר (e disse / então disse), tendo Noemi como sujeito e mais cinco ocorrências desta forma verbal somente neste capítulo.[137] Rt 2,22 possui uma estrutura semelhante a esta e contém a mesma

---

135. M. L. C. Lima (Exegese bíblica, p. 90-94) estabelece dois grandes blocos de critérios para delimitação textual: critérios temáticos, que dizem respeito à observação da introdução e mudança de assuntos, e critérios formais, isto é, elementos gramaticais que, estatisticamente, são utilizados como fórmulas que dão início, continuidade ou finalização aos textos. Os mesmos, tendo sido aplicados ao texto, evidenciam Rt 3 como uma unidade literária bem delimitada composta em um único momento, ou seja, com unidade redacional.

136. BOS, J. W. H., Out of the shadows, p. 60-61; FISCHER, I., Rut, p. 199.

137. Há 22 ocorrências em todo o livro de Rute, sendo 13 em posição inicial (Rt 1,8.11.15.16.20; 2,7.13.21.22; 3,1.5.17.18) e 9 ao longo das orações (Rt 2,2 (2x).10.19 (2x).20 (2x); 3,9.16). O diálogo é uma constante na narrativa em que predomina Noemi como sujeito (12 ocorrências: Rt 1,8.11.15.20; 2,2.19.20 (2x).22; 3,1.16.18), Orfa é personagem não falante e Rute fala principalmente quando incitada pela sogra, para lhe responder perguntas, ou para contar-lhe os fatos ocorridos (1,16; 2,2.19.21; 3,5.16.17) ou, ainda, nos

forma verbal (*e disse Noemi para Rute*, וַתֹּאמֶר נָעֳמִי אֶל־רוּת), conquanto um novo discurso de Noemi, trazendo o chamado "plano de Noemi", estabelece o início de mais um momento dentro da narrativa do livro, em que se caminha em gradação ascendente para o desenlace, contido em Rt 4.

Quanto ao fechamento do texto de Rt 3, isto é, sua delimitação em relação a Rt 4, também se apresentam elementos que manifestam o percurso natural da narrativa. Novamente, espaço e tempo se apresentam como critérios auxiliares na delimitação, deixando de ser internos para serem externos: a) Rt 4 manifesta a continuidade da *manhã* que foi iniciada em Rt 3,14a; b) é acrescido da mudança de *personagens* que atuam na cena; c) *não há menção* dos trabalhos no campo de Booz, nem do que acontece na *casa* de Noemi e Rute; d) há um novo *cenário*: a porta da cidade. Não obstante, a continuidade lógica dos acontecimentos não é quebrada.

O ambiente, em que Rt 3 é encerrado, é o mesmo em que o capítulo foi iniciado – o interior da *casa* onde habitam Noemi e Rute, e onde a sogra estabelece diálogos com a nora. Essa cena é marcada pela oração em Rt 3,16a "mas veio até a sua sogra" (וַתָּבוֹא אֶל־חֲמוֹתָהּ). Já Rt 4 é iniciado com Booz subindo à porta da cidade (Rt 4,1a), em um ambiente eminentemente externo: a porta da cidade, local onde se julgam as causas, o que denota o valor do que será tratado.

O afastamento temporal de Rt 3 em relação a Rt 4 é bem mais tênue, mas ainda assim auxilia na delimitação desta parte final da narrativa, partindo-se da premissa de que Rute chega a *casa* e Noemi lhe diz para sentar-se (יָשַׁב)[138] em um momento anterior à subida (עָלָה) de Booz à porta da cidade para se assentar (יָשַׁב) junto aos anciãos e, com eles, tratar o negócio que demanda julgamento público.

No aspecto temporal, uma divisão simétrica[139] do livro de Rute mostra que as duas grandes metades se complementam: Rt 1–2 e Rt 3–4.[140] Em Rt 3 perce-

---

diálogos com Booz (2,10.13; 3,9). Em Rt 2,7 temos o verbo como uma referência do servo de Booz ao que disse Rute.

138. Note-se que o verbo aqui é o mesmo utilizado em Rt 2,23, que pode ser traduzido por "e morava" ou "e habitava" (וַתֵּשֶׁב) com a sogra, no sentido de habitar, morar junto.

139. TRIBLE, P., Ruth (Book of), 5:842-847. M. Navarro enfatiza que H. Gunkel põe em relevo a composição narrativa de Rute (O livro de Rute, p. 336), distinguindo quatro grandes cenas, cada uma delas precedida de introdução e seguida de conclusão. Para ele a genealogia final é um acréscimo de caráter secundário. A estrutura apresentada em quatro partes, simétrica, também é defendida por S. Bar-Efrat (Some Interpretations on the Analysis of Structure in Biblical Narrative, p. 154-173).

140. J. Vílchez Líndez (Rut y Ester, p. 106-107) comentando a beleza literária do livro de Rute, diz que cada capítulo do livro apresenta um episódio com uma ação principal completa, que se inicia, desenvolve-se e tem seu desfecho. Para ele, ao fim de Rt 1, tem-se a sensação de que a narrativa se encerra com a chegada de Noemi e Rute a Belém, tendo as duas caminhado no trajeto Moab-Belém (1,22). Daí, em Rt 2, outra ação é demandada de Rute: troca-se a ação de caminhar pela de respigar nos campos de Booz. Novamente, a ação tem seu ciclo completo no capítulo, o qual se encerra com o final do tempo da sega (2,23), isto é, da ação de respigar de Rute. A partir de então, o ouvinte-leitor esperaria mais uma ação física de Rute, no

be-se nitidamente o afastamento temporal entre Rt 2 e Rt 3 e uma continuidade bem mais aproximada entre Rt 3 e Rt 4. A continuidade da história entre Rt 2 e Rt 3 é suspensa por um tempo, de modo que o ouvinte-leitor possa "respirar um pouco antes do rápido e dramático desdobramento de eventos de Rt 3 e Rt 4".

Ao ouvinte-leitor do livro de Rute na atualidade, os fatos parecem seguir em Rt 2 em tempo corrido, à primeira vista. A narrativa apresenta alguns advérbios ou locuções adverbiais específicas de tempo, que demonstram um dia na jornada inicial de Rute nos campos de Booz: "desde *pela manhã* está aqui *até agora*" (Rt 2,7); "sendo já *hora de comer*" (Rt 2,14); "apanhando naquele campo *até à tarde*" (Rt 2,17); "onde colheste *hoje*" (Rt 2,19). Entretanto, ao atentar bem para o texto entre os vv. 21-23, e a mudança para Rt 3, compreender-se-á que foi preciso o transcurso de um período – muito provavelmente todo o tempo da colheita até o momento de joeirar os grãos na eira – para o plano de Noemi ser arquitetado, bem como desde a noite até o amanhecer para ser posto em prática por Rute. Todos estes dados podem ser observados, por detrás das linhas entre Rt 2 e Rt 3.

Assim, parece haver um tempo considerável entre a jornada ou as jornadas diárias de trabalho de Rute, a aceitação de sua presença nos campos de Booz e a consequente admiração de quem era ela e como agia. Rute, muito provavelmente, não construiu sua reputação junto às moças e aos moços de Booz em um único dia. Ela foi observada diariamente. E não só por estes. Para ratificar este fato, Booz dirá em Rt 3,11d que *todo o seu povo* sabe de quão valiosa é a força de caráter de Rute, uma jovem mulher moabita que certamente causaria, à primeira vista, um olhar preconceituoso dos moradores de Belém de Judá.

Outro fator é a informação de Rt 2,21, nas palavras de Rute, retomando o que Booz teria lhe dito: "com os meus moços [*estarás*] *até completar a sega* para mim". A seguir, Noemi concorda e aconselha que Rute fique junto às moças de Booz (v. 22), e o narrador toma a palavra com a reiteração de que um bom tempo decorrera (v. 23): "então, ela aderiu às criadas de Booz para respigar *até finalizar a colheita da cevada e a colheita dos grãos*".[141] A última parte de Rt 2,23 aponta que Rute *morava* [junto] com a sogra, cujo aspecto temporal verbal abarca o valor semântico de continuidade, de estar já há um tempo nesta situação.

Entre Rt 3 e Rt 4 tem-se, pelo contrário, um tempo já bastante transcorrido: um dia → uma noite → uma manhã e vários vocábulos que indicam a rapi-

---

entanto não é isso que ocorre: a sorte de Rute ainda não fora mudada, apesar de ser isto o que se espera com o desenvolvimento da narrativa. Rt 3 é o momento da mudança da sorte de Rute, o ponto culminante esperado desde o início do relato, que abarcará também Rt 4. Para E. F. Campbell (Ruth, p. 103) também os sucessos e o clímax da narrativa do livro de Rute encontram-se em Rt 3.

141. FERNANDES, L. A., Rute, p. 48.

dez no campo semântico temporal, como advérbios acompanhados de pronomes demonstrativos e preposições e, ainda, locuções adverbiais, além das sequências de vários verbos de ação seguidos, denotando, em Rt 3, concomitância ou curto espaço de tempo transcorrido entre os mesmos (os verbos):

Advérbios + pronomes ou advérbios e locuções adverbiais		Sequências de verbos de ação	
esta noite	3,2 c	Lavar-te-ás e te perfumarás e porás tuas vestes sobre ti e descerás	3,3a-d
na metade da [mesma] noite	3,8ª	irás, descobrirás, deitarás	3,4d-f
permanece *esta* noite	3,13a	Booz comeu, bebeu, veio	3,7a-d
pela manhã [seguinte]	3,13b	[ela] veio, descobriu, deitou-se	3,7e-g
até a manhã (2x)	3,13g-3,14a	[ela] agarrou firme [o manto], ele mediu seis medidas e pôs sobre ela	3,15d-f
levantou *antes* que fosse reconhecida	3,14b-c	entrou na cidade, veio até a sogra	3,15g-16a
até se completar, hoje, a questão	3,18e		

    Quanto ao tema, Rt 3 gira em torno dos fatos no campo de Booz durante a noite, que se dá em secreto, ao passo que o início de Rt 4 gira em torno da negociação, aberta e com testemunhas, de um campo, durante o dia, no portão da cidade. Rt 3 é uma cena mais voltada para um "jogo de sedução" intimista, enquanto parte de Rt 4 é uma cena que tramita negociação de propriedade com pelo menos quatro envolvidos: O primeiro resgatador, Booz, Noemi e Rute. Atrelada à mudança da temática – não exatamente o goelato, nem o levirato, mas o resgate de propriedade – tem-se, ainda, a mudança do gênero literário.

    Em Rt 3,18, a fala conclusiva de Noemi, após a volta de Rute da eira, não deixa dúvidas de que se dará o encerramento de uma cena. Acrescente-se, a esta fala conclusiva, a força semântica das expressões *o desfecho do assunto* (יִפֹּל דָּבָר) e *até se completar* (כִּי־אִם־כִּלָּה) nas orações de 3,18c "até que saibas como será o *desfecho do assunto*" (עַד אֲשֶׁר תֵּדְעִין אֵיךְ יִפֹּל דָּבָר) e 3,18e "*até se completar*, hoje, a questão"

(כִּי־אִם־כִּלָּה הַדָּבָר הַיּוֹם) quanto ao que deverá ser resolvido: a compra do terreno e o exercício do goelato por Booz.

Com respeito aos critérios formais, não há uma chamada de atenção, tampouco uma fórmula específica de introdução ao texto, o qual se inicia com וַתֹּאמֶר, expressando a continuidade inerente ao texto de todo o livro de Rute, dentro da lógica da narrativa apresentada desde o primeiro capítulo. Observa-se, no entanto, com nitidez, a nova temática sendo abordada em Rt 3.

Em relação à continuidade e à finalização de Rt 3, o texto também não apresenta o que se pode identificar como fórmulas propriamente ditas ou estereotipadas. O que se percebe é o texto tendo naturalmente seu andamento, com a presença das conjunções que denotam continuidade. A *tecitura* é ascendente em relação à ação principal – a cena da eira – e descendente à medida que Rute retorna a *casa* e relata a Noemi a ocorrência dos fatos. A estes, a sogra acrescenta à nora: "não estará quieto o homem até se completar, hoje, a questão" (3,18d-e).

Rute 3 está bem delimitada em relação ao seu contexto anterior e posterior. Embora haja coerência e coesão no conjunto dos quatro capítulos do livro, Rt 3 tem uma característica específica que se dá apenas aqui: os acontecimentos noturnos na eira de Booz que chamam o ouvinte-leitor à intimidade dos personagens e ao suspense de como será o desfecho dos acontecimentos, narrado em Rt 4.

Unidade interna

A narrativa de Rt 3 apresenta-se como um texto unitário,[142] contendo uma *tecitura* homogênea, em que se estabelecem a coesão e a coerência nos níveis sintático e estilístico, semântico e pragmático.[143] Cada um desses níveis, após observados, refletem o todo estruturado do texto e o caracterizam como um evento comunicativo[144] com uma intencionalidade a transmitir ao ouvinte-leitor: duas

---

142. A maioria dos estudiosos sustenta a unidade do livro, ainda que a genealogia apresentada ao final (Rt 4,18-22) seja considerada um apêndice ou faça parte da história original (NAVARRO PUERTO, M., O livro de Rute, p. 336). G. S. Glantzman (Origin and Date of the Book of Ruth, p. 201-207) sugere haver três estágios de desenvolvimento do livro: a) uma pequena história de origem cananeia, com matiz poético; b) uma versão hebraica pré-exílica; c) uma versão final pós-exílica.

143. LIMA, M. L. C., Exegese bíblica, p. 86-87.

144. A partir da situação de enunciação, ou seja, dos vestígios observáveis que o acontecimento enunciativo deixa no enunciado (MAINGUENEAU, D., Elementos de linguística para o texto literário, p. 6), debruça-se sobre o texto, entendendo-o como um evento comunicativo, possuidor de uma mensagem ao seu ouvinte-leitor. Mensagem que pode ser percebida através das relações sintáticas, semânticas e das projeções pragmáticas que se descobrem ao perguntar ao texto e receber dele as respostas. Nada mais próprio aos estudos bíblicos, nos quais o evento comunicativo e sua mensagem são potencializados intencionalmente.

mulheres, apesar das vicissitudes pelas quais passam, lutam com as forças que lhes cabem, para garantir a manutenção de suas vidas.

A coesão e a coerência se dão em nível sintático e estilístico em Rt 3 na medida em que se apresentam as orações relacionadas umas às outras, em sua grande maioria[145] iniciadas pela conjunção וֹ (em sentido aditivo ou continuativo – "*e, então*" ou adversativo[146] – "*mas, porém*") e em menor número[147] pela conjunção explicativa "*pois, porque*" (כִּי).

Toda a narrativa de Rt 3 gira em torno de três personagens centrais, o que contribui para a coesão do texto e sua unidade: Noemi, Rute e Booz, que se alternam ao longo do capítulo, a partir dos pares: Noemi e Rute, Rute e Booz, Rute e Noemi. O par Rute e Noemi cria uma moldura no texto com o cenário da *casa* onde vivem, junto ao aspecto diurno, isto é, a luz do dia. Esta moldura envolve a parte central e o ápice da narrativa com o par Rute e Booz, cujo cenário é a eira do campo de Booz, e cujo tempo são a noite e o início da manhã – antes de Rute ser reconhecida por outra pessoa, além de Booz, porque ainda está escuro.

Cabe, ainda, além dos nomes próprios, apontar a grande quantidade de sufixos pronominais referentes a Rute, a Noemi e a Booz, palavras e orações quase inteiras repetidas e retomadas ao longo da narrativa, além dos designativos *o homem* (Booz: 3,3e; 3,8b; 3,16e; 3,18d) e *mulher* (Rute: 3,8d; 3,14f [אִשָּׁה] e 3,11d [אֵשֶׁת]). As ações previstas por Noemi acontecem como esperadas, as ações de Booz para com Rute na eira são por esta narradas a Noemi. Pode-se, mesmo, perceber a maestria do autor no encadeamento de todo o texto, unindo narração e discurso, tornando a narrativa nítida à percepção do ouvinte-leitor quanto ao entendimento da mesma.

Quanto ao nível pragmático, Rt 3 aponta questões quanto ao escopo ou orientação que a narrativa persegue[148] ou, ainda, à intencionalidade do autor na verificação dos atos dos personagens entre si e de suas respectivas falas no texto: observa-se subjacente ao texto a bondade de cada personagem, ainda que o registro do vocábulo *bondade* (חֶסֶד)[149] ocorra apenas uma vez nesta narrativa, relacio-

---

145. São 51 proposições iniciadas por וֹ.

146. Com sentido adversativo admitem-se 3 proposições (Rt 3,7e.12b.13d).

147. São 6 proposições iniciadas por כִּי. E ainda 4 proposições iniciadas por אֲשֶׁר no sentido relativo e 3 proposições tendo este referente em segunda posição, relacionado ao que fora dito anteriormente (Rt 3,5b, 3,11b, 3,16e).

148. Um dos níveis para o critério de coesão e coerência apresentado por LIMA, M. L. C., Exegese Bíblica, p. 87.

149. O vocábulo ocorre referente à Rute, com sufixo de 2ª pessoa feminina singular, חַסְדֵּךְ (tua bondade) em Rt 3,10d.

nado à ação e fala de Rute. Sua ação, no entanto, interliga as ações e falas de Noemi e de Booz, propiciando, assim, a coesão e coerência da narrativa.

Em nível semântico, a narrativa de Rt 3 apresenta, na verificação do discurso propriamente dito, que a temática se mantém ao longo de todo o texto, isto é, a noite na eira e seus resultados a partir de então. Noemi busca um "descanso" para sua nora a partir de um plano que deve ser executado com ações concretas: Rute deve se aprontar e descer à eira, e seguir conforme cada passo dito pela sogra. As ações de Rute desencadeiam ações de Booz para com ela, as quais, por sua vez, são ditas a Noemi como resposta à obediência da nora a tudo quanto lhe fora instruído. O texto se encerra com a questão inicial e urgente – a busca de um "descanso" – próxima de seu desfecho.

Deste modo, elencam-se no texto: a) a *bondade* de Noemi para com Rute ao buscar para a nora um futuro bom e garantido, ainda que através de um plano de sedução; b) a *bondade* de Rute para com Noemi ao aceitar o plano e inserir a sogra neste futuro promissor, pois Booz é parente delas – "nosso" (Rt 3,2a) e resgatador de ambas, não somente de Rute; c) a *bondade* de Booz para com Rute, ao percebê-la como uma mulher de força e valor, não obstante sua atitude na cena da eira poderia expô-la como uma mulher desprezível e adúltera; d) a *bondade* de Rute para com Booz, que o "escolhe" como aquele com quem quer estar e por quem quer ser resgatada.

Outro índice que aponta a orientação ou intencionalidade da narrativa é o fato de se apresentarem falas semelhantes nos três personagens que fazem parte da cena e que os põem, no texto, em lugar e valor de igualdade no nível da força do discurso: "(tudo) o que disseres farei" (Rt 3,4.5.11). A oração se repete por três vezes, sendo cada uma delas relacionada a um personagem, iniciando e culminando em Rute.

Na primeira ocorrência, é Noemi quem manifesta a Rute seu "plano" e lhe diz: "e ele declarará para ti o que tu deverás fazer" (Rt 3,4g-h). A nora responde à sogra (não a Booz): "tudo que dizes farei" (Rt 3,5b-c). Na sequência, Rute faz o que Noemi dissera[150] e é a vez de Booz dizer à Rute: "tudo o que dizes farei para ti" (Rt 3,11b-c). Nota-se a intenção do autor ao comunicar ao ouvinte-leitor que todos os personagens envolvidos não se sobrepujam uns aos outros, mas se complementam e fazem do texto um *tecido* coeso e coerente.

Unindo-se estes três níveis de coesão e coerência,[151] percebe-se com nitidez a homogeneidade do texto de Rt 3, pois suas partes comunicam-se entre si

---

150. Veja-se mais detidamente na p. 92 que Rute dá um "retoque" ao que Noemi lhe ordenara.

151. A coesão e coerência tornar-se-á mais nítida quando do estudo analítico dos elementos narrativos próprios do texto (Situação inicial; Nó ou complicação; Ação transformadora ou clímax; Desenlace; Situação final) na p. 92.

em um todo coordenado conforme os fatos vão-se desdobrando e chegando ao seu ápice – a possibilidade do enlace de Rute e Booz (v. 18), conforme pensado e exposto por Noemi em Rt 3,1-2.

Organização do texto

Sobre a organização do texto,[152] não há dúvidas de que Rt 3 contém o ápice de todo o relato do livro,[153] no qual o plano de Noemi é desenvolvido e os fatos narrados se tornam íntimos do ouvinte-leitor na cena da eira. A estrutura de Rt 3, considerada perfeita em sua simetria,[154] traz uma narrativa em que três cenas dialogam entre si: a cena central e culminante descreve o momento em que Rute e Booz estão na eira e nela ocorre o desenrolar do plano de Noemi; as duas cenas subjacentes iniciam e encerram o capítulo e têm como protagonistas Rute e Noemi.

Destaca-se a utilização: a) dos conectivos – partículas e preposições que proporcionam o encadeamento e a estruturação do texto; b) dos vocativos *minha filha*, direcionados a Rute, por Noemi (3,1b), Booz (3,10b.11a) e de volta, Noemi (3,16c.18b); c) do pronome indefinido *tudo* nas falas dos protagonistas (3,5b.11b) e do narrador (3,6b.16e) e sua relação com "até se *completar*" (3,18e); d) do substantivo *eira*, uma das palavras-chave da narrativa (3,2c.3d.6a.14f); e) da relação entre o *descanso* (3,1b), o substantivo *resgatador* (3,9f.12a-b) e o verbo *resgatar* (3,13b-e); f) da relação antitética entre o sobejo das seis medidas de cevada (3,15e.17b) e a suposta fala de Booz (3,17d): "que não entres *sem nada* para a tua sogra", a qual remete a Rt 1,21 em forma de réplica ("Eu cheia fui e de modo vazio voltei"). Tais elementos, e ainda outros que serão vistos a seguir, não só corroboram a unidade interna da narrativa, bem como demonstram uma *tecitura* estruturada e bem construída.

---

152. Procedeu-se à análise lexicográfica, observando verbos (prevalecem os verbos de ação e de dicção em Rt 3), nomes (há uma série de substantivos e expressões que estabelecem ganchos entre as partes do texto, apontam sua estrutura básica e subestruturas e reforçam sua unidade) e partículas que enlaçam os fios de todo o texto (= tecido), como o grande número de e, então (ן): 51 ocorrências, e pois, porque (כִּי): 6 ocorrências. Quanto à presença de ן, destaque-se também a grande quantidade de verbos em *wayyiqtol* e *weqatal*, que dão continuidade à narrativa e aos diálogos, respectivamente. Os resultados são apresentados no comentário ao texto.

153. VÍLCHEZ LÍNDEZ, J., Rut y Ester, p. 107; CAMPBELL, E. F., Ruth, p. 130.

154. J. Vílchez Líndez (Rut y Ester, p. 31) aponta os louvores à estrutura do livro de Rute em seus aspectos literários e artísticos: E. Robertson (The Plot, p. 222) dizia que a trama ou estrutura de Rute foi habilmente concebida e executada com perícia; H. Gunkel (*Ruthbuch*, p. 107) também tece elogios à composição artística bem-feita de Rute; e o próprio Vílchez Líndez aponta que a impressão que tem aquele que lê o livro de Rute e o analisa escrupulosamente é o de ter em mãos uma bela peça de museu, frágil e sólida ao mesmo tempo: frágil, pelos sentimentos delicados dos protagonistas; sólida e compacta pela unidade de todo o conjunto.

A narrativa de Rt 3 segue uma estrutura concêntrica[155] simples e curta. Esta estrutura, que compõe o texto de Rt 3, em três partes distintas, aponta para o centro da narrativa[156] e pode-se perceber que o *movimento* do texto parte do interior (da *casa* de Noemi) para o exterior (a eira) e retorna ao primeiro ambiente, finalizando a narrativa:

O plano na *casa* de Noemi	1ª cena – interna (Rute e Noemi) Em continuidade ao contexto anterior: "e Rute morava (/estava sentada) com sua sogra" (Rt 2,23)	vv. 1-5	A
A execução do plano	2ª cena – externa (Rute e Booz) "ela desceu à eira" (3,6a)	vv. 6-15	B
De novo à *casa* de Noemi	3ª cena – interna (Rute e Noemi) "e[157] [ela] veio até a sua sogra" (3,16a)	vv. 16-18[158]	A'

Pela premissa de um "plano de Noemi", tem-se, em Rt 3, uma divisão interna dos assuntos do capítulo que revelam a articulação do pensamento e a seguinte estrutura, na qual se privilegia o valor dos diálogos:[159]

Noemi e Rute planejam a ação. Rute vai executá-la: vv. 1-6
Booz come e bebe, e Rute deita junto dele na eira: v. 7
Diálogo entre Booz e Rute sobre o resgate: vv. 8-13
Booz e Rute continuam deitados na eira: v. 14
Rute não volta sem nada para casa (Noemi e Rute fazem revisão): vv. 15-18

---

155. A estrutura concêntrica aponta para o centro do texto, em prosa ou poesia, considerando-o o ápice do evento narrado. Se considerarmos o livro de Rute como um todo, duas estruturas concêntricas se interpõem, tendo os centros em Rt 2,8-15a e Rt 3,8-15, especificamente os dois diálogos entre Rute e Booz (VÍLCHEZ LÍNDEZ, J., Rut y Ester, p. 33).

156. SCAIOLA, D., Rut, p. 137-138.

157. Em וַתָּבוֹא, o *waw* acoplado ao verbo abarca uma série de sentidos, dentre continuidade e temporalidade, podendo ser traduzido por e, então, quando, agora, e também mas, como adversidade, dependendo do contexto em que se encontra.

158. J. Vílchez Líndez (Rut, p. 107-123), R. Hubbard (The Book of Ruth, p. 196-230), D. Scaiola (Rut, p. 137-169) concordam com esta divisão na estrutura do capítulo. I. Fischer (Rut, p. 198-222) considera a estrutura em 3,1-6.7-15.16-18.

159. MESTERS, C., Rute, p. 45. Nota-se que Mesters isola os vv. 7.14, por conterem pequenos epílogos ou conclusões que fecham as duas primeiras partes de Rt 3.

Atendeu-se ao modelo de estrutura básica simples de Rt 3 no qual cada uma das três partes (seções ou cenas) principais estão imbricadas. No entanto, pode-se, por questões de organização, apontar os eixos intercambiáveis do próprio texto e perceber como estão entretecidos, construindo um texto simétrico em vários âmbitos, dentre os quais se podem destacar três: a) os epílogos dos diálogos e o seu cumprimento nas ações; b) o plano e sua execução; c) a relação entre as falas e as ações de Rute e de Booz. Veja-se a presença de cada.

a) Os epílogos dos diálogos e o seu cumprimento nas ações:

Cada um dos diálogos estabelecidos na narrativa de Rt 3 entre os três personagens contém uma espécie de "epílogo" e o seu cumprimento na narração ou na própria fala futura de um dos personagens em cada uma das cenas ou seções do texto. Note-se, ainda, o valor do vocábulo tudo (כֹּל), que caracteriza estes "epílogos" como tal:

1ª seção ou cena – Rt 3,1-5		
Noemi diz a Rute (epílogo de 3,1-4f)	E ele *declarará* para ti o que deverás **fazer**	3,4g-h
Rute diz a Noemi (1º epílogo da 1ª seção)	Tudo o que *dizes* **farei**	3,5b-c
2ª seção ou cena – Rt 3,6-15		
O narrador aponta (2º epílogo da 1ª seção e prólogo da 2ª seção)	E (Rute) **fez** conforme tudo que lhe *ordenou* sua sogra	3,6b-c
Booz diz a Rute (epílogo da 1ª parte do diálogo entre eles)	Tudo o que *dizes* **farei** para ti	3,11b-c
3ª seção ou cena – Rt 3,16-18		
O narrador aponta (epílogo da 1ª parte do diálogo entre Rute e Noemi)	E (Rute) *declarou* (a Noemi) tudo que o homem **fizera** para ela	3,16d-e

b) O plano e sua execução:

Para além da estrutura quiástica básica, encontra-se inserida nesta a estrutura de plano-cumprimento que se estabelece entre as ações planejadas por Noemi para que Rute as cumpra e o seu cumprimento propriamente dito:

Plano		Cumprimento	
O que Rute <u>fará</u> ainda *em casa*		O que Rute <u>fez</u> ainda *em casa*	
Lavar-te-ás	3,3a	e fez conforme *tudo* que lhe ordenou sua sogra	3,6b-c
e te perfumarás,	3,3b		
porás o teu manto sobre ti	3,3c		
e descerás à eira	3,3d	Então ela desceu à eira	3,6a
O que Rute <u>fará</u> /o que acontecerá *na eira*		O que Rute <u>fez</u> /o que aconteceu *na eira*	
Não te farás notar ao homem	3,3e		
até que ele termine de comer	3,3f	E Booz comeu	3,7a
e de beber	3,3g	e bebeu	3,7b
E quando ele for descansar	3,4a	então veio descansar na extremidade de um montão de cevada	3,7d
então saberás o lugar [em] que ele descansa	3,4b-c		
então irás	3,4d	E ela veio em secreto	3,7e
e descobrirás os pés dele	3,4e	e descobriu os pés dele	3,7f
e deitarás ali	3,4f	e deitou-se	3,7g

Estabelece-se um "gancho" entre a última parte do plano (Rt 3,4e-f), seu cumprimento (Rt 3,7f-g) e a continuidade da narrativa, criando-se uma espécie de refrão no texto quanto ao ápice da cena da eira, para o qual o ouvinte-leitor é direcionado a "olhar": *os* pés (מַרְגְּלֹתָיו) de Booz:

Plano e cumprimento		Refrão (ressonância no texto)	
e descobrirás os *pés dele*	3,4e	os *pés dele*	3,8d
e descobriu os *pés dele*	3,7f	aos *pés dele* até a manhã	3,14a
e **deitarás** ali	3,4f	E ela **deitou**	3,14a
e **deitou**-se	3,7g	e eis que uma mulher estava **deitada**	3,8d

c) A relação (simétrica) entre as falas e as ações de Rute e de Booz:[160]

Nesta relação, tem-se uma estrutura quiástica paralela, na qual se encontram, dentro da 2ª cena ou seção da narrativa (Rt 3,6-15), dois episódios: no primeiro (vv. 6-9), Rute realiza o projeto de Noemi através de ações e falas no diálogo com Booz; no segundo (vv. 10-15), Booz responde de modo reverso, primeiro em palavras, depois em ação:

Rute <u>desceu</u> à *eira*, <u>observou</u> Booz, <u>veio</u> em secreto e se <u>deitou</u> aos seus pés (ações)	3,6-8	A
Rute se <u>anunciou</u> e <u>sugeriu</u> a Booz o que fazer: *resgatá-la* (palavras)	3,9	B
Booz <u>elogia</u> Rute, <u>abençoando</u>-a e <u>conversa</u> com ela sobre o *resgate* (palavras)	3,10-13g	B'
Booz <u>deita</u>-se junto a Rute na *eira* e lhe <u>dá</u> seis medidas de cevada (ação – o sustento já se inicia)	3,13h-3,15	A'

Acrescente-se mais um detalhe à simetria do texto: Rute *chega* em secreto (3,7e) e *sai* em secreto (3,14b-f) do encontro com Booz na eira.

Uma réplica deste quadro ocorre na terceira seção do texto (Rt 3,16-18), da qual Booz não participa diretamente, apenas de modo remoto. Retoma-se a presença de Noemi, Rute e ela conversam, tendo suas falas intercaladas:

Booz (ações por detrás da cena)		Rute (palavras em cena)		Noemi (palavras em cena)	
[tinha *entrado* na cidade]	[3,15g]	<u>declarou</u> o que Booz fizera para ela	3,16d-e	<u>perguntou</u> a Rute o que acontecera	3,16b-c
[e *subiria* até o portão para decidir a questão]	[4,1-6]	<u>disse</u> o que Booz teria <u>dito</u> a ela [nova informação]	3,17a-d	<u>aconselhou</u> Rute a sentar e aguardar	3,18a-e

A estrutura interna de Rt 3 aponta nitidamente para a seção central (Rt 3,6-15) – a cena da eira –, a qual também é central em relação a todo o livro de Rute. Esta cena, carregada de erotismo e sedução, em que desejos humanos se manifestam, é a mesma em que se mostram sentimentos elevados dos protagonistas – Rute e Booz – como a humildade (3,9d-e), o respeito (3,13g-14f) e a bon-

---

160. BUSH, F. W., Ruth, p. 159-161; SCAIOLA, D., Rut, p. 146-147.

dade (3,10b-13e.15e-f.17b-d), e menciona-se, por duas vezes, o nome de YHWH em forma de louvor (3,10b.13f). Além disso, é na moldura da estrutura do texto (3,1-5.16-18), entre Rute e Noemi, nora e sogra, que se apresentam também desejos e sentimentos que as envolvem: preocupação (3,1a-c.17b-d), sabedoria (3,2c-4h.18b-e) e companheirismo (3,5b-c.6b-c.).

O texto de Rt 3 é eminentemente narrativo, no entanto recheado de falas que dão força a cada um dos personagens. Tanto as palavras ditas quanto sua quantidade no texto são índices valiosos para se perceber o lugar de fala dos envolvidos nas cenas. Nota-se o equilíbrio quanto ao espaço à palavra reservado a Noemi, Rute e Booz. Neste sentido, nenhum dos personagens está em evidência em relação ao outro. Postos em esquema, tem-se, quanto à organização dos discursos na narrativa de Rt 3 as falas de:

1ª seção Rt 3,1-5	Noemi – 3,1b–3,4h
	Rute – 3,5b-c
2ª seção Rt 3,6-15	Booz – 3,9b
	Rute – 3,9d-f
	Booz – 3,10b–3,13g. 3,14e-f. 3,15b-c
3ª seção Rt 3,16-18	Noemi – 3,16c (paralelo 3,9b)
	Rute – 3,17b.d
	Noemi – 3,18b-e

Importa dizer que apenas em Rt 3 (em relação a todo o livro) dá-se este equilíbrio entre as falas dos três protagonistas. São, ainda, os espaços de fala de cada personagem, aliados à premissa dos ambientes (interno – externo – interno) que delimitam e facilitam a divisão em seções no texto de forma inequívoca. Veja-se cada uma delas.

Abertura: o plano

De modo simples e esquemático, a primeira seção do texto de Rt 3 é composta da seguinte forma:

Espaço	Tempo	Personagens	Formato	Moldura	
Interno	Dia	Noemi	Diálogo	Início	Fim
A *casa* de Noemi		Rute		Noemi *disse* (3,1a [-4h])	Rute *respondeu* (3,5a)
→ Gancho textual para a segunda seção:				Tudo o que dizes *farei* (3,5b-c)	

Esta primeira seção tem, na maior parte (vv. 1-4), Noemi como protagonista, Rute como interlocutora e Booz como a pessoa de quem se fala. Estabelecendo uma subdivisão, os vv. 1-4 podem ser entendidos como a exposição do plano no discurso de Noemi a Rute e o v. 5 como a total recepção do mesmo, bem como a resposta positiva da nora em cumprir a proposta da sogra.

Dentro deste ambiente, na abertura do capítulo, Noemi compartilha com Rute seu desejo, manifestando um plano: buscar para a nora um marido[161] que lhe seja idôneo – através do uso da metáfora *um lugar de repouso*.[162] A estratégia, que se apresenta no plano das ideias, tem seu exato cumprimento no decorrer do capítulo de acordo com a fala inicial de Noemi. Em seu desfecho, Rt 3 novamente apresenta Noemi afirmando à nora que tudo ocorrerá como pensado.

Percebe-se que a proximidade alcançada pela nora quanto ao sentimento e à família da sogra prepara a intimidade que ambas terão uma com a outra ao longo de Rt 3, o que poderia explicar a possibilidade do *Qere-Ketib* de 3,3d e 3,4f como um expediente literário ou simbólico. Rute é, na fala de Noemi, "minha filha" (Rt 3,1b) e compartilha com Booz, "nosso parente" (Rt 3,2a), os laços do mesmo clã. A nora, agora filha, é tratada em pé de igualdade pela sogra. Como resultado, esta mesma nora será comparada em valor a mais de sete filhos por sua dedicação à sogra (Rt 4,15c-f).

Em Rt 3, a moabita Rute, uma estrangeira, encontrará por meio da sogra, israelita, um povo e um lugar onde pousar, como declarara em seu desejo anteriormente (Rt 1,16c-h). Noemi deve buscar para Rute um lugar de repouso no meio de tantas adversidades e vicissitudes. Neste sentido, considerar o *lugar de repouso* (Rt 3,1b) como metáfora *apenas* para a figura de um marido seria reduzir o campo semântico e o valor intrínseco de tudo que a metáfora representa.

Como dado hermenêutico imbricado ao texto, a metáfora se revela nesta própria seção: o lugar de descanso de Rute é o mesmo em que Booz se

---

161. P. Joüon, T. Muraoka (A Grammar, § 113m) reforçam a ideia de retribuição de Noemi a Rute e propõem a tradução: "Não deveria eu buscar..." Sua utilização permite pensar que Noemi pretendia retribuir a Rute o bem que lhe fizera, permanecendo ao seu lado – através do uso da metáfora lugar de repouso, "premeditando" o enlace com Booz. L. A. Fernandes (Rute, p. 51) aponta o interesse e a preocupação de Noemi com o futuro da jovem moabita e, por esta fala, a sogra reitera o augúrio proferido para suas noras, no ato da despedida (Rt 1,8-9).

162. A metáfora do lugar de repouso (מְנוּחַ) tem seu correspondente no nome próprio do pai de Sansão, Manoah (Jz 13,2.8.9.11-13.15-17.19.21-22; 16,31) ou, ainda, surge com o sentido próprio de descanso, sossego de alma (Gn 8,9; Dt 28,65; Sl 116,7; Is 34,14; Lm 1,3). Em Rt 3, aponta especificamente para a questão social enfrentada pelas mulheres na realidade das sociedades demarcadas pelo Antigo Testamento – o casamento, representado pela provisão concedida pelo marido, traz paz a mulher, que também contribuirá para o estabelecimento dessa paz tomando seu lugar como parceira do homem na gestação e criação de filhos e nos deveres que lhe são atribuídos (Sl 128; Pr 31,10-31).

recosta (Rt 3,4b), o lugar de sua intimidade (Rt 3,4d). Pois ali, na eira, Booz dará os passos necessários, junto a Rute, do que deve ser feito para alcançar o que se deseja (Rt 3,4f. 11b). À estrangeira que se oferecera em amor à sogra será dado um marido, uma família, uma herança, uma habitação, uma terra, um Deus (*Elohîm*).[163]

Os jogos de linguagem[164] de que Rt 3 está imbuída manifestam-se nas frases semelhantes (quase idênticas) contidas nas afirmações dos três protagonistas. Estas são a chave de leitura para entender esta narrativa em que a paridade e a reciprocidade se fazem presentes. Nenhum dos protagonistas sobrepuja o outro. E suas afirmações unem a primeira seção às seguintes: Noemi aconselha Rute a fazer o que Booz declarar (3,4g-h). Ao mesmo tempo, Rute responde que fará tudo que Noemi diz (3,5b-c). Ambas as falas refletirão em 3,11b-c, pois Booz assevera que fará tudo o que Rute lhe diz.

O aspecto verbal desta primeira seção auxilia o ouvinte-leitor a perceber que fatos importantes *estão por vir*. O *yiqtol* אֲבַקֶּשׁ (Rt 3,1b) com a *nuance* de uma ordem a ser cumprida,[165] nas proposições verbais, faz com que se perceba o sentido da construção do primeiro bloco do texto. Por seu aspecto, o *yiqtol* como uma ação indicativa *presentificada* ou futura dá vida ao texto com a premissa de que haverá o pleno cumprimento do plano de Noemi.

Tanto *e eis que* (וְהִנֵּה/הִנֵּה) quanto *e agora* (וְעַתָּה/עַתָּה) são signos macrossintáticos importantes que indicam as subdivisões e as relações entre as diferentes partes do texto ou as inter-relacionam. A diferença básica entre ambos é o fato de וְעַתָּה/עַתָּה ocorrer apenas no discurso e וְהִנֵּה/הִנֵּה também na narração. No texto, a função de וְעַתָּה em 3,2a é vincular 3,1b – "não buscarei para ti um lugar de descanso?"– ao momento atual do discurso em 3,2 a - "e agora não é Booz nosso parente?" Por seu turno, הִנֵּה em 3,2c introduz a continuidade do discurso introduzido em 3,2a: "*eis que ele* (הִנֵּה־הוּא) estará espalhando na eira a cevada..."

Esta seção inicial de Rt 3 já aponta as atitudes em parceria entre sogra e nora, nas quais a primeira tem a primazia – é a elaboradora do projeto que trará o sustento e a garantia da vida de Rute. Não obstante, é a segunda, Rute, que põe

---

163. Nos mesmos pressupostos do início do Trito-Isaías (Is 56), no qual o eunuco e o estrangeiro que guardam os sábados e a vontade de YHWH encontram morada no meio do seu povo e vivem como seu povo. Esta linha hermenêutico-teológica perpassa, no Antigo Testamento, também o livro de Jonas, com a proposta do estrangeiro que aceita YHWH como seu Deus e vive segundo sua Palavra.

164. WITTGENSTEIN, L., Investigações Filosóficas, § 23.

165. Conforme defendido por Niccacci (Sintaxis, p. 92) e Joüon-Muraoka (A Grammar, § 113m).

o projeto em prática, seguindo as determinações acordadas que, ao final, também trarão como corolário o sustento, a garantia da vida e a descendência de Noemi (Rt 4,14-17). Essa parceria, no texto, pode estar demarcada na presença do fenômeno de *Qere-Ketib* encontrado em Rt 3,3d e 3,4f, respectivamente, no que tange aos verbos principais do cumprimento do projeto: *descerás* (descerei) e *deitarás* (deitarei).

Ao tomar em conta elementos do próprio texto em tela (Rt 3) e também de Rt 4, algumas considerações hermenêuticas podem ser aventadas. Se o *Qere-Ketib* dos vv. 3,3d e 3,4f apontam uma ambiguidade, qual o sentido desta? *Ad intra*, não estaria ligada à própria fala de Noemi: "não devo *eu* buscar para ti um lugar de descanso" (3,1b)? É a sogra a agente que surge para o ouvinte-leitor, se pensamos no texto que abre Rt 3. *Ad extra*, lembra-se que "é nascido um filho *para Noemi*" (Rt 4,17c).

O jogo ambíguo entre primeira e segunda pessoas do singular podem não ser simplesmente um efeito para uma *lectio difficilior*, porém uma forma de apresentar que as ações de Rute estão imbricadas ao desejo de Noemi a ponto de se (con)fundirem ambas na atitude a ser tomada. Por outro lado, a aceitação do *Ketib* de 3,3d e em 3,4f pode designar, simbolicamente, que os atos de Rute *são* os atos de Noemi – pois a esta seria permitida a aplicação do resgate em conformidade com a lei do levirato.[166] Não obstante, é Rute que cumprirá os atos conforme "tudo o que Noemi disser" (Rt 3,5b-c).

Desenvolvimento: o plano posto em ação

Delimitada ou emoldurada pelo deslocamento espacial de Rute e pelo transcurso temporal (noite → manhã), a segunda seção também pode ser representada inicialmente por um resumo esquemático, no qual se tem a noção do equilíbrio entre falas e ações dos personagens, bem como dos ganchos textuais que costuram essa seção medial e central às duas que lhe são adjacentes:

---

166. O texto de B. P. Irwin (Removing Ruth, p. 331-338) tem sua base neste pressuposto, de que o Qere manifesta o desejo dos escribas de remover completamente Rute da cena da eira, por esta não ter as condições legais de cumprir o levirato, o que só poderia ser feito por Noemi. O apoio a este pensamento se dá com base em Ne 13,1-3, com uma visão purista da comunidade pós-exílica em Jerusalém com relação ao tratamento dado aos estrangeiros, inclusive os moabitas, forçadamente expelidos da congregação de Israel. A partir desta premissa, Noemi e Rute estariam presentes na eira e é a sogra, israelita, e não a nora, moabita, que se deita ao lado de Booz (p. 336-337). Não há, portanto, simbolismo ou metáfora, mas a fala de Noemi em primeira pessoa – o Qere – é real.

→ Gancho textual com a primeira seção:			Execução do plano de Noemi: Então ela *desceu* à eira (3,6a)		
Espaço	Tempo	Personagens	Formato	Moldura	
Externo	Noite	Rute	Ações de Rute	Início	Fim
A eira	Madrugada (3,8a)	Booz	Diálogo entre Rute e Booz	Rute *desceu* à eira (3,6a)	Rute (Booz) *entrou* (*subiu*) na cidade (3,15g)
A cidade	Manhã (3,14a)		Ações de Booz		
→ Gancho textual para a terceira seção: (veio até sua sogra: 3,16a)			Plano de Noemi executado: *Entrou* na cidade (3,15g)		

A segunda seção de Rt 3 aponta inequivocamente, desde seu início, que se dará o cumprimento do projeto engendrado por Noemi através das ações de Rute. A nora – que antecipadamente já cumprira a preparação própria ao momento (Rt 3,3a-c), desceu à eira (Rt 3,6a). A mudança no âmbito da temporalidade verbal de *yiqtol* (Rt 3,5b-c) – apontando o que Rute *fará* –, para *wayyiqtol* (Rt 3,6a-b) – o que Rute *fez* –, ao mesmo tempo resume a primeira seção de modo anafórico[167] (Rt 3,3a-3,4h) e anuncia ao ouvinte-leitor, cataforicamente,[168] o que corresponde ao "tudo" mencionado em Rt 3,6a-b, o qual se cumprirá em Rt 3,7e–3,9f.

A narrativa segue com uma sequência *tranquila* de ações em *wayyiqtol* (Rt 3,7a-g), em simetria e resposta ao que Noemi previra e ordenara a Rute fazer (Rt 3,3e-3,4f). Até que o elemento temporal introduzido por *e aconteceu* (וַיְהִי) traz ao ouvinte-leitor o olhar para um novo fato ocorrido: Booz, tendo *os pés* descobertos, tremeu, apalpou-se, e percebeu ali uma mulher deitada bem próxima de si (Rt 3,8a-d).

Nesta seção do texto, na qual se apresenta o clímax da narrativa – o diálogo entre Rute e Booz –, o uso de *eis que* (הִנֵּה) em Rt 3,8d, combinado a *e aconteceu* (וַיְהִי) em Rt 3,8a vai aproximando o ouvinte-leitor da cena cada vez mais, tanto de

---

167. A anáfora ou analepse é uma figura de linguagem que resume o que fora dito, apontando para trás. O elemento anafórico, geralmente, é caracterizado pelos pronomes demonstrativos. Não obstante, nada impede que termos de outra morfologia, como substantivos, verbos e até mesmo orações, sejam utilizados de modo anafórico (SKA, J. L., Sincronia, p. 133-135; VITÓRIO, J., A narratividade do livro de Rute, p. 97-100).

168. A catáfora ou prolepse, de modo oposto, apresenta antecipadamente o que está por vir no texto, apontando para frente. Também é caracterizada principalmente pelo pronome demonstrativo, podendo tornar catafóricos termos de outra morfologia (SKA, J. L., Sincronia, p. 133-135; VITÓRIO, J., A narratividade do livro de Rute, p. 97-100).

modo espacial quanto temporal: a mulher ali deitada é a premissa para o início do diálogo que resultará na ação de Booz. Mais uma vez a conexão atitudes-discurso-atitudes, nesta ordem, comporá, agora, esta parte do texto.

Em termos sintático-semânticos, o uso de *eis que* em Rt 3,8d (וְהִנֵּה), que ocorre no texto pela segunda vez, está conectado, implícita ou explicitamente, ao verbo ver – o que serve para chamar a atenção do ouvinte-leitor, numa espécie de *close*, trazendo à tona a cena narrada, bem como tornando o discurso imediato ou *presentificando*-o.[169] Tal campo semântico auxilia a perceber que a culminância do texto está por vir – descoberto Booz, percebe a mulher deitada aos seus pés e um novo diálogo entre ambos terá início – agora íntimo, do qual Noemi não participa.

O diálogo entre Booz e Rute tem lugar entre Rt 3,9a e Rt 3,13g. Em Rt 3,9d-e aponta-se um detalhe de regras de acentuação massorética que iluminam um pouco mais a apresentação de Rute a Booz: quando há a presença de dois acentos similares, o primeiro demonstra mais força e ênfase na fala da personagem. Assim, o primeiro *zaqef* em Rt 3,9d (אָנֹכִי֙ ר֣וּת אֲמָתֶ֔ךָ) aponta a pausa na vocalização (onde se acrescenta a vírgula) e reforça o sufixo no aspecto gramatical, e a fala da personagem quanto ao estudo do discurso e sua interpretação: Eu sou Rute, *tua* serva.

Já o segundo *zaqef* (וּפָרַשְׂתָּ֤ כְנָפֶ֙ךָ֙ עַל־אֲמָ֣תְךָ֔) não provoca a pausa, tampouco enfatiza a fala no discurso.[170] Sendo assim, toda a fala de Rute em sua apresentação a Booz demonstra vigor: combinam-se a presença do pronome pessoal, do nome próprio e do sufixo de 2ª pessoa reforçando o motivo de Rute estar ali e a certeza de quem é ela e do que quer para si, o que se resume em: sei exatamente *quem sou*, mas *quero ser tua*.

Note-se a presença de *tua serva* (אֲמָתֶ֔ךָ) em Rt 3,9d-e[171] para que se perceba como Rute se vê diante de Booz – o que contrastará com *minha filha* (בִּתִּ֔י) em Rt 3,10b, modo como Booz se dirige a (e vê) Rute. Em momento algum Booz dirigiu-se a Rute como serva, mas como *jovem, moça* (Rt 2,5), à semelhança do modo como se referia àquelas: *minhas moças* (נַעֲרֹתַ֔י), as quais trabalhavam para ele em seus campos (Rt 2,8.22-23). Para Rute, estas *moças* também eram *tuas servas* (שִׁפְחֹתֶ֔יךָ). Curiosamente, nenhuma das moças *de* Booz lhe despertou interesse. Tal fato parece ser proposital na narrativa a fim de chamar a atenção do ouvinte-leitor para Rute.

---

169. NICCACCI, A., Sintaxis, § 71.

170. JOÜON, P.; MURAOKA, T., A Grammar, §15k.

171. Note-se, ainda, a ocorrência de tua serva (שִׁפְחָתֶ֔ךָ) na fala de Rute a Booz em Rt 2,13, quando do primeiro encontro entre Booz e Rute.

Um detalhe é a mudança do vocábulo nas falas de Rute: em Rt 2,13, quando do primeiro encontro com Booz, põe-se na condição de uma *tua serva* (שִׁפְחָתֶךָ), em uma categoria diferente do momento em tela: em Rt 3,9d-e o vocábulo sufixado – *tua serva* (אֲמָתֶךָ) – é o mesmo com o qual Abigail se apresenta a Davi no episódio com Nabal (1Sm 25,24-25.28.31.41) e a referência a Agar nas palavras de *Elohîm*: (Gn 21,12). O vocábulo também ocorre (sem o sufixo) quando Raquel oferece Bila a Jacó (Gn 30,3). Assim, pode indicar uma serva que pode ser desposada, sendo mulher ou concubina, ou, ainda, aquela que dará filho(s) ao seu senhor.[172]

Essa certeza de si em Rute e daquilo que deseja pode, ainda, ser reafirmada pelo *weqatal* em Rt 3,9e: *poderás estender* (וּפָרַשְׂתָּ), ao imprimir neste a *nuance* de obrigação – *deverás estender*[173] – a fim de que Booz cumpra seu papel como *resgatador* (גֹּאֵל) em Rt 3,9f. Esta *nuance* é possibilitada pelo *yiqtol* que inicia a narrativa com a fala de Noemi em Rt 3,1b: *não devo eu buscar...* (אֲבַקֶּשׁ).[174]

A responsabilidade como *resgatador* (גֹּאֵל) é aceita e assumida por Booz (Rt 3,12a). Em paralelo à autoafirmação de Rute com a presença enfática do pronome pessoal e do predicativo que lhe reforça, sabendo, assim (Rt 3,9d) *quem é* (אָנֹכִי רוּת) e *o que é* (אֲמָתֶךָ). Booz, que não precisa se apresentar por nome (conquanto o discurso traga o pronome pessoal) também sabe muito bem *o que é* (גֹּאֵל אָנֹכִי), ou seja, qual o seu papel nesta história.

Por outro lado, Rute se aproxima de Booz no momento em que utiliza para ela, por duas vezes, o mesmo vocábulo referido por Noemi: *minha filha* (בִּתִּי).[175] Antes mesmo de denominá-la *mulher de força/valor* – outra chave de leitura para o texto e para o entendimento da paridade no livro de Rute –, Booz já a reconhece por sua bondade e encerra este primeiro bloco com a terceira ocorrência do jogo de linguagem que circunda os discursos dos três protagonistas, afirmando desta vez para Rute: "*tudo o que dizes, farei*" (Rt 3,11b-c).

---

172. HUBBARD, R. L., The Book of Ruth, p. 211; SASSON, J. M., Ruth, p. 80-81.

173. JOÜON, P.; MURAOKA, T., A Grammar, § 119w.

174. A *nuance* de obrigação também se aproxima do campo semântico do verbo *must*. Na versão em inglês, a gramática de Joüon-Muraoka nomeia como *W-qataltí form* e lhe aponta o aspecto verbal como um perfeito invertido (*inverted perfect*), isto é, com valor de *yiqtol*. Esta forma consiste em um *Waw* enérgico (com vocalização fraca) e um verbo no *qatal*. Na maioria das vezes, seu uso é imbricado a uma ação futura subsequente. Tal uso pode ser referido no texto em tela, Rt 3,9-12 (JOÜON, P.; MURAOKA, T., A Grammar, § 119a,c).

175. Rute é assim tratada por cinco vezes ao longo do texto: duas vezes por Booz (Rt 3,10b. 3,11a), três por Noemi (Rt 3,1b. 3,16c. 3,18b). Veja-se que também 3,11a é mais uma chamada do texto ao ouvinte-leitor com a presença de וְעַתָּה.

Um novo bloco dentro da própria seção se inicia com a conexão estabelecida por *e agora* (וְעַתָּה) em Rt 3,12a, na qual Booz é o protagonista e apresenta seu discurso, entre Rt 3,12a e Rt 3,13g e retoma-o de Rt 3,14e até Rt 3,15c, intercalando com o narrador. Ao ouvi-lo em tudo que diz e obedecer-lhe, Rute agora obedece àquilo que a sogra lhe recomendara antes que descesse à eira. Diferente do que se pensara que aconteceria ali durante a noite, isto é, que Rute se entregaria a Booz, o que este lha pede é que descanse até a manhã (Rt 3,13g) e ela assim o faz (Rt 3,14a).

Em Rt 3,14d–3,15f o ouvinte-leitor toma conhecimento de algumas características de Booz como homem justo e digno de assentar-se junto aos anciãos na porta da cidade (Rt 4). A cautela[176] e a dignidade de Booz mostram-se em Rt 3,14d-f. A primeira, pois se alguém soubesse que ele estivera e coabitara com Rute ainda que outro resgatador a ela tivesse direito, o desmoralizaria na sociedade. A segunda, por não submeter Rute a tal situação de vergonha diante de Noemi e de todos da cidade, os mesmos que a reconheciam como *mulher de força/valor* (Rt 3,11d).

Outra característica de Booz é sua generosidade para com Rute, ao oferecer-lhe cevada suficiente que alimentaria também a sogra pelo tempo que demorasse a resolução da causa de sua união com Rute (Rt 3,15b-f). Verifica-se, ainda, que este ato de generosidade é o que marca Rute indelevelmente e será narrado separadamente por ela a Noemi, quando do retorno a *casa*, diante do *tudo* que Booz lhe fizera (Rt 3,16e).

Desfecho: o plano concluído e seus resultados

A terceira seção do texto é demarcada também por deslocamento espacial e pelo momento em que Rute chegou à *casa* da sogra (Rt 3,16a). Neste sentido, o ו pode assumir valor temporal em וַתָּבוֹא, significando, assim, *quando* ela (Rute) veio. Análoga à primeira seção, na qual Noemi tem a *primeira* palavra: a elaboração do plano e Rute sai de *casa* em direção à eira, agora, de forma inversa, Rute volta da eira e chega a *casa* e Noemi tem a última palavra: a revisão de toda a execução do plano e sua conclusão, que se dará em Rt 4, com as ações de Booz. A *tecitura* da narrativa permite-se esquematizar:

---

176. FERNANDES, L. A., Rute, p. 61.

→ Gancho textual com a segunda seção: (*Entrou* na cidade: 3,15g)	Plano de Noemi concluído 1: *Quando* ela *veio até* sua sogra (3,16a)			
Espaço	Tempo	Personagens	Formato	Moldura
Interno	Dia	Rute	Diálogo entre Rute e Noemi	Início	Fim
A *casa* de Noemi	Hoje (3,18e)	Noemi		Rute *veio* até sua sogra com as *respostas* (3,16a)	Noemi *respondeu* que o assunto se completará
			Ressonância de uma fala de Booz (3,17c-d)		
→ Gancho textual para o plano de Noemi se completar em Rt 4: (Booz subiu à porta da cidade: 4,1a)	Plano de Noemi concluído 2: ...*até se completar,* hoje, a questão (3,18e)			

Ao amanhecer, Rute se levanta[177] – e também Booz –, recebe deste as seis medidas de cevada e ambos retornam à cidade. O início desta terceira seção aponta que o texto caminha para seu final, pois as ações vão sendo justapostas com os verbos em *wayyiqtol* (Rt 3,15d-g), demarcando a continuidade natural da narrativa da eira e, ao fim do v. 15, ocorre a mudança de ambiente, com a transição para a terceira seção em Rt 3,15g: Rute, que fora à eira, volta agora para a cidade, para a *casa* de Noemi.

A apreensão em torno do campo semântico do *secreto* abarca todo o capítulo, reforçando a intimidade da cena central de Rt 3, para a qual o ouvinte-leitor é levado e com ele é compartilhada: Noemi aconselha Rute a não se fazer notar (Rt 3,3e), Rute foi a Booz em secreto (Rt 3,7e), ela se levanta antes que o segredo fosse revelado (Rt 3,14b-c), para que não se soubesse que uma mulher foi à eira (Rt 3,14e-f). Já de volta a *casa*, com as seis medidas de grãos na manhã seguinte (Rt 3,16e-17b), nora e sogra ficam recolhidas em *casa* no aguardo do desfecho da situação (Rt 3,18b-e). Todo o capítulo tem como transfundo os acontecimentos envolvidos em um jogo de contrastes espaciais: cidade-eira-cidade, e temporais: dia-noite-dia.

Devido à questão apontada pelo aparato crítico quanto ao sujeito dos verbos *veio, entrou* (וַתָּבֹא), em Rt 3,16a, aceita-se que ambos, após o ocorrido na eira, tomarão sua parte na resolução da situação a enfrentar adiante de forma antiteticamente simétrica: Rute aguardará *quieta* em *casa* com a sogra o desfecho do

---

[177]. É Rute quem se levanta (וַתָּקָם), por atitude de precaução quanto à manutenção da boa reputação muito mais de seu resgatador do que de si própria (FERNANDES, L. A., Rute, p. 56).

assunto, após o conselho desta: "*senta, minha filha...*" (Rt 3,18b-c), pois sua parte já fora feita; Booz *não estará quieto* até que se complete a questão (Rt 3,18d-e), a sua parte será feita junto ao resgatador e aos anciãos no portão da cidade (Rt 4,1-6), para onde ele, agora, subirá. Em outro jogo de contrastes de direcionamento espacial, tem-se: Rute desce à eira para cumprir sua parte do plano; Booz sobe ao portão da cidade para dar início ao seu plano devido ao elemento complicador. A parte de cada um representa-se abaixo:

Rute		Booz	
fez sua parte [à noite]	3,7e-3,9f	fará sua parte [de dia]	3,18e
aguardará quieta	3,18b-c	não estará quieto	3,18d
com a sogra	3,17d	com o resgatador e os anciãos	4,1c-4,2d
em *casa*	3,16a	no portão da cidade	4,1a
Noemi lhe diz que se sente para aguardar o que será feito por Booz	3,18b-c	Booz, para agir, se senta e convida o resgatador e os anciãos para se sentarem	4,1b-4,2d

Note-se, ainda, dois tipos de relação que envolvem Noemi e Rute entre a primeira seção do texto e esta última: a) uma relação paralela: Noemi, que ao início do texto deverá buscar para Rute um "lugar de descanso" (Rt 3,1b-c) e para isso lhe ajudará, aconselhando-a agir e como agir, tomando a iniciativa de ir até Booz e seduzi-lo, agora novamente lhe aconselha, entretanto, a descansar: "*senta, minha filha...*" (Rt 3,18b-c); b) uma relação antitética: Noemi elencara uma série de ações para Rute cumprir ainda antes de sair e quando estivesse na eira (Rt 3,3a-4f); as mesmas são cumpridas (Rt 3,6a-7g), e agora cabe a Rute, tendo feito tudo, apenas descansar.

Após os acontecimentos noturnos, quando Rute chega onde está Noemi no dia seguinte, a sogra não sabe como tudo se passou com a nora. Há uma tensão no ar que manifesta a espera daquilo que é incerto. Rute terá logrado êxito ou o jogo de sedução terá sido um fracasso?[178] Este é o reflexo da pergunta de Noemi diante do retorno de Rute, seja ela[179] "Quem és tu, minha filha?", "Como estás?" ou, ainda, "E então, como foi tudo?" (Rt 3,16c).

---

178. VILCHEZ LÍNDEZ, J., Rut y Ester, p. 122.

179. J. Vilchez Líndez (Rut y Ester, p. 122) aponta a dificuldade de interpretação da pergunta de Noemi se tomada apenas como "Quem és tu, minha filha?" e utiliza como argumento a resposta de Rute, contando tudo que o homem lhe fizera, isto é, o que acontecera, que responderia melhor a "E então, como foi tudo?".

Rute responde à pergunta declarando "tudo que o homem fizera para ela" (Rt 3,16e), como uma ressonância de Rt 3,5b-c e Rt 3,11b-c, ao mesmo tempo em que mantém a unidade da *tecitura* da narrativa: Rute fizera tudo que Noemi lhe pedira, Booz fará tudo que Rute lhe pedira e Rute chega a Noemi contando-lhe tudo que Booz lhe fizera até aquele momento – o que *ainda* não era o tudo desejado por Noemi. Uma fala de Booz na boca de Rute o insere na cena de modo remoto: "Não irás sem nada para tua sogra!" (Rt 3,17d) e aponta o início do tudo para Noemi: o sustento de ambas através do resgate por Booz, o parente próximo.

Ainda assim, Noemi entendeu perfeitamente o que significava aquela quantidade de grãos de cevada: por um lado, era a resposta ao seu plano ali manifesta em um gesto de Booz; por outro lado, poderia ser considerada uma espécie de "dote" ou agrado dirigido àquela que, na falta do homem da família, era a responsável por Rute, a quem Booz tomaria por mulher por uma junção da lei do resgate e do levirato: "Não irás sem nada para tua sogra!" (Rt 3,17d) aponta, aqui, a séria e nobre intenção de Booz. A tensão que pode ter sido provocada no questionamento de Noemi na chegada de Rute a *casa* transforma-se agora em uma palavra de paz e sossego à nora: "*senta*, minha filha..." (Rt 3,18b-c). Paz que Noemi alcançou.

Esta nova informação de uma suposta fala de Booz na eira, trazida por Rute, pode ser ainda um elemento que funcione como chave de leitura e elo entre Rt 1 e Rt 3. A reprodução na fala de Rute daquilo que Booz lhe dissera é o sinal de esperança e da reversão da situação de caos e miséria revelada por Noemi às mulheres ao entrar com a nora na cidade (Rt 1,21). Aquela Noemi que saíra *cheia* de Belém de Judá e voltara *vazia* será, agora, novamente preenchida, pelo que a nora obediente por ela fizera, cumprindo-lhe o projeto de ter novamente uma família e uma descendência que lhe garanta o sustento necessário. A questão teria seu desfecho. Rute fizera tudo que lhe fora pedido e estava ao seu alcance. Bastava agora apenas aguardar.

Toda essa narrativa cheia de peripécias, recheada de verbos de ação e de dicção, com os deslocamentos espaciais: *casa* de Noemi → eira dos campos de Booz → *casa* de Noemi, os transcursos temporais: dia → noite → dia, os contrastes e equilíbrios entre falas e ações dos três personagens que partilham o protagonismo se passam em um período bastante curto em relação ao que fora dito até então. Abre-se uma nova fase em que o tempo urge e caminha-se para o *hoje* (Rt 3,18e) em que tudo se resolverá. Da intimidade do que ocorrera entre Booz e Rute e do que foi falado à noite e no início da manhã só a eles cabe. Resta agora, no raiar e na claridade do dia, aguardar o resultado, que também tem pressa para ser narrado.

Gênero literário

Rt 3 como uma novela

Um gênero literário se constitui a partir da existência de dois ou mais textos que apresentem características semelhantes entre as quais se possa estabelecer uma comparação.[180] Neste parâmetro, junto ao texto de Rt 3 e de todo o livro, apresentam-se de modo análogo o livro de Ester e a história de José, compreendida entre os capítulos 37–50 de Gênesis. Ambos se enquadram no gênero novela.

A novela é uma narração que reúne diversos eventos em continuidade e envolve um tempo mais extenso, incluindo muitas vezes elementos dramáticos[181]. Rute é como um romance, do qual Goethe vai dizer: "o livro é a mais graciosa pequena unidade que nos foi transmitida de forma épica e idílica".[182] O enredo de Rute é atraente exatamente por "desviar da tensão para a serenidade idílica e novamente para a tensão, até que todas as dificuldades sejam solucionadas e um final feliz seja alcançado".[183]

Seu estilo resume alguns dos traços da narrativa antiga, como não dar trégua nem descanso ao ouvinte-leitor, porque o suspense se desenvolve em um *continuum* ascendente, bem como o jogo entre o que se diz e o que se omite faculta ao ouvinte-leitor um maior desenvolvimento de sua própria atividade imaginativa tanto na escuta quanto na leitura.[184] O ouvinte-leitor vai se aproximando dos eventos narrados em Rt 3 até que se depara com um fechamento que seria impensável a partir da leitura de Rt 1–2.

Ainda, é próprio do livro de Rute como um todo o emprego da ironia e dos jogos de palavras. Algumas séries de opostos envolvem a trama: fome/saciedade, vida/morte, jovem/velha, esterilidade/plenitude, homem/mulher, castigo/recompensa. A narrativa também utiliza palavras-chave, impregnadas de sentido

---

180. LIMA, M. L. C., Exegese Bíblica, p. 123, 172.

181. RENDTORFF, R., Introduzione all' Antico Testamento, p. 119; LIMA, M. L. C., Exegese Bíblica, p. 172.

182. ZENGER, E., Introdução ao Antigo Testamento, p. 187. A este respeito, a argumentação de Carlos Mesters é diametralmente oposta: Rute é um livro que denuncia a situação em que se encontravam os pobres de Judá no século V a.C., migrando conforme as perspectivas de encontrar alimento e condições de vida, trazendo como consequência direta a mistura de raças. As mulheres estrangeiras, por sua vez, não eram bem acolhidas, pois Rute recebeu vários avisos de se prevenir da violência contra a mulher (MESTERS, C., Rute, p. 9). E. Zenger (Kommentar, p. 22-25) considera ainda que o livro de Rute constitui uma novela sapiencial, pois "a narrativa desenvolve, na personagem de Rute e também na de Booz, ideias mestras de um agir solidário, que visam a incentivar uma prática de vida correspondente".

183. BRENNER, A., Rute a partir de uma leitura de gênero, p. 11.

184. NAVARRO PUERTO, M., O livro de Rute, p. 338.

teológico, ora de forma denotativa, como חֶסֶד (*bondade*, generosidade, *misericórdia*), relacionada à Rute, ora conotativa, como כָּנָף ("*asa*"), relacionada a Booz, para o campo semântico de cuidado, proteção e cobertura divinas, expressa nos protagonistas, principalmente em Rt 3.

A partir das peripécias pelas quais a novela é tecida, em Rt 2, Booz, o dono dos campos onde Rute vai exercer o direito garantido aos pobres (Dt 15,1-15), torna-se uma metáfora do Deus que livra da fome e sustenta a vida do seu povo. O mesmo YHWH citado e louvado em Rt 3,10b.13f. Em Rt 4, tem-se o desfecho de Rt 3,18d-e: após a cena central em Rt 3,6-15, Booz toma Rute por mulher, resgata as terras de Elimelec e de Noemi, e suscita vida a esta família: nasce Obed, *o servo*, filho de Booz e Rute, filho de toda a casa que precisa de vida.

No desfecho feliz, em Obed, toda falta tem seu suprimento. As mulheres[185] da cidade revelam alegremente o retorno da doçura à alma de Noemi a partir da obediência e bondade de Rute manifestas em Rt 3: "Bendito seja YHWH, que não te deixou sem alguém para te resgatar (ressonância de Rt 3,9f.12a-b.13e); que o seu nome seja célebre em Israel! Ele será para ti um consolador e um apoio na tua velhice, pois quem o gerou é tua nora, que *te ama* (אֲהֵבַתֶךְ),[186] que para ti vale mais do que sete filhos" (Rt 4,14-15).

Como texto dramático, em Rute se mesclam a fala do narrador e das três personagens que dividem o protagonismo, dentre as quais Rute é quem mais é citada (21 vezes), não obstante é a que menos se utiliza do discurso falado. Suas ações, primeiro em relação a Noemi em seu retorno a Belém de Judá (Rt 1,16-17), e depois na eira com Booz, para que este seja efetivamente seu resgatador (Rt 3,9-13), determinam e encadeiam toda a trama, de modo que parece não serem necessárias a Rute muitas palavras.

O jogo de sedução em Rt 3 como um gênero intrínseco à novela

Embora o gênero literário do livro de Rute como um todo seja o de novela, pode-se observar, na cena de Rt 3, desde a preparação pelo plano de Noemi até

---

185. O livro de Rute apresenta um grupo de mulheres de Belém que tem sua função narrativa como uma espécie de coro em antítese a fim de demonstrar a transformação ocorrida na vida de Noemi, antes sem filhos, sem provisão, sem alegria, sem resgate. Em Rt 1,19 a fala das mulheres aponta, quase desacreditando naquela que veem: "Esta é Noemi?" Outra forma de entender a indagação seria perceber Noemi como estrangeira, tão diferente estaria desde que partira. Não mais doce, porém amarga; não mais cheia, porém vazia (Rt 1,20-21; Rt 3,17d).

186. Este amar tão profundo de Rute (אהב) é o mesmo relatado em 2Sm 1,26, no episódio em que Davi, diante da notícia da morte de Jônatas, lamenta e declara-se ao amigo. A LXX, entendendo-o como puro e amigo, traduziu-o por ἀγαπάω, o mesmo sentimento de amar que será cunhado como incondicional, o amor de Deus pela humanidade (Jo 3,16).

o cumprimento nos atos de Rute outro gênero imbricado, o *jogo de sedução*, que encontra elementos comuns em narrativas do Antigo Testamento (Jz 4-5; 14-16: Jael, as mulheres de Sansão; 1Sm 25: Abigail; Pr 1-9: a mulher estrangeira) e até mesmo em algumas diretamente relacionadas à narrativa de Rute.

Tais elementos envolvem: a) mulheres estrangeiras; b) a sedução de um parente varão com o propósito de gerar um herdeiro varão; c) a continuação da linhagem de sangue mediante as relações sexuais ou o casamento com um parente homem; a avaliação positiva do autor ou narrador sobre a iniciativa da mulher[187]; e) comida e bebida envolvidas na cena; f) preparação da mulher para o jogo de sedução; g) ambiente propício para que aconteça a sedução – um lugar reservado e h) momento propício – à noite.

Dentre os elementos que caracterizam o jogo de sedução, vale notar duas narrativas de mulheres sedutoras[188] intrinsecamente ligadas a Rt 3. A primeira delas diz respeito à origem de Rute e de seu povo, os moabitas: o episódio do nascimento de Moab e Ben-Ami ou Amon[189] (Gn 19,30-38). As filhas de Ló: a) dão vinho a beber ao pai; b) estão com ele em um lugar abrigado e escuro – uma caverna; c) ambas se preparam, em duas noites sucessivas; d) para terem relações sexuais com o pai; e) a fim de garantirem a continuidade da linhagem de sangue.

A segunda narrativa é o relato acerca de Tamar e Judá (Gn 38,1-30), que terão gêmeos, um deles, Farés, ligado à linhagem de Booz (Rt 4,12.18): a) Tamar se prepara (tira suas vestes de viuvez) para receber Judá e, através dele, o sogro, b) dar continuidade à linhagem de sangue que pertence a seu filho, Her, que morrera; c) encontram-se em um lugar reservado na entrada de Enaim para terem relações sexuais. Infira-se ao texto o fato de Judá estar consolado da morte da esposa e envolvido na viagem com Hira para a tosquia das ovelhas, d) momento que continha uma festividade, onde se beberia vinho naturalmente.[190]

Como se viu acima, a novela é característica das histórias de Rute, de Ester e de José. Como *jogo de sedução*, também se pode estabelecer um paralelo, ainda que antitético, entre esses relatos. Ester, que pelos mesmos elementos intrínsecos à cena e ao *jogo de sedução*, conquista o coração do rei e tem seu desejo atendido.

---

187. BRENNER, A., Rute a partir de uma leitura de gênero, p. 106-107.

188. Athalya Brenner (A mulher israelita, p. 133-169) insere Rute em três categorias ao tomar todo o livro como objeto de estudo: a Mãe do herói, a Sedutora, a Mulher estrangeira. Em Rt 3, apontam-se, em nível vocabular e discursivo, a Sedutora, em primeira instância, seguida da figura da Mulher Estrangeira.

189. A Bíblia de Jerusalém (Gn 19, nota p) aponta as etimologias populares: Moab explica-se por *me' ab*, "saído do pai"; *ben 'ammi*, "filho de meu parente", é aproximado de *Benê 'Ammon*, os "filhos de Amon".

190. 1Sm 25,2-8.36-37; 2Sm 13,23-28. A narrativa de Gn 38 indica, indiretamente, a presença do vinho na cena – Judá pode ter bebido antes de estar com Tamar (CARMICHAEL, C., Women, Law and the Genesis Traditions, p. 76-78).

Ela se preparou para ter com o rei: vestiu-se com as vestes reais (Et 5,1-2); preparou dois banquetes com vinho em dias consecutivos antes de fazer sua petição (Et 5,4-8; 7,1-8). Seduzido nos três momentos, a resposta do rei em ambos foi idêntica: "até metade do reino te darei" (Et 5,3.6; 7,2). A mulher de Putifar (Gn 39,1-15), por não "obedecer" ao cumprimento de tais elementos, não consegue seduzir José: ela nada preparou para comer ou beber, tampouco se vestiu para a ocasião. Sua "sedução" baseava-se em uma fala repetida todos os dias: "Deita comigo" (Gn 39,7.10.12) e por fim, um ato desrespeitoso e desajeitado de agarrar José pela roupa, o qual se desvencilhou da mulher e fugiu sem a roupa (Gn 39,12).

Um caso ao revés de José, em que a "sedução" não é provocada, mas o homem se sente seduzido é o relato dos meio-irmãos filhos de Davi, Amnon com Tamar (2Sm 13,1-18): Amnon, junto com Jonadab, arquiteta um plano de que está doente e pede que Tamar cozinhe para ele e lhe dê o alimento na boca. Na sequência, ambos ficam sozinhos no quarto de Amnon e ele a força a ter relações sexuais, com a ressonância do mesmo apelo da mulher de Putifar: "Deita comigo" (2Sm 13,11).

Ainda outros dois casos de "sedutoras" são apresentados no Antigo Testamento, os quais é valioso notar. O primeiro encerra-se com a morte do inimigo; o segundo, com uma união, assim como em Rt 3–4: Jael, mulher de Héber, o quenita, vai ao encontro de Sísara, chefe do exército de Jabin, e lhe fala: "Fica, meu senhor, fica comigo. Não temas". Jael o convence a entrar na tenda, com ela, dá-lhe leite (ou coalhada) a beber, cobre-o com um tapete e o mata (Jz 4,17-22). Abigail, mulher de Nabal, bela e sábia (1Sm 25,3), aplaca a ira de Davi, lançando-se aos pés do rei, oferecendo comida e bebida,[191] falando-lhe humildemente (1Sm 25,14-31). Resultado: morto Nabal, Davi, seduzido, manda pedir a Abigail que fosse tomada por ele e ela lhe foi por mulher (1Sm 25,39-43).

A cena da eira em Rt 3 e o *jogo de sedução* de Rute para com Booz, planejado por Noemi na justa medida, não só estabelecem conexões com todas as mulheres sedutoras apontadas, bem como antecipam as conexões estrangeiras de Davi, por pertencerem à sua genealogia (nos casos das filhas de Ló, de Tamar e Judá, e da própria Rute) e, também, a sua fraqueza por mulheres[192] (no caso de Abigail).

A cena do *jogo de sedução* que se dá na eira de Booz constitui, também, a própria eira, como um *lugar de sedução* análogo aos apresentados. A eira é um lugar reservado, como o é no encontro de Tamar e Judá (Gn 38,1-30), e onde se

---

191. Duzentos pães, dois odres de vinho, cinco ovelhas preparadas, cinco medidas de trigo tostado, cem cachos de passas, duzentos doces de figo (1Sm 25,18).
192. BRENNER, A., Rute a partir de uma leitura de gênero, p. 106-107.

presume, pela cena, que não há pessoas tão perto, ainda que se corra o risco de ser visto, como aponta a preocupação de Booz (Rt 3,15). O fato se dá, se Rute segue a orientação de Noemi (Rt 3,2), à noite, assim como ocorre com as filhas de Ló (Gn 19,30-38) – quando se torna mais difícil reconhecer as pessoas envolvidas na cena. O terceiro fato que envolve a eira é a presença de comida e bebida, o que propicia prazer e satisfação aos personagens em cenas de *jogo de sedução*. O motivo da sedução, no entanto, é nobre: que Booz exerça o goelato.

Esta cena, rica em detalhes, e que se dá no universo temporal aproximado de um dia e meio, entre a elaboração do plano de Noemi e o seu cumprimento, mostrará o protagonismo de três personagens: Noemi, Rute e Booz, distribuídos na narrativa de forma equânime em atos e palavras, história e discurso, peripécias e reconhecimento, em uma narrativa carregada de elementos que chamarão a atenção do ouvinte-leitor, convidando-o a observar a trajetória de uma mulher de força e de valor: Rute.

Capítulo 2 | Análise narrativa de Rt 3

A narrativa,[193] da qual é composto todo o livro de Rute[194] e, especificamente, Rt 3, é uma forma de representação,[195] que precisa ser ouvida ou lida, abarca um tempo, ambienta-se em um espaço, e supõe um ouvinte-leitor[196] que lhe complete

---

193. A Pontifícia Comissão Bíblica (A interpretação da Bíblia na Igreja, p. 52) assinala a importância da análise narrativa como novo método de estudo das Sagradas Escrituras, atribuindo-lhe valor equiparado ao método histórico-crítico nas pesquisas atuais, como complementares: À análise narrativa liga-se uma nova maneira de apreciar o alcance dos textos. Enquanto o método histórico-crítico considera antes de tudo o texto como uma "janela", que permite algumas observações sobre uma ou outra época, sublinha-se que o texto funciona igualmente como um "espelho", no sentido de que ele estabelece certa imagem do mundo – "o mundo do relato" – que exerce sua influência sobre a maneira de ver do leitor e o leva a adotar certos valores ao invés de outros.

194. Foram também seguidos alguns conceitos hermenêuticos de P. Ricoeur (Teoria da interpretação, 1987; Percurso do reconhecimento, 2006; A hermenêutica bíblica, 2006; Tempo e narrativa 1, 2010; Tempo e narrativa 3, 2010), os conceitos de obra aberta e de limites da interpretação de U. Eco (A obra aberta, 2007; Interpretação e superinterpretação, 1993) e elementos intrínsecos à Estética da Recepção, com conceitos da teoria do efeito de W. Iser (O ato da leitura: uma teoria do efeito estético, v. 1 (1996); v. 2 (1999); ISER, W., A interação do texto com o leitor. In: LIMA, L. C. (coord.), A literatura e o leitor: textos de estética da recepção, 1979).

195. BERLIN, A., Poetics and Interpretation of Biblical Narrative, p. 13.

196. Ao longo deste capítulo, trabalhar-se-á com conceitos de narratologia em que os teóricos utilizam, originalmente, a categoria leitor. Entretanto, em lugar de leitor, a categoria "ouvinte-leitor" será utilizada, como o foi nos capítulos anteriores, devido ao contexto sociocultural de produção do livro de Rute (séc. VI-V a.C.), no qual se admite que apenas um pequeno grupo tem acesso ao texto e o lê por si. Os textos circulam e são compartilhados de forma oral, contando-se a história de Rute, ou, ainda, no que se entende ser o caso mais comum, uma pessoa lê para um grupo e essa mesma pessoa, ou outra(s), explica o sentido do texto aos ouvintes (Ne 8,1-12). Se se pensa em um ouvinte atento à leitura e capaz de compartilhar seu pensamento junto àquele que lê e direciona a reflexão, infere-se que o ouvinte também é admitido como leitor, pois com ele dialoga e lhe completa o sentido, bem como é capaz de perceber os vários elementos que constituem um texto (= tecido) narrativo, como os que são apresentados no capítulo que segue. No que concerne à utilização dos conceitos narratológicos desenvolvidos ao longo do século XX, pelos teóricos apresentados, em uma sociedade de leitores, far-se-á a devida adaptação: onde se lê "ouvinte-leitor", saiba-se que originalmente se utilizou leitor. Nestes casos, utilizar-se-á o asterisco (*) junto a ouvinte-leitor. Preservar-se-á a categoria leitor nas notas de rodapé, quando se apresentem opiniões teóricas dos autores pesquisados acerca desta categoria.

o sentido através da atividade hermenêutica de reconhecer-se ou reconhecer o outro na narrativa,[197] tornando plenos os efeitos causados pela história narrada a que se tem acesso, seja em seus ditos, seja em seus não-ditos,[198] seja em suas ações, seja nos caracteres de seus protagonistas, ou de seus personagens de segundo plano.[199] A narrativa de Rute não deixa ninguém impassível ou imparcial. É indelével tanto para o ouvinte como para o leitor.

A forma como Rt 3 é apresentada, seja por sua função na dinâmica interna do livro, seja por suas características específicas, aponta o gênero literário *novela*, no primeiro caso e, complementar a este, o *jogo de sedução*, no segundo. Ambos os gêneros estão inseridos em textos narrativos especificamente consolidados como tais, contendo elementos indicadores que propiciam uma análise narrativa capaz de expandir o entendimento do texto ao ouvinte-leitor e orientá-lo na reflexão sobre tudo o que lhe é apresentado através dos ditos, dos fatos e da construção literária dos personagens contidos na narrativa.[200]

Pela análise narrativa de Rt 3, o ouvinte-leitor obterá um caminho hermenêutico para responder a uma questão central ("a") e as que dela se desdobram ("b", "c", "d", "e")[201]: a) qual efeito se busca ao compor a narrativa tal como é apresentada? b) como ocorre a interseção e a ligação entre os personagens Noemi, Rute e Booz? c) como se dá a distribuição de lugares: *casa* de Noemi → eira de Booz → *casa* de Noemi? d) como ocorre a gestão de temporalidade: dia → noite → dia? e) como a disposição do enredo, que unifica as peripécias da narrativa e as organiza em uma história contínua, assegura a unidade da ação? Assim, as respostas para estas perguntas auxiliam na questão motivadora da análise narrativa (a questão central "a"): quais efeitos Rt 3 exerce sobre o ouvinte-leitor?[202]

---

197. RICOEUR, P., Percurso do reconhecimento, p. 87-104.163-175.

198. LIMA, L. C., A literatura e o leitor, p. 26.

199. BERLIN, A., Poetics and Interpretation, p. 85-86.

200. Para J. L. Ska (Sincronia, p. 123-148), a análise narrativa, ou narratologia, sublinha no texto os pontos interrogativos, as lacunas e as elipses que interrompem o fio da narrativa, mostrando como esses indícios são dirigidos ao leitor. Com isso, tal análise corrobora a teoria do efeito de Wolfgang Iser (O ato da leitura: uma teoria do efeito estético, v. 1 e v. 2), na presença do leitor implícito, instância narrativa presente no texto e que conduzirá o ouvinte-leitor, bem como o operador do lugar vazio, os espaços vazios deixados no texto para que sejam preenchidos pelo próprio ouvinte-leitor. Igualmente, ficam latentes o conceito hermenêutico de obra aberta de Umberto Eco (A obra aberta, 2007) e a tríplice mimese de Paul Ricoeur (Tempo e narrativa 1, p. 93-147). Tais conceitos, emprestados da teoria literária e aceitos pela Pontifícia Comissão Bíblica (A interpretação da Bíblia na Igreja, p. 50-53), prestam-se a uma pesquisa rica e inovadora no campo dos estudos bíblicos.

201. MARGUERAT, D., Para ler as narrativas bíblicas, p. 48-49.

202. J.-L. Ska (Sincronia, p. 123-148) aponta, em seu estudo sobre sincronia e análise narrativa, um exemplo bastante típico de como se processam as pesquisas com o texto bíblico a partir deste método, no qual o

Enquanto forma e método, a análise narrativa considera fundamentalmente os seguintes aspectos:[203] a) o relacionamento entre história e discurso, entre o fato narrado e a narração do fato (*history* e *story*), isto é, a tipologia da trama; b) o espaço e o tempo *da* história e *na* história; c) a técnica da representação: perspectiva, voz, foco; d) os personagens e suas interações.

Quanto às especificidades do método, a indagação das formas e das instâncias contribui para a narratividade do texto:[204] por um lado, enredo, espaço, tempo, perspectiva e personagens (formas); e por outro, os envolvidos neste ato comunicativo não enquanto seres ou pessoas históricas e reais, mas, enquanto funções no texto e instâncias inscritas também no próprio texto, que são, e que, no ato da leitura, apontam: "quem diz?" e "por que diz?". São eles: *narrador*[205] e *narratário*,[206] *autor implícito*[207] e *leitor implícito* (instâncias).[208]

---

leitor é peça-chave para que o sentido do texto seja completado. Tal fato ocorre a partir da atividade hermenêutica em que a obra se abre, requerendo a participação do leitor para tornar-se o que realmente é.

203. GUIDA, A., Introduzione all'analisi narrativa, p. 51-52.

204. GUIDA, A., Introduzione all'analisi narrativa, p. 52.

205. Narrador é a voz que conduz o leitor na narrativa e vai contando a história. O narrador pode estar presente explicitamente, ou se ausentar, permanecendo em segundo plano, para dar voz aos personagens. Na narração bíblica o narrador se esconde por detrás das palavras, permanecendo como um servidor dos fatos que expõe, todavia, esta reserva do narrador não o impede de estar presente através da estratégia narrativa que ele desenvolve. O narrador e o ouvinte-leitor estabelecem um contrato implícito que reconhece a onisciência e a confiabilidade do primeiro. Assim, como ocorre em Rt 3, o narrador pode descrever uma cena privada à qual ninguém assistiu, ou fazer associação de acontecimentos dos quais não há outras testemunhas, sem ter que explicar a origem de seu saber (MARGUERAT, D.; BOURQUIN, Y., Para ler as narrativas, p. 21-23).

206. O narratário é a instância que estabelece aquele que lê a narrativa, isto é, o leitor que confia no narrador e se deixa conduzir por ele e por seus sistemas de valores. O narratário se liga ao narrador mediante a leitura, permitindo a interação entre texto e leitor, uma cooperação deste último, a quem cabe a iniciativa da interpretação e a experiência da atualização do texto (RICOEUR, P., Rumo a uma teologia narrativa, p. 290; ECO, U., Seis passeios pelos bosques da ficção, p. 9.).

207. Autor implícito é a imagem do autor refletida pelo relato, ou seja, a personalidade do autor, suas preocupações, escolhas de valores, opções existenciais, assim como resultam do texto e não, por exemplo, de sua biografia. Quanto aos escritos bíblicos, só conhecemos, na maior parte dos casos, o autor implícito. Os textos são as únicas fontes de informação que possuímos (SKA, J.-L., Sincronia, p. 143; PONTIFÍCIA COMISSÃO BÍBLICA, A interpretação da Bíblia, p. 51).

208. O leitor implícito é o destinatário ideal (e não real) do relato, o leitor virtual, potencial, capaz de decifrar e compreender a mensagem que lhe envia o autor implícito. Todo relato supõe esse leitor ao mesmo tempo em que o constrói paulatinamente por meio da resposta ou respostas que o convida a dar no decorrer da leitura (SKA, J.-L., Sincronia, p. 143; PONTIFÍCIA COMISSÃO BÍBLICA, A interpretação da Bíblia, p. 51).

História e discurso expressos em Rt 3: encontros e relacionamentos

Relação entre o poder do discurso e o discurso do poder

O *direito* ao discurso entre os personagens Noemi,[209] Rute e Booz se dá em perfeito equilíbrio e harmonia em Rt 3,[210] *conquistados* a partir de Rt 1. Esta narrativa central no livro aponta a culminância de uma "cena-padrão de casamento"[211] – o encontro mais íntimo entre os "noivos"–, iniciada em Rt 2, e o indício do prodigioso futuro em que Rute é esperada como ancestral materna da linhagem da casa de Davi. Para tanto, a moabita Rute ganha voz no trato com Booz, o qual também se apropria do discurso, assim como Noemi ganhara na cena inicial da narrativa de Rt 3 e também ganhará em seu fechamento.

A tragédia que se abate sobre o início da trama do livro de Rute, com a morte dos homens – Elimelec, Maalon e Quelion –, cria uma situação incomum à narrativa bíblica do Antigo Testamento: sem uma presença masculina, as mulheres ocupam o centro da cena, ganham voz e vez, o que faz a narrativa progredir,[212] tornando-a excitante e inesperada.

A notoriedade do discurso feminino em Rt 1 encontra-se no fato *surpreendente*[213] de que as viúvas Rute e Orfa foram incitadas pela já viúva Noemi a voltar para a casa de suas *mães*[214] (Rt 1,8: שֹׁבְנָה אִשָּׁה לְבֵית אִמָּהּ)[215] e não de seus *pais*, bem como na recepção de Noemi e Rute quando do retorno a Belém de Judá: ainda que *toda* a cidade se comovesse (Rt 1,19d), a fala é dada ao "coro" das mulheres e não aos homens (Rt 1,19e: *elas* disseram – וַתֹּאמַרְנָה). E é às mulheres que Noemi

---

209. RASHKOW, I., Rute, p. 34-53.

210. Fato que não acontece no resto do livro. Em Rt 1 têm lugar Noemi e Rute, sem a presença de fala de um personagem masculino; em Rt 2, Booz tem mais espaço no discurso em relação a Rute, ainda que esta a ele se dirija e também a Noemi; em Rt 4, na primeira cena, Booz tem o maior espaço de fala junto ao resgatador e aos homens na porta da cidade; na segunda, junto a Noemi e Rute, o discurso é a fala das mulheres da cidade.

211. ALTER, R., A arte da narrativa bíblica, p. 98. Alter utiliza a designação "cena-padrão de casamento" para apontar as cenas em que estão somente Rute e Booz, em Rt 2 e Rt 3.

212. RASHKOW, I., Rute, p. 34-35.

213. CAMPBELL, E. F., Ruth, p. 64. Em Gn 38,11, Tamar, viúva, volta à casa do pai, bem como em Lv 22,13, a filha viúva do sacerdote. Nm 30,16, Dt 22,21 e Jz 19,2 apontam situações semelhantes quanto à mulher ainda não casada. No entanto, Rebeca volta à casa da mãe para contar seu encontro com o servo de Isaac em Gn 24,28 e a mulher amada leva o amado à casa da mãe para ter com ele intimidade em Ct 3,4 e 8,2.

214. MEYERS, C., De volta para casa, p. 120-121. Simbolicamente, Belém de Judá é para Noemi a "sua" mãe.

215. Rt 1,8c no TM evoca mais de uma vez o campo semântico do feminino: שֹׁבְנָה אִשָּׁה לְבֵית אִמָּהּ, o que se pode traduzir por voltai [cada] mulher para a casa da [sua] mãe.

responde (Rt 1,20).[216] Tais "pistas" no texto saltam aos ouvidos e olhos do ouvinte-leitor como uma proposta nova de interlocução à qual ele não deveria estar acostumado: o lugar de fala é feminino, de uma viúva com sua nora moabita.[217]

No entanto, a partir de Rt 2,1, Booz, cujo elogio pelo narrador faz-se necessário (אִישׁ גִּבּוֹר חַיִל), entra em cena como a contraparte masculina deste discurso que até então se mostrou feminino. Elogios e bênçãos a Booz também virão da parte de Rute (Rt 2,13) e de Noemi (Rt 2,19-20), como se ratificassem o caráter e a boa fama de Booz e o pusessem "à altura" da dedicada e bondosa Rute, a ponto de ele merecer estar ali, bem como de suscitar a "torcida" do ouvinte-leitor por um "final feliz" para a moabita. Pensar nesta possibilidade diante do rechaçamento para com os filhos de Moab (Dt 23,4-5) – Rute seria uma estrangeira malvista (נָכְרִיָּה)[218] – é apostar na capacidade do narrador envolver o ouvinte-leitor com uma condução de *mecanismos de controle*[219] bastante atraentes e sedutores.

Antes da culminância da *ação transformadora* da narrativa em Rt 3, o ouvinte-leitor vai se acostumando devagar com a presença de Booz ao longo de Rt 2; é conduzido pelo narrador, conquanto as mulheres (principalmente Rute) nunca *saiam* da narrativa: a fala do moço de Booz e a sua própria (Rt 2,5-7) reportam-se às figuras femininas: a) a conversa tem como tema as duas viúvas que voltaram de Moab – Rute, a moabita, nova na cidade, e Noemi, sua sogra, já conhecida em Belém; b) a fala de Booz aos moços é para que permitam a Rute respigar um pouco além da conta... (Rt 2,15-16). Todo o restante de Rt 2 é protagonizado por Rute, à luz da moldura apresentada em Rt 3: o início com Noemi (Rt 2,2//Rt 3,1-5), a cena central com Booz (Rt 2,8-14//Rt 3,8-15f), o fechamento com Noemi (Rt 2,18-22//Rt 3,16-18).

No ouvinte-leitor imprime-se o efeito que o texto lhe quer apontar, nas formas em que o discurso é distribuído: o valor de homem e mulher(es) em termos de paridade. Booz é indispensável à história para que seja favorável a Rute

---

216. וַתֹּאמֶר אֲלֵיהֶן אַל־תִּקְרֶאנָה לִי נָעֳמִי קְרֶאןָ לִי מָרָא כִּי־הֵמַר שַׁדַּי לִי מְאֹד – ela disse para elas (אֲלֵיהֶן): não me chamem (תִּקְרֶאנָה – 2ª fem. pl. *qatal* jussivo) Noemi, chamai-me (קְרֶאןָ – imperativo fem. pl.) Mara, pois *Shadday* fez muita amargura para mim.

217. I. Rashkow (Rute: o discurso do poder, p. 36) aponta que cada pessoa traz seus contextos culturais e pessoais para o ato de ler. Assim, cada uma das "leituras" cria e é criação do contexto, em lugar do que se poderiam chamar "leituras ideais objetivas".

218. Os textos sapienciais em Pr 5,20; 6,24; 20,16; 23,27; 27,13 descrevem da pior maneira possível a mulher estrangeira – ela é a causa de males do rapaz néscio que se deixou levar, e que agora tem dúvidas e sofrimento devido a esta mulher. Já o texto profético em Jr 2,21 menciona נָכְרִיָּה ligada ao campo semântico da infidelidade, da degeneração, da maldade.

219. ISER, W., O ato da leitura, vol. 2, p. 52.

e Noemi. No entanto, levando-se em conta todo o livro, seu papel não é central.[220] Não obstante isso, em Rt 3 seu protagonismo alcança o ápice, pois ele e Rute se complementam. Falam de igual para igual. Ambos demonstram sua compaixão, generosidade e bondade (חֶסֶד), virtude em torno da qual a narrativa de todo o livro é tecida. Ambos fazem uso da palavra. Ambos se completam em um plano narrativo que caminha em sentido ascendente. A paridade que se dá no discurso, contido na cena central em Rt 3,6-15, culminará na união de Rute e Booz, e terá seu desfecho em Obed: um herdeiro para aquele que não o tinha (Booz), uma herança para aquela que nada possuía (Rute), família e descendência para aquela que perdera tudo (Noemi).

A força do discurso distribuída entre os três protagonistas – duas mulheres e um homem, e apresentada em Rt 3 – já tivera seu início na conversa entre Booz e Rute em Rt 2. Naquela ocasião, já se percebe o valor que o autor, pela voz do narrador, dá a Rute como personagem, e a força imputada a ela ao conceder-lhe poder de voz equivalente ao de Booz. Não é um monólogo no qual o homem e senhor do campo diz e a mulher, estrangeira e serva, ouve. É um diálogo entre um homem justo e uma mulher digna a quem ele trata como "jovem" (Rt 2,5), como "minha filha" (Rt 2,8//3,10-11), cuja força e valor foram por ele e por toda a cidade percebidos e aceitos (Rt 2,11//3,11d).

A dimensão equilibrada da voz e da vez de Booz, e de Rute nos diálogos contidos em Rt 2 e Rt 3, tem ressonância em uma expressão cuidadosamente utilizada para apontar ao ouvinte-leitor *quem* é Rute e como é qualificada (Rt 3,11d): uma mulher de força, de valor (אֵשֶׁת חַיִל), expressão que ocorre apenas nesta narrativa e em Pr 31,10, numa elegia laudatória à mulher. Em Pr 31,10 esta mulher idealizada se mostra no texto para ser procurada, identificada e encontrada na sociedade ("Quem encontrará a mulher de força/valor?"). Em Rt 3,11d, a oração nominal completa na boca de Booz, "pois uma mulher de força/valor *tu* és" (כִּי אֵשֶׁת חַיִל אָתְּ), com o pronome pessoal propositadamente explícito, não deixa nenhuma dúvida de que esta mulher se mostrou: é Rute, a moabita![221]

Na história e no discurso do antigo Israel, os moabitas em particular são desprezados, cujas mulheres levaram os israelitas à prática da idolatria[222] (Nm

---

220. LACOCQUE, A., The Feminine Unconventional, p. 111. A. Lacoque assinala que o surgimento de Booz e o crescimento de seu papel na trama não interfere nos papéis centrais – a dupla Rute/Noemi – e que, depois do "casamento" com Rute, o protagonismo continua pertencendo à dupla feminina e o papel de Booz é ignorado como pai de Obed, aparecendo apenas na genealogia (Rt 4,7).

221. Não se trata aqui de Rt 3,10 "responder" a Pr 31,10, mas de apontar o valor de Rute como uma mulher de força/valor que foi "achada" por Booz.

222. GHINI, E., Rut, p. 57-69.

25), e cuja origem é fruto da relação incestuosa entre Ló e sua filha mais velha (Gn 19,30-38). E mais, não auxiliaram o povo de Israel, negando-lhe a permissão de passar por Moab quando no caminho do deserto após a saída do Egito (Nm 22,1-4; Jz 11,14-18). Por tantos motivos, o matrimônio com mulheres moabitas é absolutamente vetado (Dt 23,4-5; Ed 9,2-10.44; Ne 13,23-27). Rute, a estrangeira que carrega em si esta (má) herança, é transformada radicalmente[223] em modelo de bondade, obediência e generosidade – uma mulher de força e valor – pelo discurso do narrador, de Booz, das mulheres de Judá, enfim, de todo o povo.

Relação entre o fato narrado (história) e a narração do fato (discurso)

Uma importante distinção proveniente da linguística elaborada pelos formalistas russos do início do século XX é valiosa para apontar as categorias inseridas no encontro texto→ouvinte-leitor* no ato da leitura: história e discurso, diegese e relato, fábula e tema,[224] *history* e *story*,[225] fato narrado e narração do fato.[226] O discurso (relato, tema, *story*, narração do fato) é o texto real da narração tal como se acha diante dos olhos do ouvinte-leitor*. A história (diegese, fábula, *history*, fato narrado) é o discurso tal como o ouvinte-leitor* o recompõe, preenchendo todas as lacunas e espaços vazios deixados no texto, restabelecendo a ordem dos acontecimentos.[227]

Ao entrar em contato com o discurso real de Rt 3, o ouvinte-leitor atento vai percebendo alguns dados que lhe chamam a atenção, pelo convite que o discurso lhe proporciona para que com ele interaja. E fará sua reconstrução, a partir destes dados. Essa reconstrução é a história,[228] sobre cujas reflexões será tocado e lhe incitarão atitudes em sua própria história, sua vida real e cotidiana, quando passar por situações semelhantes às da novela de Rute, Noemi e Booz, diante das alegrias e tristezas, dos tempos de abundância e de escassez, ou quando se deparar diante de escolhas que a vida lhe impuser: agirá como Rute, ou como Orfa? Pensará bondosa e generosamente como Booz, ou mediocremente como o Fulano resgatador? Assumirá o papel de protagonista no decurso e no discurso de sua vida, ou contentar-se-á em ser personagem secundário?

---

223. FALCHINI, C., Rut: una donna, p. 6-8.
224. SKA, J. L., Sincronia, p. 132-133.
225. GUIDA, A., Introduzione all'analisi narrativa, p. 52.
226. RICOEUR, P., Tempo e narrativa 3, p. 269-270.
227. SKA, J. L., Sincronia, p. 132-133.
228. SKA, J. L., Sincronia, p. 133.

O discurso (relato, tema, *story*, narração do fato) é o evento da linguagem. Evento no sentido em que supõe uma existência temporal de uma mensagem que dá testemunho de sua atualidade,[229] ou seja, o discurso se realiza temporalmente em um momento presente e assim é compreendido pelo ouvinte-leitor* como significação[230] no ato da leitura. Esta significação, dentro de seus limites de tempo e de espaço, de contexto, narrador e personagens, fala ao ouvinte-leitor a experiência tão próxima da cotidianidade do povo e da sublimidade de YHWH junto a esse povo. A sublimidade da intervenção de YHWH age profundamente sobre o cotidiano, que os dois campos, o do sublime e o do cotidiano, não são apenas efetivamente *inseparados*, mas, fundamentalmente, inseparáveis.[231]

O discurso é dirigido a alguém, sendo, portanto, um ato interlocucionário: há outro falante que é o endereçado do discurso e é a presença deste par – narrador (locutor) e ouvinte-leitor – que constitui a linguagem, o texto, a narrativa, como comunicação.[232] O que se pode comunicar é o conteúdo proposicional do discurso: o discurso como evento mais o sentido. O sentido de uma frase (do discurso, do texto em si) é *externo* à frase (ao discurso, ao texto em si). Assim, é a exterioridade do discurso a si próprio – ele é autotranscendente como o evento na sua significação – que abre o discurso ao outro,[233] àquele que ao discurso é exposto: ao ouvinte-leitor no mais íntimo e profundo sentido de toda a trama (Rt 3). Se o ouvinte-leitor de Rt 3, ao perceber a força semântica da expressão "mulher de força/valor" (אֵשֶׁת חַיִל)[234] dirigida a Rute (Rt 3,11), pelos lábios de Booz, que também fora assinalado como "homem poderoso/valoroso" (אִישׁ גִּבּוֹר חַיִל) pelo narrador (Rt 2,1), obteve a categoria hermenêutica da *compreensão*, foi-lhe dada a capacidade de entender o sentido do discurso implícito à narrativa e cabe-lhe permitir ser influenciado por ela ou questioná-la. Tudo dependerá do efeito proporcionado pelo *mundo do texto* ao *mundo do leitor*.

Por *mundo do texto* entende-se o mundo desdobrado diante de si próprio, como o horizonte da experiência possível no qual a obra desloca seu ouvinte-leitor*. Por *mundo do leitor*, o mundo efetivo em que a ação real é desenvolvida no meio de uma "rede de relações".[235] Se são postas em cotejamento a história (o fato

---

229. RICOEUR, P., Teoria da interpretação, p. 20-21.

230. RICOEUR, P., Teoria da interpretação, p. 23.

231. AUERBACH, E., A cicatriz de Ulisses, p. 18.

232. RICOEUR, P., Teoria da interpretação, p. 25-26.

233. RICOEUR, P., Teoria da interpretação, p. 27-28.

234. GOH, S. T. S., Ruth as a Superior Woman of חַיִל?, p. 487-500.

235. RICOEUR, P., Rumo a uma teologia narrativa, p. 290.

narrado) e a ficção (o discurso, a narração do fato) – *history* e *story* –, percebe-se que é somente pela mediação da leitura que a obra literária obtém a significância completa, que seria para a ficção o que a representação é para a história.[236]

A noção de *mundo do texto* implica a experiência temporal fictícia imanente e transcendente. Imanente porque há um mundo em que o ouvinte-leitor de Rt 3 entrará – um *cômodo* se arrumando com Rute para a sedução, uma noite na eira com Rute e Booz, um amanhecer com muitas coisas a resolver, por um lado, e a esperar, por outro –, aquele mundo de estruturas imanentes e oportunidades transcendentes. Sua imanência precisa de análise do ouvinte-leitor: a) no caráter dos personagens; b) na administração do tempo; c) no colorido da descrição do espaço (ou não); d) na condução do narrador e de seu ponto de vista; e) nos complexos de controle e nos espaços vazios que o convidam à participação na abertura da obra e a iniciar a transcendência.

O *mundo do texto* é transcendente porque marca a abertura do texto para seu "fora", para seu outro, na medida em que o *mundo do texto* tem um estatuto ontológico: a expectativa de leitura. É somente na leitura que o dinamismo da configuração do texto termina seu percurso.[237] E é para além da leitura, na ação efetiva, que a bondade (חֶסֶד) de Booz e de Rute tocará a vida e as atitudes do ouvinte-leitor. A significância da noite na eira mostrará ao ouvinte-leitor que, como Rute, deve-se lutar com as armas que se tem em busca da vida, e trabalhar duro e sério para alcançar boa reputação; e, como Booz, que um homem é justo quando não tem qualquer tipo de preconceitos e trata a todos com bondade e igualdade.

Espaço e tempo *da* história e *na* história: as peripécias e o narrar do tempo

As peripécias

A categoria literária "peripécias" foi sistematizada pela primeira vez por Aristóteles[238] e aponta literalmente as voltas pelas quais o personagem passa na ação dramática que causam a mudança dos acontecimentos para o seu reverso, de uma situação inicial feliz para infeliz ou vice-versa.[239] Através das peripécias, os personagens cumprem o seu papel, o seu destino ao longo da trama, o que pode

---

236. RICOEUR, P., Tempo e narrativa 3, p. 269.

237. RICOEUR, P., Tempo e narrativa 3, p. 269-270; SKA, J. L., Sincronia, p. 136-137.

238. ARISTÓTELES, Poética, 1452a25.

239. ARISTÓTELES, Poética, 1452a25; SKA, J. L., Sincronia, p. 135-136.

culminar em um "reconhecimento": a passagem da ignorância inicial ao conhecimento final.[240]

Na intriga narrativa estabelecida pelo livro de Rute, peripécias e reconhecimento estão presentes. No entanto, ocorre exatamente o oposto da tragédia: o "trágico" se abate sobre a família de Elimelec. Esperar-se-ia, após a morte dos homens, pelo conhecimento tácito do ouvinte-leitor, o lamento das mulheres, viúvas desamparadas, com seus "destinos" preestabelecidos:[241] sofrimento de Noemi, sem marido, sem filhos, sem futuro, e retorno das moabitas Rute e Orfa à sua vida anterior ao casamento. Neste sentido, as atitudes de Noemi (Rt 1,11-13.20-21) e de Orfa (Rt 1,14a-c) são totalmente previsíveis e cabíveis às impressões do ouvinte-leitor.

A novidade não esperada pelo ouvinte-leitor é a atitude de Rute, a princípio "desobediente" às palavras da sogra (Rt 1,12a-b),[242] para, logo em seguida, tornar-se comovente e convincente em suas próprias palavras (Rt 1,16-17) que desencadeiam as peripécias da trama – de infeliz para feliz – daí por diante. A moabita porta caráter e força de heroína,[243] em uma problemática familiar, uma história "normal" e comum às mulheres, que lhas sucede em tempos de guerra ou em tempos de paz:[244] a luta pela manutenção da vida.

Fazendo um recorte em Rt 3, as peripécias ocorrem nas ações de Rute: a) *antes* do encontro com Booz na eira, resumidas em "Tudo o que dizes, farei!" (Rt 3,5b-c); b) já na eira, porém antes do encontro: com uma nova "desobediência" a Noemi, pois Rute só se aproxima de Booz quando supostamente ele já dormira (Rt 3,7e-8b) e não quando se deitou, conforme ordenara a sogra (Rt 3,4d-f); c) *durante* o encontro na eira: Rute se deita, Booz acorda, e a partir da pergunta "quem és tu?" (Rt 3,9b) inicia-se o (novo) diálogo entre os dois *partners* da cena.[245]

---

240. ARISTÓTELES, Poética, 1452a30; SKA, J. L., Sincronia, p. 135-136. Na tragédia, o destino já fora traçado pelo oráculo desde o início dos confrontos e conflitos do/da herói/heroína trágico(a) e no momento em que se apercebe deste destino, o herói/heroína reconhecem-no. E não há como dele fugir. Suscita-se a compaixão ou o temor do espectador e o que se segue é o sofrimento do personagem.

241. FERNANDES, L. A., Rute, p. 31-32.

242. O duplo imperativo "Voltai, filhas minhas! Ide-vos…" (שֹׁבְנָה בְנֹתַי לֵכְןָ) denota, na fala de Noemi deste momento, a força e o sofrimento pela falta do marido e dos filhos e a não esperança de um bom futuro.

243. Para A. Wénin (El libro de Rut, p. 14), Rute é a heroína para o ouvinte-leitor, na medida em que é por ela, sobretudo, que este se interessa, além da personagem carregar o título do livro.

244. Para A. Ranon (Uma storia di famiglia, p. 9-11), Rute não é uma heroína em sua inteireza, assinalando que as duas heroínas caracterizadas do Antigo Testamento são Ester e Judite, devido à problemática na qual suas histórias se inserem: ambas lutam contra os inimigos de seu povo, a fim de defender não somente suas vidas e suas famílias, mas salvar e manter a vida de todo o povo.

245. Em Rt 2, dá-se o primeiro diálogo entre Booz e Rute, e inicia-se o processo de reconhecimento: em Rt 2,11, Booz diz o que lhe contaram acerca da moça moabita; em Rt 2,20, Noemi reconhece Booz.

O primeiro e principal reconhecimento, advindo destas peripécias, em Rt 3, e da pergunta ("quem és tu?"), vem magistralmente elaborado na cena central (Rt 3,6-15): a) no reconhecimento próprio de Rute em sua fala: "Eu sou Rute, *tua serva*" (Rt 3,9d); b) no reconhecimento da condição de Rute para Booz: "*Abençoada* tu sejas, para YHWH, *minha filha*!" (Rt 3,10b);[246] c) na fala de Booz, reproduzindo o reconhecimento de Rute por todo o povo: "uma mulher de força tu és" (Rt 3,11d). Resumem-se, então, quanto ao reconhecimento de Rute:[247]

Pergunta inicial de Booz (clímax das peripécias de Rute)	מִי־אָתְּ	Quem és tu?	3,9b
Reconhecimento de Rute acerca de si mesma	אָנֹכִי רוּת אֲמָתֶךָ	Eu sou Rute, tua serva.	3,9d
Reconhecimento de Booz acerca de Rute	בְּרוּכָה אַתְּ לַיהוָה בִּתִּי	Abençoada tu sejas, para YHWH, minha filha!	3,10b
Reconhecimento de todo o povo de *quem* é Rute Afirmação final de Booz	אֵשֶׁת חַיִל אָתְּ	tu és uma mulher de força/valor.	3,11d

O reconhecimento de Booz, na cena central de Rt 3, é análogo ao de Rute. Assim, percebem-se os reconhecimentos entrelaçados, na forma de "quiásticos" ou "cruzados":

Rute se reconhece – A	אָנֹכִי רוּת אֲמָתֶךָ	Eu sou Rute, tua serva.	3,9d
Rute reconhece Booz – B	כִּי גֹאֵל אָתָּה	porque tu és resgatador	3,9f
Booz reconhece Rute – B'	אֵשֶׁת חַיִל אָתְּ	tu és uma mulher de força/valor.	3,11d
Booz se reconhece – A'	גֹאֵל אָנֹכִי	eu sou resgatador.	3,12a

Todas essas peripécias e reconhecimentos se dão dentro do tempo e do espaço em que Rt 3 está inserido. Assim, junto ao espaço e tempo, as peripécias e os reconhecimentos também se tornam os fios que tecem uma narração. Fios

---

246. Corroborando Rt 2,8 e sendo ratificado em Rt 3,11a, nas falas de Booz, e em Rt 3,1.16.18, nas falas de Noemi.

247. RICOEUR, P., Percurso do reconhecimento, p. 87-104.163-175. O reconhecimento de Rute é feito em gradação ascendente: ela se reconhece, ela é reconhecida por Booz, ela é reconhecida por todo o povo.

perpendiculares vão estabelecendo uma *tecitura* que vai sendo fiada para que as ações sejam desenroladas. Um texto narrativo é sempre um tecido. Sempre! Para existir narração, este "tecido", é necessária uma sucessão de ações – que demarcam as peripécias e os reconhecimentos – intrinsecamente ligadas, no tempo, e um colorido de cenários que se alternam pelo olhar do narrador e do ouvinte-leitor, entre o afastamento e a proximidade e, especificamente em Rt 3, entre o não íntimo (caminho da *casa* de Noemi até a eira de Booz – ida e volta) e o íntimo (interior da *casa* de Noemi, o monte de cevada na eira de Booz). São elas, espacialidade e temporalidade, que tornam vivo e concreto o texto, ao mesmo tempo em que dão vida e valor ao deleite do ouvinte-leitor.

O narrar do tempo em Rt 3

a) Da história: um dia e meio e um plano elaborado e cumprido

Quanto ao tempo, a narração contém duas maneiras de apresentá-lo: a primeira é o tempo da história narrada, o *temps raconté*.[248] Este é o fato narrado em suas unidades próprias de tempo, como horas, dias, anos, ou seja, as indicações e eixos cronológicos que o narrador oferece para situar as ações ao ouvinte-leitor. Assim, a narrativa de Rute, vista em sua inteireza, inclusa a genealogia final, encontra-se entre "o tempo em que governavam os juízes..." (Rt 1,1) e o tempo em que Davi já é nascido e é conhecido, pois "Booz gerou a Obed, Obed a Jessé, Jessé a Davi" (Rt 4,17e.21b-22).

Não se pode deixar de perceber que *esse* tempo delimitado na narrativa de Rute, e que incita a ver que o narrador tem Davi em sua mente (Rt 4,17.22), leva o ouvinte-leitor a *outro* tempo, e o lembra de uma memória, uma tradição, uma história que lhe é bem conhecida: a descendência de Judá, pelo ato justo e ressonante de uma mulher: Tamar, possivelmente uma cananeia,[249] que gerou a Farés (Gn 38,13-30; 1Cr 2,4-5), ancestral de Booz, registrado nas duas indicações genealógicas, presentes em Rt 4,12.17.18-22. Na protagonista Rute, a moabita, também se efetiva um ato justo (cheio de bondade e compaixão) – o de escolher Booz, como resgatador e "marido" (Rt 3,10c-d), e não um de seus moços, como seria natural

---

248. RICOEUR, P., Tempo e narrativa 3, p. 269-270; SKA, J. L., Sincronia, p. 133-135; VITÓRIO, J., A narratividade do livro de Rute, p. 97-100.

249. O texto de Gn 38 não afirma peremptoriamente que Tamar é cananeia, mas deixa como inferência, pois Judá se separou dos irmãos, foi viver na casa de Hira, vê Sué, a filha de um cananeu, e a toma por mulher. Já crescido seu primogênito, Her, toma para ele uma mulher, Tamar. Como o texto não apresenta um local diferente do que Judá se encontra para tomar a esposa para o filho, infere-se que Tamar também seja cananeia, e habite nas proximidades.

e como ele mesmo pode ter-lhe sugerido quando de sua primeira conversa com ela (Rt 2,9.21).

Rt 3, pelo critério do fato narrado, passa-se durante o "dia" em que Noemi, a sogra, em sua conversa com Rute, apresenta seu plano. A nora inicia seu cumprimento em casa, preparando-se para o encontro *sedutor*, durante a tarde e a noitinha, provavelmente, e o encerra à noite, na eira, com Booz. Ambos dormem, Rute se levanta ainda de madrugada no dia seguinte. Booz oferece as seis medidas de cevada, depositando-as na manta de Rute e ela se prepara para sair, antes que seja reconhecida por alguém. É decorrido o tempo da caminhada entre a eira e o retorno à cidade, tempo no qual é Rute quem, agora, conta a Noemi, sem detalhes, de como se deram as ações do plano desta, quais seriam as consequências positivas do mesmo – a doação das seis medidas de cevada para provimento imediato das necessidades básicas de ambas, e o futuro "casamento", para provimento contínuo destas necessidades.

b) Da narração: detalhes da elaboração e cumprimento do plano

A segunda forma de apontar o tempo se dá de modo mais intrínseco à narrativa, em um jogo em que se utilizam ora as linhas, ora as entrelinhas. A narração do fato, ou o *tempo da narração – temps racontant*[250] – relaciona-se ao valor implícito que é dado às ações e às falas, e quanto tempo se leva, pelo narrador, para que sejam descritas. A partir do tempo decorrido para acontecer a narração completa do fato, de acordo com o ponto de vista do narrador e o que este quer implantar como efeito ao ouvinte-leitor, empregam-se mais ações contínuas em pouco tempo, ou emprega-se muito tempo em uma única ação ou em poucas ações. No tempo da narração, no qual o narrador trata com mais vagar certos elementos, também contam a quantidade de palavras, frases, parágrafos "gastos". Corrobora de forma efetiva e eficaz o cenário – o espaço – em que se dá a ação ou as ações.

Imagine-se o ouvinte-leitor de Rt 3, especificamente. A trama é iniciada com as palavras de Noemi, expondo seu plano a Rute e elencando, em seu discurso, uma série de verbos de ação seguidos que serão, ao que tudo indica, obedecidos pela nora:

---

250. RICOEUR, P., Tempo e narrativa 3, p. 269-270; SKA, J. L., Sincronia, p. 133-135; VITÓRIO, J., A narratividade, p. 97-100.

Então lavar-te-ás	3,3a	וְרָחַצְתְּ
e te perfumarás,	3,3b	וָסַכְתְּ
porás o teu manto sobre ti	3,3c	וְשַׂמְתְּ שִׂמְלֹתַיִךְ עָלַיִךְ
e descerás à eira.	3,3d	וְיָרַדְתִּי[c] הַגֹּרֶן
Não te farás notar ao homem	3,3e	אַל־תִּוָּדְעִי לָאִישׁ
até que ele termine de comer	3,3f	עַד כַּלֹּתוֹ לֶאֱכֹל
e de beber.	3,3g	וְלִשְׁתּוֹת
E quando ele for descansar,	3,4a	וִיהִי בְשָׁכְבוֹ
conhecerás o lugar	3,4b	וְיָדַעַתְּ אֶת־הַמָּקוֹם
onde ele descansa,	3,4c	אֲשֶׁר יִשְׁכַּב־שָׁם
então, irás,	3,4d	וּבָאת
descobrirás os pés dele	3,4e	וְגִלִּית מַרְגְּלֹתָיו
e deitarás ali.	3,4f	וְשָׁכָבְתִּי
E ele declarará para ti	3,4g	וְהוּא יַגִּיד לָךְ
o que deverás fazer.	3,4h	אֵת אֲשֶׁר תַּעֲשִׂין

Rute, pronta para agir, desce até a eira. Em sua observação das ações de Booz, um bom tempo é decorrido e mais uma sequência de verbos de ação ligados a Booz é narrada, enquanto Rute fica em segundo plano:

E Booz comeu,	3,7a	וַיֹּאכַל בֹּעַז
Bebeu	3,7b	וַיֵּשְׁתְּ
e teve deleite o seu coração;	3,7c	וַיִּיטַב לִבּוֹ
então veio descansar na extremidade de um monte de cevada.	3,7d	וַיָּבֹא לִשְׁכַּב בִּקְצֵה הָעֲרֵמָה

Mais tempo se passa e Rute não vai se apresentar a Booz assim que este escolhe um lugar para descansar. Quando Rute se deita aos pés de Booz, ele já está dormindo, pelo que se informará adiante (Rt 3,8a-c). Infere-se que seja, no momento em que Rute se chega a Booz, o início da noite, porém já escuro, após um dia de intenso trabalho na eira. A próxima ação só se dará no meio da noite: o encontro noturno entre eles, no despertar de Booz, com a moabita que ali estava junto a si. A velocidade do *temps racontant*[251] diminui e o ouvinte-leitor tem agora tempo suficiente para imaginar, sem pressa, os elementos da narração.[252]

Nada se diz do momento em que Rute se deita aos pés de Booz até quando ele desperta. A velocidade lenta da narração permite ao ouvinte-leitor elaborar as próprias respostas, sem as características "pistas" oferecidas pelo narrador:[253] qual o motivo do calafrio de Booz no meio da noite? Teria Rute o direito de pedir que Booz a assumisse como resgatador de forma tão direta como fizera? Como ele interpretaria isso? Como um homem belemita se submete com tanta docilidade a uma mulher moabita para exercer o direito de resgate[254] que, na verdade, poderia suscitar controvérsias?

Em Rt 3, mostra-se a habilidade de Rute em pronta obediência ao que Noemi lhe pedira, preparando-se antes e cumprindo (quase) tudo na cena da eira com Booz. Ao mesmo tempo, uma nova desaceleração na cena e um *close* no ponto de vista se dão, quando Rute e Booz têm a conversa sobre o resgate e até se deitarem, para acelerar novamente ao fim de Rt 3, com ambos indo rapidamente em direções diferentes: Rute, para contar a Noemi o que aconteceu, sem narrar os detalhes; Booz para resolver a situação do resgate de propriedade e de tomar Rute para exercer o goelato. No início de Rt 4, a cena voltará ao ritmo mais lento, pondo Booz em evidência, sentado com os anciãos, o resgatador (o Fulano de tal) e diante das testemunhas à porta da cidade.

O enredo

Rt 3 é o clímax de todo o livro de Rute, esta novela que a todo o tempo convida o ouvinte-leitor a se envolver, estar atento aos acontecimentos que se

---

251. Donaldo Schüler (Carência e plenitude, p. 94-95) nomeia e cunha termos para esta característica presente em Rt 3 que podem ser aplicados de forma tão rica. Ele aponta, em seus estudos de estrutura linguística e literária das obras de Homero, o valor da alternância de cenas ou sequências narrativas lentas e rápidas. Esta lentidão, se fosse uma câmera lenta na filmografia atual, ocorre tanto na *Ilíada* como na *Odisseia* com o mesmo fim: chamar a atenção do leitor para o personagem em evidência na cena e conduzi-lo ao ápice da mesma. A esta lentidão da narrativa que permite perceber a plasticidade da cena dá-se o nome de bradirritmia (*bradýs* – lento). Percebe-se que a mesma situação se dá com o livro de Rute e as sequências Rt 2–3 e Rt 3–4. Em Rt 2, cuja narrativa é lenta, Rute está em evidência. Booz e Noemi são seus interlocutores. Em complementaridade, procede-se à taquirritmia – aceleração do ritmo narrativo para demonstrar, na *Ilíada*, a habilidade guerreira. Em Rt 3, a aceleração se dá nas extremidades do capítulo – seu início e seu final. Na cena central, para a qual o ouvinte-leitor é convidado a ver de perto o que aconteceria, procede-se à bradirritmia, à lentidão.

252. VITÓRIO, J., A narratividade, p. 98-100.

253. VITÓRIO, J., A narratividade, p. 100.

254. VITÓRIO, J., A narratividade, p. 100.

dão em seu decorrer e perguntar-se quais serão as próximas cenas. Por se mostrar uma narrativa com estrutura quinária[255] completa, perceber-se-á como se apresentam cada uma destas partes em Rt 3. No entanto, Rt 3 está intrinsecamente ligado a cada um dos capítulos do livro. Por este motivo, vale, inicialmente, considerar toda a trama narrativa do livro de Rute, e nela aplicar, ainda que sucintamente, as partes constituintes de seu enredo, as quais se encontram muito bem definidas.

A *situação inicial* já se apresenta em Rt 1,1-2: é o momento em que se situam tempo, espaço e o problema que dá motivação à intriga contida na narrativa e despertará a curiosidade do ouvinte-leitor para acompanhar o texto: o tempo em que governavam os juízes, o tempo em que houve fome em Belém de Judá e não havia pão. O tempo em que, devido à fome, a família de Elimelec, com esposa e filhos, vê-se forçada a migrar para os campos de Moab e lá se estabelece.

Não há tempo a perder para o narrador apontar o *nó ou complicação* que envolve a trama: Rt 1,3 já o inicia – morre Elimelec, Noemi se vê só com os dois filhos, estes se casam com mulheres moabitas que, depois de dez anos, somam sua viuvez à de Noemi. O que fazer agora sem a presença dos homens da família? Como três viúvas lidarão com esta questão e a solucionarão? O desdobramento e a resposta a estas perguntas ao ouvinte-leitor são dadas paulatinamente e constituem o aspecto pedagógico da obra: o que três viúvas fazem diante das vicissitudes da vida? Conformam-se? Entregam-se?

A *ação transformadora* de toda a trama do livro de Rute pode ser dividida em três momentos, contados em uma gradação ascendente surpreendente que cada vez mais chama a atenção do ouvinte-leitor. O primeiro momento é a volta para casa. Voltará Noemi sozinha? Com as noras? Como se dará isso? O narrador dá voz às três mulheres e soluciona a questão: Noemi insiste que voltará para Belém sozinha; Orfa acolhe a palavra da sogra e retorna à sua casa em Moab; Rute vence Noemi na obstinação de que irá para Belém com ela, "a ponto de não insistir mais com ela, pois vira que estava firmemente decidida" (Rt 1,18). E chegam a Belém no início da colheita da cevada (Rt 1,22). Eis o gancho para o segundo momento da ação transformadora.

Um parente "importante"[256] de Elimelec chamava-se Booz (Rt 2,1), diz o narrador. A decidida Rute tem a anuência da sogra e vai respigar nos campos daquele

---

255. LARIVALILLE, P., L'analyse (mopho)logique du récit, p. 368-388; MATHIEU, M., Analyse du récit (1) La structure des histoires, p. 226-242. A pesquisa de M. Mathieu (1977) passa em revista uma bibliografia comentada, apontando as pesquisas em artigos e livros considerados de referência relativos à análise estrutural dos textos, seja narrativa, semiótica ou histórica até àquele momento.

256. Percebe-se a relação intrínseca entre Rt 2,1 e Rt 3,11 através do adjetivo utilizado para apontar o comportamento ou a personalidade de Booz e de Rute: חַיִל, ambos são considerados pelo narrador de modo

que a "acolher favoravelmente". A ação também caminha favoravelmente para Rute. Ela respiga nos campos de Booz, este chega, fica sabendo, pergunta quem é a moça, conversa diretamente com ela, oferece proteção e a abençoa, chama-a para a refeição, ordena aos moços que deixem cair mais um pouco dos feixes para Rute respigar (Rt 2,1-17). Rute volta para a cidade e conta a Noemi onde trabalhou e o que aconteceu. Noemi percebe a ação de Booz, abençoa-o e fala sobre a possibilidade do resgate (Rt 2,20). Rute fica trabalhando até o fim da colheita da cevada e dos grãos e continua morando com a sogra (Rt 2,23). A ação parece suspensa.

Noemi elabora um plano, Rute o executa (Rt 3,1-15). É a última parte da ação transformadora. O encontro noturno de Rute e Booz na eira pertence ao momento mais esperado da ação: *o clímax* da narração. Em relação ao efeito, desperta-se, no ouvinte-leitor, apreensão: tudo dependerá do que acontecerá naquela noite e do modo como Rute se aproximará; imbricado a isto, virá a pergunta: qual será a reação de Booz – aceitará ele a condição de resgatador? E decidirá tomar Rute como mulher? Ou a discriminará por sua atitude tão ousada, em sua tentativa de seduzi-lo na eira? A resposta acontece na própria eira, Booz elogia Rute, dá-lhe alimento para levar a Noemi e, nas palavras desta, quando ouve Rute contar o que acontecera, diz: "esse homem não descansará até resolver a questão" (Rt 3,17-18).

Dá-se o *desenlace*. O *desfecho* dos acontecimentos na eira redunda no tratamento da questão do resgate entre Booz, o resgatador mais próximo e os anciãos na porta da cidade na manhã seguinte, para resolução no âmbito jurídico (Rt 4,1-12). Mais uma vez, o ouvinte-leitor está sob o efeito da tensão narrativa, pois há a expectativa do que dirá o resgatador, nomeado como o "Fulano de tal" (פְּלֹנִי אַלְמֹנִי) e do que será decidido. O resgate da terra de Elimelec e o suscitar descendência ao morto (Maalon) são situações independentes ou imbricadas? As duas serão resolvidas? A primeira é aceita pelo resgatador. Booz lhe diz que ele deverá também tomar Rute como mulher para o cumprimento do goelato se ficar com a terra. Ele desiste. Resolvida a questão!

A *situação final* se apresenta: "Assim Booz tomou Rute [...] e YHWH deu a Rute a graça de conceber e ela deu à luz um filho..." (Rt 4,13). Esta é a conclusão desejada e ansiada desde a declaração de Rute a Noemi (Rt 1,16-17), donde todo o livro é desdobramento:[257] com a atitude de Rute, a moabita, e sua união à sogra Noemi, onde havia morte, há vida. Onde havia fome, há pão. Onde havia amargura e tristeza, há agora doçura e alegria.

---

equiparado – são corajosos, valorosos, fortes, vigorosos. O adjetivo também é utilizado em Rt 4,11, após evocar Raquel e Lia e abençoar o casal.

257. OZICK, C., Rute, p. 278-279; BERLIN, A., Poetics and Interpretation, p. 57.

O enredo em Rt 3

a) Situação inicial (ou exposição: 3,1a-2c / 3,1a-5c)

Devido à riqueza de informações na exposição que se inicia em Rt 3, há duas formas de apresentar a situação inicial da narrativa, de acordo com os critérios da análise narrativa para o estabelecimento dos elementos constituintes do enredo aplicados a Rt 3.

a.1) Rt 3,1a-2c

A narração tem como primeira função geral dar ao ouvinte-leitor uma informação expositiva, que ocorre no início de um episódio, como ocorre em Rt 3. É a demarcação da *situação inicial* dentro da estrutura do enredo narrativo. Poucas frases curtas nomeiam os personagens principais, situam geograficamente cada um, identificam suas relações familiares mais importantes e fazem, em alguns casos, uma sucinta caracterização moral, social ou física dos protagonistas. São, ainda, fatos pré-temporais, ou seja, situados antes do tempo em que a história principal transcorrerá.[258]

Tomados todos estes elementos previstos, uma primeira proposta de demarcação da situação inicial de Rt 3 encontra-se em Rt 3,1a-3,2c:

Situação inicial – Rt 3,1a-3,2c		
Personagens principais nomeados	Noemi	3,1a
	Minha filha [Rute]	3,1b
	Booz	3,2a
Situados geograficamente	Na eira (Booz)	3,2c
	[Noemi e Rute: supõe-se que estão "em *casa*"]	
Relações familiares	*sua* sogra (Noemi)	3,1a
	Minha filha (Rute)	3,1b
	um *nosso* parente (Booz)	3,2a
Caracterização social de um dos protagonistas	"um lugar de descanso" (Booz, pela metáfora da união)	3,1b
Fato pré-temporal em relação à cena principal	*esta* noite	3,2c

---

258. ALTER, R., A arte, p. 126-127.

A partir deste primeiro modelo apresentado, o nó ou complicação iniciar-se-ia já no momento em que Noemi faz a apresentação de seu plano a Rute quanto à parte que deverá ser cumprida por esta, cujos elementos componentes fazem parte do jogo que poderá (ou deverá) seduzir Booz: lavar-se, perfumar-se (ungir-se), pôr o manto, descer à eira, observar o lugar em que Booz descansará, deitar-se a seus pés logo em seguida e aguardar, ali deitada, o que Booz declarará que ela deve fazer, segundo a proposição de Noemi (Rt 3,3a-3,4h).

a.2) Rt 3,1a-5c

Por outro lado, podem-se considerar cada uma das partes do plano de Noemi supracitadas que devem ser cumpridas por Rute como componentes da situação inicial (Rt 3,1a-3,4h), pois ali se expõem, ainda em forma de potência, os atos que Rute cumprirá[259] (Rt 3,5b) no aprontar-se para quando estiver com Booz e também a partir do delimitador espacial que estabelece a mudança do espaço interno *casa* de Noemi para o espaço externo *eira* de Booz. Ali, na eira, Rute cumprirá o mandado de Noemi com os elementos restantes (nem todos à risca) destinados àquele espaço e tempo.

Dois blocos em antítese apontam a complexidade das ações de Rute e da elaboração do plano de Noemi:

	Ações que Rute cumprirá segundo o plano de Noemi – antíteses			
A	Rute se cobrirá	e porás o teu manto sobre ti	וְשַׂמְתְּ שִׂמְלֹתֵךְ עָלָיִךְ	3,3c
B	Rute não será conhecida	Não te farás notar ao homem	אַל־תִּוָּדְעִי לָאִישׁ	3,3e
B'	Rute conhecerá	conhecerás o lugar	וְיָדַעַתְּ אֶת־הַמָּקוֹם	3,4b
		onde ele descansa,	אֲשֶׁר יִשְׁכַּב־שָׁם	3,4c
A'	Rute (se)[260] descobrirá[261]	e descobrirás os pés dele	וְגִלִּית מַרְגְּלֹתָיו	3,4e
		e deitarás ali.	וְשָׁכָבְתִּי	3,4f

---

259. O verbo na 1ª pessoa comum do *yiqtol* – farei (אֶעֱשֶׂה) – aponta as ações de Rute ainda a serem cumpridas.

260. A. Wénin (El libro de Rut, p. 31-32) propõe que o verbo גָּלָה no piel tem o sentido de "descobrir-se" (e não o transitivo "descobrir algo") e que "os pés" ou "aos seus pés" tem sempre sentido locativo, como em Rt 3,8.14. Assim, Rute não descobriria os pés de Booz, e sim ela própria se descobriria diante dos pés dele, ou "aos pés dele". Essa interpretação torna o texto muito mais forte semanticamente e a cena passa a enfatizar o comportamento justo de Booz, com Rute descoberta diante dele. Também afirma A. Wénin (El libro de Rut, p. 32) que o singular "o teu manto" ou "a tua veste" facilitaria o descobrir-se, a partir do fato de que Rute tinha apenas uma veste para tirar rapidamente.

261. Is 57,8; Ez 23,18, em que uma mulher se oferece como prostituta para uma relação sexual.

Conforme o plano de Noemi, Rute nada falará e esperará de Booz a tomada de decisões: "E ele declarará para ti o que deverás fazer" (Rt 3,4g-h); e o ouvinte-leitor, expectante, está diante de uma cena em que não se sabe o que acontecerá. Pelo plano de Noemi, palavras não serão ditas por Rute, ela apenas ouvirá o que Booz lhe disser e isto cumprirá. No entanto, ao se iniciar o nó ou complicação com novos elementos em cena, notar-se-á que Rute preferiu não fazer conforme *tudo* que Noemi dissera (Rt 3,5b-c). Seria essa a marca necessária para que também o ouvinte-leitor a considerasse uma mulher de força/valor (Rt 3,11)?

b) Nó (complicação: 3,6a-7g)

O nó de Rt 3 tem início estabelecendo a estratégia de provocação e sedução elaborada por Noemi e posta em prática por Rute na celeridade das ações sumarizadas pela prolepse com que se inicia:

Então desceu à eira	וַתֵּרֶד הַגֹּרֶן	3,6a
e fez conforme tudo	וַתַּעַשׂ כְּכֹל	3,6b
que lhe ordenou sua sogra.	אֲשֶׁר־צִוַּתָּה חֲמוֹתָהּ	3,6c

Este é realmente o momento em que o plano potencial de Noemi dá lugar à ação. Nenhuma palavra é falada e apenas o ponto de vista do narrador põe o ouvinte-leitor como espectador da cena, silenciando junto a Rute para não ser notada, nem por Booz, tampouco por qualquer outro homem – um dos moços que trabalhasse até mais tarde – que ali pudesse estar, como daria a entender Rt 3,14. As ações começam transcorrendo exatamente como previra Noemi, isto é, são acolhidas por Rute:

Plano de Noemi		Ações de Rute (acolhida)	
e descerás à eira.	3,3d	Então desceu à eira	3,6a
Não te farás notar ao homem	3,3e	e fez conforme tudo que lhe ordenou sua sogra	3,6b-c
até que ele termine de comer	3,3f	E Booz comeu,	3,7a
e de beber.	3,3g	bebeu	3,7b
E quando ele for descansar,	3,4a	então veio descansar na extremidade de um monte de cevada.	3,7d
conhecerás o lugar	3,4b		
onde ele descansa,	3,4c		

Entretanto, Rute começou a dar o seu (re)toque ao plano de Noemi, o que tornará surpreendente ao ouvinte-leitor a ação transformadora da trama de Rt 3. A então "passiva" Rute até este momento, toma as rédeas da ação e decide não se mostrar a Booz *assim* que ele se deita – como parece ser a ordem de Noemi[262] – farto e satisfeito de seu trabalho. Rute vem em silêncio, pois Booz já dormira. Ele não estava acordado para dizer a ela o que deveria fazer ali (Rt 3,4g-h). Enquanto Booz dorme, Rute está deitada aos seus pés. Estaria ela aguardando para pôr em prática o *seu* plano? o narrador fica em suspenso e o ouvinte-leitor pode estar elucubrando o que acontecerá:

Plano de Noemi		Ações de Rute (não acolhida)	
então, irás,	3,4d	E veio em silêncio	3,7e
descobrirás os pés dele	3,4e	e descobriu os pés dele	3,7f
e deitarás ali.	3,4f	e deitou-se.	3,7g
E ele declarará para ti	3,4g	[Booz dorme]	
o que deverás fazer.	3,4h		

Ao chegar próxima a Booz, Rute não vem às escondidas, sem ser conhecida. Ela vem calada, furtivamente, de modo que Booz, dormindo, não a ouça, tampouco os outros que porventura ali estivessem. O narrador, por sua vez, parece querer mostrar que Rute pode estar quebrando um paradigma da "mulher sedutora": a moabita, justa e portadora de bondade, compaixão e generosidade fora, coerentemente, muito mais discreta do que astuciosa.[263]

c) Ação transformadora (clímax: 3,8a-14a)

O narrador inicia a ação transformadora de Rt 3 com toda nitidez e proximidade possível: "E aconteceu que, na metade da noite, o homem estremeceu, e apalpou-se, e eis que uma mulher estava deitada aos pés dele" (Rt 3,8a-d). Daí em diante, ficam em primeiro plano os personagens protagonistas em ação e em palavras, desconstruindo totalmente o plano elaborado por Noemi. O narrador só retomará a palavra ao fim desta seção para dizer novamente que Rute "deitou aos pés dele até a manhã" (Rt 3,14a).

---

262. A sequência de várias ações verbais em continuidade quando Noemi detalha o plano (Rt 3,3a-3,4h) permite entendê-las uma após outra, sem interregno.

263. WÉNIN, A., El libro de Rut, p. 51-52.

O clímax de Rt 3 demonstra que o que importa na definição narrativa da condição humana é o encontro dos personagens mediante suas palavras. No diálogo, as pessoas se desnudam e se descobrem? Eis o que ocorre com Rute e Booz: muito mais do que o desnudar do corpo para uma relação sexual, como suspeitara o ouvinte-leitor para ter o resgate efetivado, surgem em cena a generosidade e a bondade do homem e da mulher, Rute e Booz. Ambos se veem um no outro. O que deveria ser algo passageiro, Rute e Booz o convertem no princípio de uma relação em que o reconhecimento mútuo não exclui a observância da lei e o direito de um terceiro – o primeiro resgatador.[264] Tem-se um encontro que não se dá num lugar vazio de traços – a eira de Booz –, mas na culminância e na intimidade de uma "cena padrão de casamento",[265] iniciada em Rt 2, e que fornece pistas temáticas ao ouvinte-leitor sobre o rumo futuro da narrativa e de seus valores.[266]

Este ponto crucial de Rt 3 (e de todo o livro de Rute)[267] é o encontro que se dá no diálogo, na eira. É na eira que Booz aceita a função de resgatador (גֹּאֵל) e também de assumir Rute (Rt 3,9-11). Na verdade, ousadamente é Rute quem propõe a Booz que a assuma: "Poderás (deverás) estender a ponta de tua veste (Ez 16,8) sobre a tua serva, porque tu és o resgatador" (3.9e-f).[268] Booz, inicialmente, transmite em sua exclamação a nítida aceitação ao pedido de Rute: "Abençoada tu sejas, para YHWH, minha filha!" (Rt 3,10b). Assim, o ouvinte-leitor vai se envolvendo com a ligação entre Rute e Booz e se satisfaz com o que parecia o fechamento da cena por meio da aceitação de Booz: "Tudo o que dizes farei para ti" (Rt 3,11b-c). O plano de Noemi fora cumprido! (Será?)

Entretanto, em meio a esta alegria e ao reconhecimento da mulher forte/valorosa que Rute é (Rt 3,11d), um novo elemento é introduzido, o que renova e acirra a tensão narrativa para Rute e para o ouvinte-leitor: há um outro resgata-

---

264. WÉNIN, A., El libro de Rut, p. 51-52.

265. ALTER, R., A arte, p. 136.

266. ALTER, R., A arte, p. 136.

267. SKA, J. L., Our Fathers Have Told Us, p. 29-30.

268. Com isso Rute combina dois mandamentos bíblicos: o mandamento do resgate, que garante a primazia para um parente na compra da terra (Lv 25,4), e o mandamento do levirato, segundo o qual uma viúva sem filhos deve casar com seu cunhado, a fim de possibilitar descendência para seu marido falecido (Dt 25,5-10). Booz parece ter esperado por essa proposta. Ele a declara bendita do Senhor (3,10b) e lhe promete fazer tudo o que ela lhe pedir (3,11b-c). Ele fundamenta sua promessa com o fato de que toda a cidade de Belém sabe que Rute é uma mulher de força /valor (3,11d). Para M. D. Goulder (Ruth, p. 307-319), a combinação de mandamentos no livro de Rute objetiva uma mudança e interpretação conscientes das prescrições de Dt 22-25, já que as leis, que são citadas em parte literalmente, nem sempre são adequadas à situação. I. Fischer (The Book of Ruth, p. 40), afirma: "Aqui, o autor de Rute permite sua protagonista tornar-se uma exegeta: Rute está criando uma nova halakha a partir de duas instituições legais que garantem a solidariedade de parentesco. Combinado o casamento por levirato e o dever de redenção, ela apresenta uma interpretação da Torah, uma halakha que é adequada a ela e à situação de Noemi".

dor! E este tem prioridade sobre Booz (Rt 3,12b). Será necessário esperar até a manhã seguinte (Rt 3,12a-c) para que a questão se resolva. A ação fica em suspenso por dois condicionais:

A tensão narrativa estabelecida em Rt 3:			
1º condicional: o Fulano resgatará?	אִם־יִגְאָלֵךְ	*se* [ele] te resgatar,	3,13b
	טוֹב יִגְאָל	bem! Que [ele] resgate!	3,13c
2º condicional: Booz resgatará?	וְאִם־לֹא יַחְפֹּץ לְגָאֳלֵךְ	Mas, *se* [ele] não quiser te resgatar,	3,13d
	וּגְאַלְתִּיךְ אָנֹכִי	então eu te resgatarei!	3,13e
O plano de Noemi se cumprirá?			

Booz parece confiar que acontecerá o melhor para Rute, e encerra sua fala empenhando o seu juramento e tranquilizando-a (analogamente a Noemi em Rt 3,18b-c): "viva YHWH!", "Descansa até o amanhecer" (Rt 3,13f-g). Sem mais a ser dito, ambos vão descansar, Rute praticamente na mesma posição em que estivera deitada anteriormente – aos pés de Booz. O narrador se cala. Os personagens também.

d) Desenlace (desfecho: 3,14b-17d)

A cena é retomada pela manhã. Rute se levanta. Booz se preocupa com sua reputação de homem poderoso/justo e com a de Rute de mulher forte/valorosa. Um dado novo, com denotação e conotação que diferem entre si, acontece:

E [ele] disse:	3,15a	וַיֹּאמֶר
Estende a manta que [está] sobre ti	3,15b	הָבִי הַמִּטְפַּחַת אֲשֶׁר־עָלַיִךְ
e agarra-a firme.	3,15c	וְאֶחֳזִי־בָהּ
[Ela] a agarrou firme	3,15d	וַתֹּאחֶז בָּהּ
[ele] mediu seis medidas de cevada	3,15e	וַיָּמָד שֵׁשׁ־שְׂעֹרִים
e pôs sobre ela.	3,15f	וַיָּשֶׁת עָלֶיהָ

Rute tem uma manta com a qual deve ter se protegido do sereno da noite, além da veste com que se cobrira. Aquilo que a protegeu do frio agora servirá de recipiente do alimento que levará para si e para a sogra, e as protegerá da fome.

Rute saiu, dessa forma, cheia, da eira de Booz. Será só o alimento que mudará pelo avesso o vazio (Rt 1,21b) de Noemi ("Não irás sem nada para tua sogra!" – Rt 3,17d)? Será que o ouvinte-leitor entendera essa "Rute cheia" como tendo concebido de Booz na noite anterior? Cheia, Rute retorna, enfim, para Noemi (Rt 3,16a).

Dois fatos demonstram que Rute, como personagem e protagonista, alcança maior valor na narrativa em seu desfecho. O primeiro encontra-se na pergunta de Noemi em Rt 3,16c: "Quem és tu, minha filha?", à qual Rute não responde diretamente, como fizera no diálogo com Booz (Rt 3,9b-d). A Booz, Rute diz quem é; a Noemi, o que acontecera – o mais importante a se dizer no momento. Pode-se inferir que a pergunta abarca um campo semântico maior, como a pergunta de uma mãe para uma filha após um encontro: "e então, como foi tudo?" Ou que Noemi quisesse dizer: "ainda és minha nora, ou já te tornaste mulher de Booz?"[269]

Rute responde à pergunta declarando tudo que o homem fizera para ela (Rt 3,16e), colocando em evidência a generosidade alcançada para si e para Noemi quanto à oferta de cevada: seis medidas. Estaria Booz reiterando sua promessa de resgate? Ainda, uma nova informação corrobora o protagonismo de Rute e deixa surpreso até mesmo o narrador, pois uma fala que não fora anunciada por Booz no episódio da noite anterior é reportada: "Não irás sem nada para tua sogra!" (Rt 3,17d). Isto teria realmente sido dito, ou Rute traduz em palavras o ato generoso daquele que seria seu resgatador, já confiando que assim aconteceria? Quanto a Noemi, já pode esperar seu momento, pois seu vazio deixado pela falta dos filhos e do marido[270] parece estar na conotação da manta de Rute, cheia de seis medidas de cevada. Um filho nascerá a Noemi.[271]

e) Situação final (3,18a-e)

Após Rute contar a Noemi como fora a noite na eira de Booz, a situação final de Rt 3 tem semelhanças e diferenças significativas com a situação inicial. A narrativa de Rt 3 encerra-se no mesmo modelo com que começara: Noemi toma a palavra. Quanto à semelhança, a sogra dirige-se à nora da mesma forma: "minha filha" (Rt 3,1b//3,18b). Quanto à diferença básica, a situação inicial era o momento de trabalho de ambas para conseguir um resgatador para si, responsabilidade que Noemi toma inicialmente para si ("não devo eu buscar..." –Rt 3,1b). Agora, é

---

269. FERNANDES, L. A., Rute, p. 64.

270. WÉNIN, A., El libro de Rut, p. 38.

271. Assim como Sara "concebe" através de Agar (Gn 16), Noemi "concebe" através de Rute que se fez "sua serva".

momento de descansar ("senta, minha filha" – Rt 3,18b), mas por pouco tempo, pois tudo leva a crer que a questão deverá se completar ainda "hoje" (Rt 3,18e).

Perspectiva, voz e foco narrativo: as peripécias de Noemi, Rute e Booz

A narrativa de Rute é uma novela[272] bem definida: a situação inicial aponta o casamento de Rute, envolto em infelicidades, como a falta de descendência e a morte de Maalon, seu marido (Rt 1,1-5); o desfecho e a situação final trazem a união de Booz com Rute pelo goelato, cuja felicidade é a renovação da vida e da família: o nascimento do descendente, Obed, o filho *dado* a Noemi (Rt 4,13-17). A estrutura concêntrica percebida com nitidez (Rt 1→Rt 2↔Rt 3←Rt 4) trata dos passos que vão sendo dados até a mudança da sorte de Rute.

As peripécias em que se envolvem Noemi, Rute, Booz e os personagens secundários são apresentadas pela perspectiva e pela voz do narrador, que orienta e conduz a todo o tempo o ouvinte-leitor, de acordo com o foco narrativo que estabelece – afastamento ou proximidade. As vicissitudes e alegrias envolvidas nas peripécias vividas pelos personagens ao longo do enredo mantém o ouvinte-leitor em suspense até o fim da história, onde, aí sim, haverá um "desfecho esperadamente feliz".

A voz narrativa de Rt 3, bem como de todo o livro de Rute, não emite juízo de valor acerca dos personagens, exceto em um momento a respeito de Booz (um enunciado extradiegético em Rt 2,1), complementar ao juízo de Booz em relação a Rute (Rt 3,11). Esta voz narrativa, onisciente, faz com que outras vozes falem – a dos personagens, que se dão a conhecer a si mesmos e aos outros no decorrer dos diálogos (enunciados intradiegéticos):[273] Booz, que ouviu acerca do que já haviam dito de Rute, afirma, com suas próprias palavras, que está diante de uma mulher de força/valor: "és tu" (Rt 3,11d). Quem terá contado a Booz? As mulheres da cidade (Rt 1,19-21)? O moço no campo (Rt 2,5-7)? Todos do povo (Rt 3,11d) que o encontraram no caminho cidade↔campo e falaram como era Rute quando, na conversa, ele dissera que ela estava respigando em seu campo?

Esta voz narrativa, que a tudo perpassa na história contada, também permite que o ouvinte-leitor construa a identidade dos personagens, analisando suas ações e palavras, simpatizando ou antipatizando com os mesmos: quem não se comove diante da bondade, compaixão e generosidade (חֶסֶד) manifestas em Booz

---

272. Para A. Wénin (El libro de Rut, p. 7), a narrativa de Rute é uma crônica familiar.
273. VITÓRIO, J., A narratividade, p. 95.

(Rt 2,8-10.14-15) e em Rute (Rt 3)? E quem não se aborrece com as lamúrias de Noemi (Rt 1,11-13.20-21) e com o fato de não se sensibilizar se Rute seria malvista, deitada na eira, à noite, aos pés de Booz (Rt 3,7-14), e que, depois do nascimento de Obed, apropriar-se-ia do filho da nora (Rt 4,14-17)? E não se injuria com a mediocridade e mesquinhez do resgatador Fulano de tal (Rt 4,6)?

Pela construção de seus personagens protagonistas e secundários e pelo tema tão próximo da realidade do ouvinte-leitor, o livro de Rute, visto em seu conjunto, dá um tratamento bastante realista da psicologia destes personagens e das instituições sociais realmente existentes.[274] A verossimilhança se faz presente e aproxima o ouvinte-leitor nos fatos simples da vida, nas casualidades, na honestidade e na bondade dos personagens, nos ambientes frequentados, na exposição e explicação de costumes da época (Rt 4,7).

Rute, Noemi e Booz são personagens provavelmente baseados em nomes guardados na memória nacional e, nos limites de uma narrativa curta, exibem em conjunto, em suas palavras e atos, traços de caráter que os tornam memoráveis e os distinguem de um simples esboço esquemático. Mas, em sua individualidade plausível, os três personagens também se tornam figuras exemplares, conquistando para si um lugar na história nacional. Rute, por sua tenacidade, e Booz, por sua bondade e respeito aos procedimentos da sucessão legítima, tornar-se-ão os justos progenitores da linhagem de Davi.[275]

A análise narrativa detecta como o narrador apresenta e utiliza cada personagem em função de seu papel na narração.[276] O modo como trata e como se refere a Rute, a Noemi, a Booz, a Orfa, ao resgatador Fulano de tal, às mulheres da cidade, ao moço de Booz predispõe o ouvinte-leitor de maneira positiva ou negativa em relação a cada um e faz com que perceba esse jogo psicológico contido na narrativa. Jogo recheado de peripécias, pois quer aproximá-lo, e não afastá-lo da narração a que se expõe.

Todo agente humano deve ter a liberdade de lutar com seu destino por seus próprios atos e palavras. Do ponto de vista formal, o autor (também o narrador) deve permitir que cada personagem se manifeste e se revele pelo diálogo e pela ação, livre da imposição de um aparato intrusivo de julgamento e interpretação autoral.[277] E é exatamente o que ocorre em Rt 3: Noemi luta, com sua experiência

---

274. ALTER, R., A arte, p. 60.
275. ALTER, R., A arte, p. 60.
276. VITÓRIO, J., A narratividade, p. 89.
277. ALTER, R., A arte, p. 136.

e o conhecimento da lei[278] e da situação de Booz em relação a ela e à nora (Rt 3,1-4.16-18); Rute luta, com sua coragem, determinação e se expõe totalmente diante de Booz, sendo ao mesmo tempo humilde, generosa e incisiva quanto ao que deseja (Rt 3,5-9); Booz luta, com o conhecimento da lei (análogo a Noemi), a discrição e a generosidade (análogo a Rute) de um homem justo (Rt 3,10-15).

Personagens protagonistas: Noemi, Rute e Booz por seus ditos e feitos

Em Rt 3, o protagonismo dos três personagens é equilibrado no lugar e quantidade de fala e de referências, e a cena central é dedicada a Rute e a Booz, destacando o caráter de ambos ao ouvinte-leitor em uma perspectiva de proximidade bastante acentuada. No entanto, toda a ação não teria acontecido não fosse o direcionamento de Noemi. Rt 3 é o único capítulo que não se inicia a partir do ponto de vista do narrador, e sim de Noemi e, ainda, é ela que toma a atitude para que a manutenção da vida e o "descanso" venha sobre a nora (e como corolário virá também à própria Noemi), diferente de Rt 2,2-3 em que é de Rute tal atitude ao comunicar que vai respigar para trazer o alimento para ambas. Rute e Booz são os "heróis" desta narrativa. Sem Noemi, como aquela que, junto ao narrador, "controla" e dirige as ações, Rute esperaria até a próxima colheita para respigar novamente (Rt 2,23). O que seria de ambas até lá?

O protagonismo de Noemi mostra-se evidente em toda a trama, ainda que seja suscitada no ouvinte-leitor a "torcida" por Rute e Booz. Após a morte dos homens – seu marido e seus filhos –, é Noemi quem decide voltar para Belém de Judá. No retorno, ainda que esteja acompanhada de Rute, apenas Noemi é reconhecida, citada e a ela é dirigida a palavra: não é esta [a doce] Noemi? (Rt 1,19f). A mesma elabora uma troca de nome provisória e circunstancial, visto que muitas amarguras se lhe impuseram nos últimos tempos: "Chamai-me Mara" (Rt 1,20c-d).

Noemi é a personagem mulher mais velha na narrativa, e quando Rute vai respigar nos campos de Booz, vai com a anuência da sogra (Rt 2,2-3). Ao contar-lhe acerca de Booz, acende-se em Noemi a esperança de que possa se aproximar dele, o parente próximo e rico, na função de resgatador, através da nora. Ao fim de Rt 2 uma questão se apresenta: o final da sega põe termo à presença de Rute junto às moças e moços de Booz.[279] E elimina-se a possibilidade de um "novo en-

---

278. Noemi, belemita, é conhecedora, certamente, da lei do resgate (goelato), que poderia ser exercida em benefício de si e que alcançaria Rute também (Lv 25,23-55).

279. WÉNIN, A., El libro de Rut, p. 30.

contro" que se dê logo entre ambos: Rute e Booz (Rt 2,21). A esperança de Noemi se esvai. O que fazer? Elaborar um plano para que um "novo encontro" aconteça entre a nora e o parente próximo (Rt 3,1-5)!

O plano de Noemi foi bem-sucedido, embora Rute não o tenha cumprido totalmente como a sogra elaborara. No entanto, a participação da sogra é latente nas ações da nora[280] e esta retorna para relatar tudo o que fora feito, assim como avisara à sogra antes de ir respigar nos campos de Booz. Resultado: em Rt 3,18, Noemi, analogamente a Booz (Rt 3,13g), mantém a calma e aconselha Rute a ter paz também, crendo que o plano culminará em bom termo: Booz não sossegará enquanto a questão não for resolvida rapidamente (hoje mesmo). O início da reversão da situação de Noemi se dá: Booz lhe envia alimento para sustento necessário, para que seja cheia (Rt 3,17d) aquela que voltou *vazia* dos campos de Moab (Rt 1,21b).

A questão é resolvida, Booz toma Rute e se unem. Têm um filho (Rt 4,13). Mas aquela que, junto ao narrador, direcionou e *dirigiu* todas as ações da trama narrativa do início ao final, Noemi, recebe a merecida bênção de YHWH ter-lhe dado, primeiro um resgatador, anunciado pela boca das mulheres de Belém por sua determinação (Rt 4,14-15), e depois, não um neto, mas: um filho (Rt 4,17) nasceu para Noemi (não era de Rute e de Booz?)!

O conceito de personagem implícito na Bíblia – uma figura muitas vezes imprevisível, até certo ponto impenetrável, constantemente emerge das sombras da ambiguidade e para elas retorna.[281] Noemi é esta personagem, se vista em sua inteireza na trama. Acompanha o marido e os filhos até Moab, talvez a contragosto, volta sozinha, *vazia* e amarga, com uma das noras. Tudo levaria a crer que ali morreria, em sua terra natal, de desgosto. Mas é "contaminada" pela determinação da nora – que talvez aprendera com ela, Noemi, quando tomou as rédeas da família, ainda em Moab, e já estabelecida em Judá ressurge a doce e forte Noemi de Rt 3.

O que fica marcante ao ouvinte-leitor nas características de cada protagonista de Rt 3 é a coragem de cada um: a) para Noemi, a coragem de elaborar um plano de sedução para o parente próximo a ser posto em prática pela nora: esta poderia não aceitar, ou seduzir Booz e esquecer-se da sogra, tomando para si todo o mérito, ou ainda, se Rute não cumprisse o plano, a própria Noemi poderia fazê-lo; b) para Rute, a coragem de se submeter ao plano de Noemi e ser tida por Booz como uma mulher que fora à eira para simplesmente seduzi-lo, após um tempo de

---

280. A ponto de se (con)fundirem os sujeitos das ações principais nas variantes textuais do cumprimento do plano (em Rt 3,3d; 3,4f).

281. ALTER, R., A arte, p. 196.

construção e manutenção de uma reputação ilibada, revés à carga nacional que já trouxera – era uma moabita, e, ainda, a coragem de enfrentar ser vista por outros homens na eira com Booz, e ser violentada por estes, como precaveram Booz e Noemi anteriormente (Rt 2,8-9.21-22); c) para Booz, a coragem de não ceder aos seus impulsos sexuais na eira com aquela mulher deitada aos seus pés por toda a noite (Rt 3,7f-g; 3,14a), e, ainda, resgatar a terra de Elimelec e tomar uma mulher moabita que, por mais valorosa que fosse, trazia em sua nacionalidade uma história negativa.

Narrador e *narratário*: uma narrativa com propósito bem definido

A relação entre o narrador e a narrativa não é a mesma que há entre o pintor e sua pintura, ou o compositor e sua composição musical. A distinção básica do narrador estriba-se no fato de que ele está inserido na narrativa, é parte integrante da obra, um dos componentes estruturais, e até mesmo o mais importante destes. É ele uma categoria *a priori*: a essência do mundo da narração, com seus personagens e eventos e o seu significado são inteiramente dependentes do narrador.[282]

É o narrador o portador dos acontecimentos diante daquele para quem endereça a história que será contada: o narratário. Assim como a presença de Rute, Noemi, Booz, Orfa, o Fulano resgatador, as mulheres da cidade, os moços e moças de Booz, os anciãos à porta da cidade, Elimelec, Maalon e Quelion, é sentida a presença do narrador que ultrapassa à daqueles; e junto à voz dos personagens, também é ouvida a voz do narrador,[283] iniciando a exposição da história (Rt 1,1-5), encerrando-a (Rt 4,13-22), demarcando os deslocamentos dos personagens (Rt 1,6-7.19; 2,3.17-18; 3,7-8; 4,1-2), assinalando em toda a trama a alternância de quem fala, com a marca do discurso direto: "(ele) disse", "(ela) disse".[284]

Assim acontece ao longo de todo o livro de Rute e, de modo específico, nos três momentos distintos de intimidade que se criam em Rt 3 entre o narrador e os protagonistas e que se mostram ao narratário: ele está presente na conversa sobre a elaboração do plano de Noemi e sua exposição à Rute; ele observa Rute enquanto esta observa Booz e vai deitar-se junto a seus pés, quando Booz acorda e ocorre o diálogo entre ambos; ele acompanha Rute de volta à *casa* de Noemi e

---

282. BAR-EFRAT, S., Narrative Art, p. 13.

283. BAR-EFRAT, S., Narrative Art, p. 13.

284. WÉNIN, A., El libro de Rut, p. 10. Ao todo são 45 ocorrências, sendo 7 em Rt 1; 18 em Rt 2; 10 em Rt 3 e 10 em Rt 4. A raiz אמר ocorre 52 vezes, alternando com as raízes dos verbos de dicção: דבר, falar (3x), נגד, narrar (6x), קרא, chamar (7x), ענה, responder (3x), e צוה, ordenar (3x).

fica sabendo, junto ao ouvinte-leitor, que Booz, na verdade, pode ter endereçado as seis medidas de cevada à Noemi (Rt 3,17d).

O narrador é um criador de personagens.[285] É ele que, para contar sua história *na* história, e envolver o ouvinte-leitor com seu encanto, dá vida à narração com a complexidade psíquica dos personagens em suas lutas externas e internas, seus sorrisos, apreensões, desejos, maquinações, vicissitudes e sucessos. É ele que se aproxima e se afasta das cenas, que faz lembrar outras cenas, por referências contidas na narração, num *Leitmotiv* que o *leitor implícito* bem conhece, e que motiva também o ouvinte-leitor a responder atentamente àquilo a que é exposto.

Sem a mediação do narrador e sua exposição ao narratário, não se alcança a "recompensa" do ouvir/ler a narrativa,[286] não se adentra ao *mundo do texto*, não é aberta a boca do personagem através da presença das curtas frases: "ele/ela disse", "e ele/ela respondeu",[287] não se percebe o tempo em que a ação transcorre, não se nota o colorido do ambiente em que as cenas se dão. A voz do narrador se faz ouvir e sua mediação aparece em Rt 3:

a) a partir de vários momentos até que um dos personagens vá falar:

Então, Noemi, sua sogra, disse-lhe:	3,1a	וַתֹּאמֶר לָהּ נָעֳמִי חֲמוֹתָהּ
E [ela] lhe respondeu: [Rute]	3,5a	וַתֹּאמֶר אֵלֶיהָ
Então [ele] disse: [Booz]	3,9a	וַיֹּאמֶר
E [ela] respondeu: [Rute]	3,9c	וַתֹּאמֶר
E [ele] exclamou: [Booz]	3,10a	וַיֹּאמֶר
Então [ele] disse: [Booz]	3,14d	וַיֹּאמֶר
E [ele] disse: [Booz]	3,15a	וַיֹּאמֶר
E [esta] disse: [Noemi]	3,16b	וַתֹּאמֶר
E declarou-lhe [Rute]	3,16d	וַתַּגֶּד־לָהּ
tudo o que o homem fizera para ela.	3,16e	אֵת כָּל־אֲשֶׁר עָשָׂה־לָהּ הָאִישׁ
E [ela] disse:[Rute]	3,17a	וַתֹּאמֶר
E [esta] respondeu: [Noemi]	3,18a	וַתֹּאמֶר

---

285. VITÓRIO, J., A narratividade, p. 89.

286. BAR-EFRAT, S., Narrative Art, p. 13.

287. BAR-EFRAT, S., Narrative Art, p. 13; BERLIN, A., Poetics and Interpretation, p. 57.

b) para reiterar a obediência de Rute quanto ao cumprimento do plano de Noemi:

Então desceu à eira	3,6a	וַתֵּרֶד הַגֹּרֶן
e fez conforme tudo	3,6b	וַתַּעַשׂ כְּכֹל
que lhe ordenou sua sogra.	3,6c	אֲשֶׁר־צִוַּתָּה חֲמוֹתָהּ
E Booz comeu,	3,7a	וַיֹּאכַל בֹּעַז
bebeu	3,7b	וַיֵּשְׁתְּ
E teve deleite o seu coração;	3,7c	וַיִּיטַב לִבּוֹ
então veio descansar na extremidade de um monte de cevada.	3,7d	וַיָּבֹא לִשְׁכַּב בִּקְצֵה הָעֲרֵמָה
E veio em silêncio,	3,7e	וַתָּבֹא בַלָּט
descobriu os pés dele	3,7f	וַתְּגַל מַרְגְּלֹתָיו
e deitou-se.	3,7g	וַתִּשְׁכָּב
E aconteceu que, na metade da noite,[288]	3,8a	וַיְהִי בַּחֲצִי הַלַּיְלָה
o homem estremeceu	3,8b	וַיֶּחֱרַד הָאִישׁ
E apalpou-se	3,8c	וַיִּלָּפֵת
e eis que uma mulher estava deitada aos pés dele.	3,8d	וְהִנֵּה אִשָּׁה שֹׁכֶבֶת מַרְגְּלֹתָיו

c) para antecipar, em uma prolepse intrínseca ao texto, a preocupação de Booz com a reputação de ambos – a sua própria, a fim de mostrar-se justo, dando a prioridade quanto à situação do resgate e da união pelo goelato com Rute ao Fulano resgatador, e quanto à de Rute, para continuar sendo vista como mulher de força/valor:

E ela deitou aos pés dele até a manhã.	3,14a	וַתִּשְׁכַּב מַרְגְּלֹתָו עַד־הַבֹּקֶר
Ela levantou	3,14b	וַתָּקָם
antes que fosse reconhecida por algum homem companheiro dele.	3,14c	בְּטֶרוֹם יַכִּיר אִישׁ אֶת־רֵעֵהוּ

---

288. Não necessariamente בַּחֲצִי הַלַּיְלָה significa, cronologicamente, meia-noite e sim durante a madrugada.

d) para apontar a bondade e generosidade de Booz para com Rute e Noemi, gesto que será refletido na fala de Rute a Noemi, em ressonância:

A voz do narrador presente, no fato, aponta o ato de Booz para com Rute		
[Ela] a agarrou firme	3,15d	וַתֹּאחֶז בָּהּ
[ele] mediu seis medidas de cevada	3,15e	וַיָּמָד שֵׁשׁ־שְׂעֹרִים
e pôs sobre ela.	3,15f	וַיָּשֶׁת עָלֶיהָ
A voz de Rute, reportando-se ao fato, reitera o ato de Booz e acrescenta um dado novo, uma fala de Booz, não revelada pelo narrador (3,17c-d)		
Estas seis medidas de cevada [ele] me deu,	3,17b	שֵׁשׁ־הַשְּׂעֹרִים הָאֵלֶּה נָתַן לִי
pois disse:	3,17c	כִּי אָמַר
"Não irás sem nada para a tua sogra!"	3,17d	אַל־תָּבוֹאִי רֵיקָם אֶל־חֲמוֹתֵךְ

e) para apontar a direção para a qual cada um dos envolvidos na cena se encaminha – Rute para Noemi, Booz para a porta da cidade (Rt 4), causando o fechamento da narrativa de Rt 3:

[Ele] entrou na cidade,	3,15g	וַיָּבֹא הָעִיר
e [ela] veio até a sua sogra.	3,16a	וַתָּבוֹא אֶל־חֲמוֹתָהּ

O narrador cria e faz correr o tempo, *no* tempo, e abre o espaço: monta o cenário em que a intriga se dá através das peripécias vividas pelos personagens. Pelas mãos e palavras do narrador, o ouvinte-leitor de Rt 3 vai sendo guiado da intimidade da conversa de Noemi com Rute à intimidade do encontro desta com Booz, após percorrer, não tão íntimo, a ida a Moab, a volta a Judá, a ida de Rute aos campos de Booz, o primeiro contato entre os dois, e ser tomado pela expectativa do que virá em seguida.

O narrador no antigo Israel possui uma especificidade que o torna diferente dos primeiros textos ocidentais, os homéricos: ele não se expõe, tampouco expõe os personagens à primeira vista. Mas vai se aproximando, paulatinamente, das cenas, junto ao correr do tempo, junto à mudança de espaços. Ele é escrupuloso e observador, chegando até a ser temente por isso. Não se mistura abertamente com os personagens que apresenta, assim como Deus cria em cada personalidade humana um terrível emaranhado de intenções, emoções e maquinações que a linguagem capta com sua rede transparente e que compete a cada indivíduo extricar no prazo efêmero de uma vida.[289] Isto o narrador respeita a despeito de qualquer tentação à intromissão ao que não foi chamado, ou não tem o poder de sê-lo.

O ouvinte-leitor, assim guiado, perceberá que tudo tem o seu tempo determinado. O tempo correrá e o espaço da intimidade se lhe tornará cada vez mais próximo ao chegar a Rt 3. Ali, o narrador, onisciente que se vai tornando em toda a plenitude, revela-se pronto e propício a submeter-se à cena e a apresentar ao ouvinte-leitor, em *close*, não só o arrepio de Booz ao sentir-lhe Rute aos pés, mas o contato e a conversa íntima dos personagens, bem como o próprio íntimo de cada um deles presente na cena, quase seus pensamentos.

Autor implícito e *leitor implícito*: o efeito a ser impresso no ouvinte-leitor

Autor implícito de uma obra literária é o autor textualizado, aquele que fica latente ao ouvinte-leitor*, isto é, a imagem do autor que projeta uma obra determinada, ou que se deixa transparecer através da leitura da obra, a partir de seus juízos intelectuais, éticos, posicionamentos frente aos personagens e ações, construção da trama narrativa, ou pressuposições que se deduzem do texto.

No livro de Rute, é alguém que suplantou e superou o preconceito contra os moabitas, alguém que se importa com pessoas, sendo elas quem forem, e não com categorias nacionais ou leis que sejam fruto de conservacionismo por parte de quem as criou. Fica latente, também, que embora as mulheres necessitem dos homens, há sempre o momento possível de elas tomarem responsabilidade por suas próprias vidas.

O *autor implícito* é uma perspectiva literária criada por Wayne Booth,[290] que aponta como se dá este relacionamento autor↔leitor: leitores partilham experiências com o autor real e com o *autor implícito* – o primeiro cria a imagem de sua língua e uma outra imagem da linguagem de seu leitor; o segundo escolhe o que vamos ler, o que é a soma de nossas escolhas. Ambos, porém, apresentam as formas de incorporar os valores e as crenças ao seu trabalho modelador: o autor cria uma imagem de si mesmo e uma outra imagem de seu leitor; ele faz seu leitor, como ele faz seu segundo *self*, e a leitura mais bem-sucedida é aquela em que os *selves* criados, autor e leitor, podem entrar em pleno acordo.[291]

---

289. ALTER, R., A arte, p. 136.
290. BOOTH, W., The Retoric of Fiction.
291. BOOTH, W., The Retoric of Fiction, p. 138.

A chave para compreender a articulação dos meios de construção do evento narrativo no texto bíblico nessa "relação *autor implícito*↔ouvinte-leitor" é o desejo de dar a cada situação ficcional, com o mínimo de intervenção autoral, uma clara orientação temática, bem como uma profundidade moral e psicológica,[292] muito concentrada no livro de Rute, com especial relevância na cena da eira em Rt 3.

Na narrativa bíblica em si, a impassibilidade do autor – real ou implícito – parece decorrer de uma percepção intuitiva de meios teologicamente aptos a representar vidas humanas sob o domínio universal de um Deus que é, em última análise, incognoscível, mas ético.[293] E é esse Deus – YHWH – que participa, junto a Booz e Rute, da cena da eira, e é mencionado, diretamente (Rt 3,10b; 3,13f), em um contexto em que a ética (de ambos) é exatamente o que está em curso.

Wolfgang Iser[294] é quem propõe uma premissa análoga ao *autor implícito* de Booth: o *leitor implícito*, entendido como uma estrutura textual que oferece "pistas" sobre a condução da leitura, e que emerge das estruturas textuais, na medida em que estas reivindicam a sua participação. Assim, o *leitor implícito* designa uma estrutura que antecipa os efeitos previstos sobre o leitor. Porém, os princípios de seleção que possibilitam a atualização do texto são particulares a cada leitor. Por isso, o *leitor implícito* é aquele que proporciona um quadro de referências para a diversidade de atualizações históricas e individuais do texto pelos leitores. Desta maneira, as perspectivas do texto visam certamente a um ponto comum de referências, e assumem assim o caráter de instruções; o ponto comum de referências, no entanto, não é dado enquanto tal e deve ser por isso imaginado. É nesse ponto que o papel do leitor, delineado na estrutura do texto, ganha seu caráter efetivo.[295]

O texto é sempre um potencial de efeitos estéticos que se atualizam no processo da leitura.[296] Por isso, o efeito estético deve ser analisado na relação dialética entre texto, leitor e sua interação. Ele é chamado de efeito estético porque – apesar de ser motivado pelo texto – requer do leitor atividades imaginativas e percepti-

---

292. ALTER, R., A arte, p. 135.

293. ALTER, R., A arte, p. 135-136.

294. ISER, W., O ato da leitura, p. 49-98.

295. ISER, W., O ato da leitura, p. 49-56.

296. W. Iser (O ato da leitura, p. 15) propõe uma teoria do efeito, e não uma teoria da recepção, pois enquanto uma teoria do efeito está ancorada no texto, uma teoria da recepção está ancorada nos juízos históricos dos leitores. Tal pensamento é inovador dentro dos pressupostos da Teoria ou Estética da Recepção, escola de crítica e estudos literários da qual Iser fazia parte.

vas, a fim de obrigá-lo a diferenciar suas próprias atitudes.[297] Esta interação texto/leitor é vista como uma atividade comandada pelo texto, isto é, é o texto que conduz o leitor. Contudo, o leitor nunca retirará do texto a certeza explícita de que sua compreensão é a justa.[298] Mas emerge das estruturas textuais a reivindicação à sua participação. Assim, o *leitor implícito* designa uma estrutura que antecipa os efeitos previstos sobre o leitor.

O *efeito* que a obra causa é a *ponte* que se estabelece entre um texto literário e o ouvinte-leitor*.[299] Levando-se em conta a narrativa de Rute e especificamente o episódio de Rt 3, observa-se uma condução da leitura, isto é, "complexos de controle" que *orientam* o processo da comunicação e a leitura: exige-se do ouvinte-leitor* que saia de sua "casa" e se preste a uma vivência no "estrangeiro". Por sua humildade, obediência, dedicação, generosidade e bondade, Rute é abençoada de YHWH e é uma mulher de força/valor (Rt 3,10-11), exemplo a ser seguido. Por sua virtude e seu comportamento, ela alcançará o que precisa, não só para si, mas também para Noemi.

Este "complexo de controle" estabelecido pelo texto a ser seguido pelo ouvinte-leitor é *marcado* pelos vários signos linguísticos[300] que se encontram no texto e pela estrutura deste, através de repetições, especificamente com o refrão "Tudo o que dizes para mim farei" (Rt 3,5b-c / 3,11b-c), emoldurados pelo par "E ele declarará para ti o que deverás fazer"/ "E declarou para ela tudo o que o homem fizera para ela" (Rt 3,4g-h / 3,16d-e). A estrutura à qual o ouvinte-leitor está exposto assim se constitui:

---

297. ISER, W., O ato da leitura, p. 16.

298. ISER, W., O ato da leitura, p. 87. Pode-se inferir que se possibilite uma 'obra aberta'.

299. ISER, W., O ato da leitura, p. 52.

300. Partindo-se da ideia de que a base da recepção é constituída por uma sequência de 'significantes' e, ainda mais, da ideia de que um significante só é significante quando a ele pertence um significado, a tradução do significante no significado parece ser o passo mais elementar na recepção. Pois o caso ideal de que um significante tenha um e apenas um significado, conforme nos ensina qualquer dicionário, praticamente inexiste. Cada significante evoca, de imediato, um horizonte de significados possíveis, dentro do qual se há de descobrir o significado visado. Assim, a recepção elementar implica uma redução. Esta, no entanto, só é possível por meio de uma contextualização, o que significa que, de cada significante e de seu significado, se passa a um plano maior, que se revela nos significados que, por sua vez, se manifestam pelos significantes dados. Só a contextualização assim estabelecida permite a redução da quantidade dos significados de uma oração, que deste modo forma uma significação frasal consistente. Neste mesmo caminho, Wittgenstein propõe os seus jogos de linguagem, nos quais um significado só pode ser extraído a partir das relações sintagmáticas e paradigmáticas que se estabelecem em torno do signo (do vocábulo) e, também, do contexto em que está inserido (LIMA, L. C., 2002).

Noemi pede a Rute que faça o que Booz lhe disser para fazer (Rt 3,4g-h)

↕

Rute fará tudo que Noemi lhe pedira (Rt 3,5b-c)

↕

Rute fez tudo que lhe ordenou sua sogra (Rt 3,6b-c)

↕

Booz fará tudo que Rute lhe pedira (Rt 3,11b-c)

↕

Rute conta a Noemi tudo que Booz lhe fizera (Rt 3,16d-e)

↕

Booz fará o que Noemi desejara (Rt 3,18d-e)

Quanto ao efeito estético provocado no ouvinte-leitor*, outra premissa refere-se à relação entre o *dito e* o não dito e o valor deste último para as condições de interação entre o texto – *o operador do lugar vazio* nos textos. O texto sempre é interpretado, e a introdução, na narrativa, do *operador do lugar vazio*, faz com que caiba ao ouvinte-leitor* suplementá-lo para que o enredo flua.[301] Assim como em um diálogo a interpretação cobre os vazios contidos no espaço entre a afirmação de um e a réplica do outro, na relação texto-leitor, embora o leitor não conheça a reação de seu "parceiro", os textos, enunciados com vazios, exigem do leitor o seu preenchimento.

A partir do *dito* e do *não dito*[302] no mesmo episódio de Rt 3, algumas possibilidades de interpretação a partir do *efeito* do texto poderiam ser produzidas, mas compreendem, nas palavras, um ponto de referências não dado e que deve ser imaginado por seus ouvintes-leitores: uma pessoa generosa, humilde e bondosa pode estar em qualquer lugar, pode ser homem, pode ser mulher, pode ser de qualquer nacionalidade e pode surpreender a qualquer hora. Perguntar-se-ia ao receber o efeito da leitura de Rt 3: Estou preparado para encontrar essa pessoa? E sou eu também alguém de força e valor? Aproveito-me das situações que se

---

301. ISER, W., A interação do texto com o leitor, p. 106-107.

302. O não dito são lacunas. As lacunas são diferentes das omissões. As lacunas denotam a falta de informações que não são necessárias para o objetivo perseguido pelo narrador. A partir daí, cada leitor tem a possibilidade de imaginar um conteúdo para preencher essas lacunas (STERNBERG, M., The poetics of Biblical Narrative, p. 235-258; SKA, J. L., Our Father Have Told Us, p. 8-9), dentro dos limites de interpretação que a narrativa lhe permite (ECO, U., Interpretação e Superinterpretação, p. 27-51). As omissões são uma estratégia narrativa, e elas o narrador utiliza conscientemente, ocultando informações importantes para trazê-las à luz (ou não) no desenrolar da narração (STERNBERG, M., The poetics of Biblical Narrative, p. 235-258; SKA, J. L., Our Father Have Told Us, p. 8-9).

me apresentam para *seduzir* ou as transformo em oportunidades para mostrar o melhor de mim?

Tais perguntas podem ser respondidas pelo ouvinte-leitor com as informações que possui a partir da narrativa de Rt 3, bem como com relação à percepção dos mesmos elementos em outros textos, quais sejam: um homem e uma mulher cuja força e bondade pode uni-los como pares na cena. Dependendo do conhecimento que possui dos costumes do antigo Israel, o ouvinte-leitor pode ser surpreendido pelos mesmos elementos contidos nas gestas heroicas de mulheres e homens, através dos textos orais e escritos que circulavam pelo Mediterrâneo antigo e lhe chegam aos ouvidos.

Capítulo 3 | Análise intertextual de Rt 3

Pressupostos teóricos à análise intertextual de Rt 3

A intertextualidade pode ser percebida como uma realidade tão antiga quanto a humanidade em seus discursos orais e escritos, não obstante sua percepção e a compreensão do próprio fenômeno seja recente. Em 1969, para designar o processo de produção do texto literário, Julia Kristeva chegou à noção de *intertextualidade*, cunhando o conceito homônimo a partir das noções de *polifonia*[303] e *dialogismo*[304] propostas por Mikhail Bakhtin, o primeiro a afirmar que uma estrutura literária é elaborada a partir de sua relação com outra estrutura.[305]

Bakhtin entende que o homem se constitui na e pela interação, sempre em meio à complexa rede de relações sociais de que participa permanentemente e na qual se utiliza da linguagem e do diálogo.[306] Tzvetan Todorov, um de seus comen-

---

[303] A polifonia, intrinsecamente ligada ao dialogismo, é a presença de outros textos dentro de um texto, causada pela inserção do autor num contexto que já inclui previamente textos anteriores que lhe inspiram ou influenciam. A polifonia é um fenômeno que não se confunde com heterogeneidade enunciativa, pois este é um fenômeno que diz respeito à possibilidade do desdobramento das vozes no texto, enquanto aquele é a multiplicidade de vozes (STAM, R., Bakhtin).

[304] O dialogismo é o processo de interação entre textos (que ocorre na polifonia). Tanto na escrita como na leitura, o texto não é visto isoladamente, mas sim correlacionado a outros discursos similares ou próximos (STAM, R., Bakhtin).

[305] Na realidade, o trabalho de Kristeva (Introdução à semanálise) é um estudo que todo o tempo dialoga com os conceitos bakhtinianos, ora aceitando-os, ora questionando-os, ora dando-lhes outras abrangências ou reconfigurando-os.

[306] M. Bakhtin (Marxismo e filosofia da linguagem, p. 109) aponta: "O diálogo, no sentido estrito do termo, não constitui, é claro, senão uma das formas, é verdade que das mais importantes, da interação verbal. Mas pode-se compreender a palavra 'diálogo' num sentido amplo, isto é, não apenas como a comunicação em voz alta de pessoas colocadas face a face, mas toda comunicação verbal, de qualquer tipo que seja."

tadores, dirá que Bakhtin constrói uma antropologia filosófica, a qual constitui o *dialogismo*,[307] apontado como obra humana: "Viver significa participar em um diálogo [...] o homem participa neste diálogo todo e com toda a sua vida: com olhos, lábios, mãos, alma, espírito, com todo o corpo, com seus atos".[308]

Devido a esta relação homem/linguagem, Bakhtin[309] estuda a literatura como uma parte inalienável da cultura, sendo impossível compreendê-la fora do contexto global da cultura numa dada época, afinal é dentro dessa cultura que nasce a obra. Entretanto, é inadmissível a relação direta de determinado objeto literário com outras áreas sem levar em conta, primeiramente, a cultura literária a que ele pertence. Isso significa que o estudioso não deve deixar de lado as preocupações sociais que, na verdade, aparecem a todo o momento no texto, porém é o texto que o fará chegar a essas instâncias e não o oposto.

Considerando-se que tudo está em constante comunicação, o diálogo faz parte da vida do homem em tudo que este realiza, inclusive nos discursos que produz em seus textos. Essa produção existe porque, segundo Kristeva, "no lugar da noção de intersubjetividade instala-se a de intertextualidade, e a linguagem poética lê-se, pelo menos, como dupla".[310] Nessa perspectiva, o texto é absorção e réplica a outro ou a vários textos e implica a inserção da história da sociedade no texto, e do texto nessa história; para o escritor, absorção e réplica são uma única e mesma coisa,[311] como se fora uma via de mão dupla: a palavra dialógica é, então, este fenômeno que pode ser designado como uma *intertextualidade*, pois é no texto que essa palavra dialógica se mostra efetivamente.

A partir das noções bakhtinianas, Kristeva[312] desenvolveu uma teoria sobre a irredutível pluralidade do texto dentro e por trás de qualquer texto específico, desviando assim o foco crítico, da noção de sujeito (o autor) para a ideia da produtividade textual. É este *desvio* que caracteriza sua obra e acrescenta um fato a

---

307. TODOROV, T., Mikail Bakhtine, p. 145-172.

308. BAKHTIN, M., Estética da Criação Verbal, p. 334. A ênfase no dialogismo aponta para a cuidadosa atenção de Bakhtin para com o interlocutor do texto, bem como sua convicção de que todo discurso existe em diálogo não apenas com discursos prévios, mas também com o receptor do discurso (STAM, R., Bakhtin, p. 17). Nas palavras de M. Bakhtin (Questões de Literatura e de Estética, p. 88): "A orientação dialógica é naturalmente um fenômeno próprio a todo discurso. Trata-se da orientação natural de qualquer discurso vivo. Em todos os seus caminhos até o objeto, em todas as direções, o discurso se encontra com o discurso de outrem e não pode deixar de participar, com ele, de uma interação viva e tensa. Apenas o Adão mítico que chegou com a primeira palavra num mundo virgem, ainda não desacreditado, somente este Adão podia realmente evitar por completo esta mútua orientação dialógica do discurso alheio para o objeto".

309. BAKHTIN, M., p. 362.

310. KRISTEVA, J., Introdução à semanálise, p. 72.

311. KRISTEVA, J., Introdução à semanálise, p. 67.

312. HUTCHEON, L., Poética do pós-modernismo, p. 165.

mais em relação à obra de Bakhtin. Ela parte do pressuposto de que todo texto é construído como um mosaico de citações e, de que todo texto é uma absorção e transformação de um outro texto que lhe é anterior. Com isso, alarga significativamente a noção de texto. O termo *intertextualidade*, então, designaria essa transposição de um ou mais sistemas de signos de um texto para um outro texto.

Análise intertextual em Rt 3: níveis e formas de intertextualidade

De modo prático, na intertextualidade reconhecem-se dois níveis:[313] uma *intertextualidade interna* (*ad intra*) ou intertextualidade de conteúdo[314] na qual o discurso implícito ao texto define-se por sua relação com discurso(s) do mesmo campo do conhecimento, podendo divergir ou apresentar enunciados próximos semanticamente na construção de seus "passados textuais", pois todo texto "carrega uma história";[315] e uma *intertextualidade externa* (*ad extra*) em que um discurso define certa relação com outros campos do conhecimento, conforme os enunciados destes sejam citáveis ou não – tratando-se de um texto que se constitui "fonte de inspiração" para outro.[316]

Pensar o texto de Rt 3 a partir de suas referências à mulher de Pr 31,10-31 pela carga histórico-teológica e semântica[317] dentro destes campos no Antigo Testamento constituir-se-ia em intertextualidade *interna*;[318] a construção teológico-literária da juíza Débora, da combatente Jael e de Abigail, mulher de Nabal também permitem esta intertextualidade. Por sua vez, relacionar os fatos que culminam em Rt 3 (Rute como uma mulher de força/valor) com as heroínas gregas Arete, de Homero[319] e *Alceste*, de Eurípides[320] caracterizam intertextualidade *externa*, pois não há proximidade no campo teológico. No entanto, literariamente,

---

313. BRANDÃO, H., Introdução à análise do discurso, p. 94-95; KOCH, I., O Texto e a Construção dos Sentidos, p. 62.

314. KOCH, I., O Texto e a Construção dos Sentidos, p. 62.

315. NIELSEN, K., Intertextuality and Hebrew Bible, p. 18.

316. NIELSEN, K., Intertextuality and Hebrew Bible, p. 17.

317. FISCHER, I., *Von der Vorgeschichte zur Nachgeschichte*, p. 153-154; GOH, S., Ruth as a Superior Woman of חַיִל?, p. 486-500.

318. O "jogo de sedução" contido na cena da eira em Rt 3 abarca referências de conteúdo a Tamar e às filhas de Ló (FEWELL, D.; GUNN, D., Compromising Redemption, p. 46-48) ligadas à própria genealogia de Rute e de Booz. Optou-se por não tratar aqui destas personagens devido à elevada quantidade de materiais que apresentam o assunto, o que não constituiria em originalidade desta pesquisa.

319. *Odisseia* VI, 154–XII, 451. Todas as referências aos cantos da *Odisseia* baseiam-se na edição crítica francesa: HOMÈRE, L'Odysée: Poésie Homérique, 1953.

320. EURIPIDES, Ion – Hippolytus – Medea – Alcestis, p. 399-505 (Edição crítica inglesa).

sua construção em paridade com seus maridos/contrapartes masculinos aproxima as mulheres bíblicas das mulheres de força/valor não bíblicas.

O texto, como relato dialogado, o qual traz o retrato de experiências do cotidiano em suas formas e exigências mais elementares, pode apontar um protótipo ou paradigma. Neste âmbito, outra forma de categorizar a intertextualidade quando no trato de textos bíblicos envolvidos é apontar a intertextualidade como *ascendente* ou *descendente*.[321] A intertextualidade *descendente* ocorre quando o paradigma histórico-literário do texto atinge um modelo "clássico", e quando se trata a Bíblia na literatura e como literatura, apontando temas primordiais – fato para se determinar um gênero literário. A esta se aplica a percepção entre os textos de Rt 3, Homero (Arete) e Eurípides (Alceste). A intertextualidade *ascendente* ocorre quando o paradigma, além de histórico ou literário é também teológico, referindo-se à fé do(s) protagonista(s), ou toca a transcendência como sanção e salvação do homem e da mulher, tornando-os partícipes da plenitude da divindade.[322]

Outra forma de traçar a intertextualidade é estabelecer graus e medi-los através de critérios, como referência, comunicação, estrutura, seletividade e diálogo.[323] Devido à escolha dos textos com os quais se tratará de olhar Rt 3 de forma intertextual, constitui-se um desafio abarcar os critérios apontados a fim de medir o grau de intertextualidade entre a narrativa e o discurso apresentados em Rt 3 e os textos selecionados. O maior desafio é a falta de vocábulos na tradução grega de Rt 3 (LXX) que se relacionem com os apontados para Arete, no texto homérico, e para Alceste, no texto euripidiano, como mulheres fortes, bem como vocábulos no texto hebraico (TM) para Débora, Jael e Abigail. Não obstante, alguns campos

---

321. LETE, G., La Biblia y su intertextualidad, p. 408-424.

322. No caso da Alceste de Eurípides, o único momento em que se pode admitir a transcendência dá-se quando Héracles luta com a morte (*thanatos*) para trazer Alceste de volta para seu marido, Admeto.

323. MARKL, D., Hab 3 in intertextueller und kontextueller Sicht, p. 100: 1) Referência: considerando-se o grau de referências entre os textos, isto é, em que medida um texto espelha outro pela temática; 2) Comunicação: se há ou não clareza acerca da relação de um texto a outro a nível comunicativo – se há como determinar que um texto queira referir-se a outro ou com ele se comunicar ou se o autor deixa algum traço de que conhece o outro texto, através de indicações como a utilização de termos, expressões, construções; 3) Estrutura: em que medida os dois textos apresentam elementos que mostram semelhanças de função dentro da estrutura do texto; 4) Seletividade: a proporção do uso das palavras entre os textos e em relação aos restantes textos; 5) Diálogo: o espelhamento da tensão semântica e de pensamento entre os dois textos e em que medida os contextos dos textos se relacionam nestes dois aspectos. D. Markl (Hab 3 in intertextueller und kontextueller Sicht, p. 100-101) aponta ainda que, como resultado do que será alcançado nesses graus, a maior probabilidade de intertextualidade pode se dar: a) quanto menor é a frequência dos elementos linguísticos comuns aos textos envolvidos se relacionados com outros textos bíblicos; b) quanto maior é o número dos elementos linguísticos entre os textos envolvidos; e c) quando há termos e expressões que são utilizados exclusivamente entre os textos envolvidos. Para a pesquisa, estes critérios só se empregam entre Rt 3,11 e Pr 31,10-31, mormente quanto às características de uma אֵשֶׁת חַיִל.

semânticos se tocam nos vocábulos destinados ao valor dado a estas mulheres por seus maridos e/ou homens que lhes sejam pares ou, ainda, pelo narrador.

Análise intertextual em Rt 3: heroínas bíblicas e extrabíblicas

Rt 3 é uma narrativa marcada pela decisão de Rute em trabalhar sem descanso a fim de buscar sustento para si e para Noemi, por sua obediência à sogra e pela coragem em ir à eira de Booz, mesmo correndo o risco de ser mal-interpretada por ele no que diria respeito às atitudes que ela – Rute – tomaria. A força das palavras e atos de Rute no encontro com Booz, e o espaço que este e o narrador lhe dão na cena chama atenção do ouvinte-leitor, culminando com o reconhecimento do próprio Booz de que Rute é uma mulher forte e de valor (Rt 3,11), bem como ele, Booz, o é como homem (Rt 2,1). Neste sentido, Rute pode ser vista como uma heroína: uma personagem que "cresce" na narrativa e é reconhecida por sua força e valor pela contraparte masculina à sua altura – o "herói" Booz.

A análise intertextual entre Rt 3 e algumas mulheres bíblicas e extrabíblicas permite perceber que as narrativas e o discurso acerca das "heroínas" da Antiguidade são concebidos a partir de referências repletas de similitudes. As narrativas épicas de mulheres heroínas do Antigo Israel, da Grécia Arcaica e Clássica e até mesmo as deusas-heroínas canaanitas[324] possuem uma construção literária que sempre as une e as aproxima a uma contraparte masculina não apenas contingente, porém necessária.

Algumas mulheres bíblicas que possuem gestas heroicas se aproximam de tal modo das características de sua contraparte masculina, que podem ser "classificadas" ou apontadas como "mulheres viris".[325] Neste sentido, os textos hebraicos de literatura rabínica, datados no século XIII e baseados em Pr 31,10-31, como o *Midrash Mishile* e o *Midrash Eshet Hayil* assinalam mulheres bíblicas que são exaltadas por suas virtudes em campos de atividade tipicamente masculinos. Tais *midrashim* identificam essa "mulher ideal" por dois elementos essenciais[326]: 1) o centro de sua vida é seu lar, e sua atividade econômica dentro – e também fora – de casa traz segurança e bem-estar ao seu marido e a seus filhos, que por isso a louvam; 2) o poema laudatório de Pr 31,10-31 apresenta a diferenciação dos "papéis de gênero" diametralmente oposta ao convencional – a esposa é ativa e o marido é passivo e "protegido" por ela. Não obstante essa peculiaridade, o marido é superior

---

324. Destacar-se-á Anat, a irmã-consorte de Baal, citada no tópico 5.2.1, ao se tratar de Débora como "comandante-em-chefe" em campo de batalha.

325. BRUNEL, P., Mulheres viris, p. 744-746.

326. VALLER, S., Who is ēšet ḥayil in Rabbinic Literature?, p. 85.

à esposa e a vontade desta em receber louvor aparentemente motiva seu comportamento (Pr 31,28).

Midrash Mishle[327] trata principalmente de Sara como "mulher forte",[328] apontando-a como a esposa em condições de igualdade espiritual com Abraão.[329] Neste mesmo *midrash*, Maria também recebe destaque em sua espiritualidade e força, como irmã de Moisés e profetisa.[330] No *Midrash Eshet Hayil*,[331] várias mulheres que demonstram virtudes de estereótipo masculino são tratadas nas narrativas como heroínas, elencando-se: Raabe (Js 2), Débora e Jael (Jz 4–5), Mical (1Sm 19), a mulher de Abel-Bet-Maaca (2Sm 20) e Sara, filha de Aser (Nm 26,46).[332] É curioso notar que Rute não é citada nesse *midrash*, apesar de, no texto hebraico, ser a única a receber o "elogio" de ser uma אֵשֶׁת חַיִל, bem como a mulher de Pr 31,10-31, que fornece a base ao *midrash*.

Quanto aos textos gregos, tais heroínas são tratadas em Homero como *antianeirai* (*Ilíada* VI, 186): jogando com o duplo sentido do prefixo *anti-*, Homero quer dar a entender que são ao mesmo tempo pares dos homens e suas inimigas. Sendo inimigas, Heródoto (*Histórias* V) aponta duas maneiras de uma mulher aniquilar o homem: pelo gládio, obviamente, e também pela sedução – ou sujeição.[333] Neste momento, a "mulher viril" se transforma em *philandroi*: mulher de (ou que ama) muitos homens, como também se refere a elas o historiador Plutarco.[334]

Quanto às gestas destas heroínas e à narrativa de Rt 3 como mulher forte e de valor, não se pode afirmar o replicar de textos de forma implícita efetiva. Não obstante isso, não é descabido pressupor arquétipos do Antigo Oriente Próximo que originem relatos centrados na mulher como protagonista[335] e, ainda, pensar a possibilidade de as sociedades da antiguidade judaica e grega possuírem valores bastante semelhantes quanto ao trato da paridade entre homens e mulheres, o que é retratado na construção literária dos mesmos nos textos apresentados.

---

327. VISOTZKY, B. L., Midrash Mishle, 1983.
328. VALLER, S., Who is ēšet ḥayil, p. 86-91.
329. DIAS, E. C., A vida de Sara e o cumprimento da promessa-aliança, 2016.
330. VALLER, S., Who is ēšet ḥayil, p. 92-94.
331. KATZ-LEVINE, Y., Midrash Eshet Hayil, 1994.
332. VALLER, S., Who is ēšet ḥayil, p. 85-97.
333. Judite utiliza-se de ambos para matar Holofernes (Jt 11–13).
334. PLUTARCO, *De Mulierum Virtutibus*, 243b-d.
335. LETE, G., La Biblia y su intertextualidad, p. 418.

Heroínas bíblicas: o prestígio da mulher no "tempo dos juízes"

O "tempo dos juízes" é um ambiente no qual o livro de Rute se insere segundo o narrador (Rt 1,1). Esse "tempo" também é exposto no livro de Juízes (Jz 2,15-19), apontando e elencando várias situações em que mulheres possuem poder de fala e prestígio na sociedade ou são vistas como heroínas da vida real, devido à posição social que elas ocupam nas narrativas,[336] as quais apresentam situações em que cada um fazia aquilo que parecia certo aos seus olhos (Jz 17,6; 21,25). Nestas narrativas encontram-se dezenove personagens femininas proeminentes, que apontam "histórias de e sobre mulheres".[337]

Quatro dessas figuras femininas individuais recebem nomes próprios: Acsa, a determinada filha de Caleb, que toma a atitude que deveria ser de Otoniel, o noivo (Jz 1,12-15), pensando na provisão para o futuro em circunstâncias de dificuldade[338] (Jz 15,16-19; 1Cr 2,49); Débora, esposa de Lapidot, juíza e líder nata, sob cujo nome aparece pela única vez o designativo profetisa[339] (נְבִיאָה – Jz 4,4) e a quem o povo ia para obter um juízo (מִשְׁפָּט)[340] acerca de seus atos; Jael, uma personagem estrangeira "positiva", louvada no cântico de Débora (Jz 5,24-27): Jael é esposa de Héber, e mata Sísara, o comandante inimigo de Israel, com quem o marido tinha uma aliança de paz (Jz 4,17-23); e Dalila, também estrangeira, porém "não positiva", possuidora de grande poder de sedução e persuasão sobre Sansão, a ponto de descobrir a fonte da sua força e a humilhá-lo (Jz 16,4-19).

Outras personagens individuais ou coletivas[341] que, embora não nomeadas, apresentam destaque ao longo do livro de Juízes: a mulher que fere Abimelec com uma pedra de moinho (Jz 9,50-57); a filha de Jefté, exemplo de obediência como contraste ao pai, exemplo de inconsequência (Jz 11,29-40); a mãe de Sansão e esposa de Manué: protagonista de toda a cena,[342] a ela o anjo de YHWH se revela sobre a gestação (Jz 13,3-24); a concubina do levita, cujo corpo morto "fala"[343] e

---

336. BRENNER, A. (Org.), Juízes a partir de uma leitura de gênero, p. 11-28.

337. BRENNER, A. (Org.), Juízes a partir de uma leitura de gênero, p. 11-12.

338. McKEOWN, J., Ruth, p. 80.

339. Há apenas mais 6 ocorrências no AT: Ex 15,20 (Maria); 2Rs 22,14; 2Cr 34,22 (Hulda); Ne 6,14 (Noadia); Is 8,3 (a esposa de Isaías?).

340. As outras duas referências ao vocábulo "juízo" (מִשְׁפָּט) no livro não possuem esse escopo semântico (Jz 13,12; 18,7). A utilização para Débora é a mesma para os juízos de Moisés e de YHWH, com quase 80 ocorrências.

341. A. Brenner (Juízes a partir de uma leitura de gênero, p. 12-13) dá essa designação para as personagens femininas no livro de Juízes.

342. BAL, M., Um corpo de escrita: Juízes 19, p. 259-286.

343. AMIT, Y., Manué prontamente seguiu sua esposa (Juízes 13,11): sobre o lugar da mulher nas narrativas de nascimento. In: BRENNER, A., Juízes a partir de uma leitura de gênero, p. 183-195. Perceba-se a seme-

provoca vingança (Jz 19-20); as mulheres de Silo que saíam sozinhas uma vez por ano para celebrar a YHWH com danças em roda (Jz 21,19-21). Além destas personagens, que apontam força e liberdade obtidas por mulheres, há ainda a mãe de Sísara e suas companheiras (Jz 5,28-30), a concubina de Gedeão (Jz 8,31), a mãe de Jefté (Jz 11,1), as filhas e noras de Abesã (Jz 12,9), a esposa de Sansão (Jz 14,1-20), a prostituta de Gaza (Jz 16,1), a filha do anfitrião em Gabaá (Jz 19,24), e as moças de Jabes (Jz 21,12).

Todas essas mulheres são figuras femininas definidas: 1) por laços familiares e/ou sanguíneos com um parente masculino: elas são mães, filhas, noras, esposas/concubinas; 2) por um papel independente: companheiras/amas, prostitutas; 3) por referências de espacialidade/geográficas: as moças de Jabes e de Silo.[344] Ainda que apenas quatro sejam nomeadas – ao contrário de quase todos os homens no livro de Juízes que recebem nomes próprios – e o anonimato ou o silêncio por vezes as relacione ao elemento masculino, seus ditos e feitos na construção narrativa as destacam e apontam a verossimilhança destes no texto e a grande possibilidade de serem histórias orais verídicas encontradas nas famílias da época, remontando ao século X a.C., na formação do povo de Israel e suas conquistas da terra. Não se pode deixar de lado, ainda, a presença de casamentos exógamos com estas mulheres fortes, apresentadas como etnicamente estrangeiras.[345]

As heroínas do tempo dos juízes – a *comandante* Débora

As mulheres que viviam no AOP não estavam longe das experiências de guerra e invasões constantes, tampouco as mulheres do Mediterrâneo Antigo.[346] No entanto, nas narrativas bíblicas não há muitas mulheres guerreiras em embates físicos, denominados "combates singulares" quando apenas homens deles participam. Nesse âmbito, além de Débora e Jael (Jz 4-5) tem-se apenas Judite que, à maneira de Jael – a qual fere a fronte de Sísara (Jz 4,21) –, corta a cabeça de

---

lhança de elementos presentes na narrativa com a anunciação a Maria (Lc 1,26-38), o que pode ser critério para a determinação de um gênero literário de narrativas de anunciação ou de nascimento.

344. BRENNER, A., Juízes a partir de uma leitura de gênero, p. 12-24.

345. BRENNER, A., Juízes a partir de uma leitura de gênero, p. 17-18: Jael, a mãe de Sísara e suas companheiras, a esposa de Gedeão, a esposa de Sansão, a prostituta de Gaza e Dalila.

346. A literatura grega extrabíblica acerca do assunto tem referenciais como a *Ilíada*, de Homero, redigida em sua inteireza em contexto guerreiro, bem como várias tragédias: Os Persas, Os Sete contra Tebas, de Ésquilo; Ájax, Antígona, de Sófocles; comédias: Lisístrata, Acarnenses, A Paz, Os Cavaleiros, de Aristófanes; e escritos historiográficos como Anábasis, de Xenofonte; A Guerra do Peloponeso, de Tucídides, entre outras obras. Na maioria dos textos, as mulheres surgem, ora como suplicantes para não serem levadas como presas de guerra, ora como aquelas que enterram seus mortos, com cânticos de lamento, no entanto quase sempre como mulheres fortes, apesar de sua condição.

Holofernes (Jt 13,8). Pode-se, ainda, classificar Ester por sua valentia e coragem por duas vezes no confronto com Amã, na presença de Artaxerxes, seu marido (Est 5,4-8; 7,1-8), embora o contexto guerreiro não exista em si.

Débora é uma mulher guerreira – uma profetisa que assume o posto de "comandante em chefe", quebrando o silêncio quanto a este assunto. Como guerreira, adquire o *status* pertencente ao campo de domínio masculino, embora seja mulher.[347] E toma sobre si atributos, regras e o prestígio que acompanham tais instâncias quando um(a) guerreiro(a) vence a batalha em que se insere. Em uma cultura patriarcal e guerreira, e devido às relações binárias estabelecidas com os homens, os papéis das mulheres são, de modo geral, em relação de oposição: protetor / protegido; destruidor / cuidador; violento / não violento; independente / dependente; dominante / submisso. Desse modo, para se apresentar uma mulher forte e com coragem de uma guerreira, pode-se utilizar, na construção narrativa desta, de metáforas ou palavras de campo semântico relativo ao homem para representá-la.[348] O que não pode passar despercebido é que ela está ali, presente no texto.

Além do argumento linguístico, influências literário-culturais também são possíveis, principalmente em relação aos mitos e gestas heroicas do AOP. É possível, neste ínterim, ter havido um influxo, na construção narrativa de Débora como comandante militar (também de Jael e de Judite como guerreiras), do entorno cananeu, a partir da deusa Anat, divindade da guerra.[349] Ainda que não haja nenhuma descrição detalhada de batalha em que apareça uma mulher (divina – uma deusa – ou humana)[350] lutando com espada, ensanguentada em meio de feridos e mortos (como há sobre a deusa Anat[351] ou a descrição de YHWH em Is 9,3-5), ou morrendo no campo de batalha (como Saul e Jônatas em 2Sm 1,11-27).

Com efeito, o narrador da gesta de Débora, bem como da elaboração do seu cântico, tem conhecimento dos textos circulantes acerca de Anat, sejam orais

---

347. YEE, G. A., By the hand of a woman, p. 104-105.

348. YEE, G. A., By the hand of a woman, p. 99-132.

349. ACKERMAN, S., 'Awake! Awake! Utter a Song!': Deborah, Women and War; ACKERMAN, S., Warrior, Dancer, Seductress, Queen, p. 51-73; DEMPSTER, S. G., Mythology and History in the Song of Deborah, p. 33-53.

350. Duas deusas gregas participam da guerra de Troia com comportamentos e campos diferentes: Afrodite, que não possui experiência guerreira, é ferida por Diomedes no campo de batalha (*Ilíada* V, 330-430); Atená e Ares, irmãos, constituem as duas forças guerreiras – a estratégia e a força, respectivamente. Ambos circulam todo o tempo nos campos de batalha, insuflando nos homens o desejo pelo combate e pela morte do oponente.

351. Anat tem representações iconográficas em Ugarit e no Egito, que remontam aos séculos XVI–XI a.C. Também há textos – chamados ciclos de Baal-Anat – em que aparece em aventuras militares, batalhando e tendo alegria de estar na guerra, com os joelhos envolvidos em sangue de guerreiros (KTU 1.3.2.23-28).

ou escritos.³⁵² Apontar Débora como uma mulher com cargo militar pertencente ao campo de domínio masculino, e que canta referências a episódios de violência e descrições de morte em campo de batalha, e da própria morte de Sísara pelas mãos de Jael, é aproximá-la dos episódios "vividos" por Anat em sua própria gesta como elemento feminino no panteão cananeu.

Anat é a deusa canaanita irmã-consorte de Baal, o qual, em uma das batalhas míticas descritas, é ferido por Mot, o deus da esterilidade e da morte, "tornando-se escravo no mundo inferior" – eufemismo para a sua morte.³⁵³ Anat reage, inicialmente, como típica do que cabe ao feminino: cumpre os rituais de lamento do mundo semítico, cortando a carne e arrancando fios de cabelo.³⁵⁴ No entanto, Anat não senta e chora, mas vai em busca de Baal por dias e meses. Encontra, não o irmão, mas Mot. E em toda a sua força, agarra-o, fere-o com a espada, joeira-o com uma peneira, queima-o com fogo e o mói com várias mós. Ao final, semeia-o no campo.³⁵⁵ Em seguida, Baal é livre do mundo inferior – retorna da morte para a vida. Após sete anos, Mot retorna para desafiar Baal – não Anat – e fala da sua humilhação, sem tocar no nome da deusa no texto mitográfico: "Por sua causa, ó Baal, eu sofri vergonha... por sua causa sofri, sendo cortado à espada... queimado com fogo... moído com mós... joeirado com uma peneira... nos campos... eu sofri semeando no mar".³⁵⁶ Percebe-se a força dos atos guerreiros de Anat e a vergonha de Mot por ter sofrido nas mãos de uma deusa – daí o completo silêncio em relação a ela. Mas não ao que fizera.³⁵⁷

No Egito, as representações iconográficas de Anat mostram-na segurando escudo e lança³⁵⁸. Ela também é descrita como um escudo que protege o faraó Ramsés III em um texto datado da XX dinastia (século XII a.C.).³⁵⁹ Ainda, uma passagem mitológica egípcia a caracteriza como "a mulher atuante como um guerreiro, vestida como um macho e cingida como uma fêmea".³⁶⁰ Todas estas in-

---

352. ACKERMAN, S., 'Awake! Awake! Utter a Song!', p. 51-73.

353. KTU, 1.5.2.2-4.

354. KTU, 1.6.1.2-7.

355. KTU, 1.6.2.26-35.

356. KTU, 1.6.5.11-19.

357. Também em Jz 9,53 há a tentativa de se apagar um feito extraordinário de uma mulher anônima que mata Abimelec com um pedaço de uma mó.

358. GRESSMANN, H., Alterorientalische Texte and Bilder 2, 1929, p. 70, BM estela 191.

359. EDGERTON, W. F.; WILSON, J. A., Historical Records of Ramses III, p. 75.

360. Papyrus Chester Beatty VII, verso i, 8-9. Para texto e tradução em inglês, ver GARDINER, A. H., Hieratic Papyri in the British Museum, p. 62-63 (Chester Beatty Gift 1); ver também Ancient Near East Texts, 250 a, n. 18; ALBRIGHT, W. F., Yahweh and the Gods of Canaan, p. 129.

formações apontam a força de uma deusa guerreira em povos próximos ao antigo Israel e a cujas narrativas e representações estava o seu povo exposto.

Deste modo, não surpreende observar a construção narrativa de personagens femininas extremamente fortes e corajosas como Débora, que possui cargo de comando sobre homens. Débora é uma exceção às narrativas de guerra do Antigo Testamento, nas quais há uma divisão clara de papéis por sexo, bem como Anat o é sendo uma deusa, e assim como havia nas mulheres – e deusas – retratadas com mais riqueza de detalhes na *Ilíada* de Homero e no teatro grego:[361] os homens vão à guerra, pelejam e vencem – ou morrem –, obtêm a glória e repartem os despojos – dentre os quais pode haver mulheres como presas e prêmios. O comum é: as mulheres esperam os homens, sem saber se voltam ou não. Se eles regressam, são recebidos com cânticos de vitória; se não regressam, são chorados com gritos de luto e homenagens póstumas.[362] Não são comuns casos de mulheres que foram à guerra.

Débora é narrada no livro de Juízes como uma heroína corajosa e portadora de palavra de autoridade e é a mulher que mais se aproxima de um campo de batalha no Antigo Testamento (Jz 4). Como juíza e profetisa em Israel, é ela quem convoca Barac a responder a comissão de YHWH e a combater as suas guerras (de YHWH). À luz da fala de Moisés (Ex 33,15: "se não vieres tu mesmo, não nos faças sair daqui"), Barac diz que só irá ao campo de batalha se acompanhado por Débora. Ela vai com ele, mas deixa claro que, por esta atitude de Barac, a batalha será vencida pelas mãos de uma mulher.[363]

Débora e Barac guerreiam juntos, cada um em uma posição. A paridade entre ambos e o papel assumido por cada um para que a batalha fosse vencida fica nítida ao ouvinte-leitor. Um "eco" de Ex 14–15 também pode soar ao ouvinte-leitor e aproximar Débora de Moisés: ambos julgam o povo, auxiliando-o; são profetas e canais de YHWH; dão ordens a líderes militares a partir da voz de YHWH.[364] O fato de Débora ter voz de comando sobre os atos de Barac na batalha e este fazer conforme a "sua" palavra (de Débora) em nenhum momento o diminui em autoridade como general que dará ordem às tropas de Israel, pois Barac é

---

361. Textos como a comédia Lisístrata, de Aristófanes; e as tragédias Hécuba, As Troianas e Ifigênia em Áulide, de Eurípides.

362. MOBLEY, G., Samson and the Liminal Hero in the Ancient Near East, p. 86-88.

363. O caráter militar e profético do texto fica registrado, embora o ouvinte-leitor não saiba, ainda, que esta mulher não é a "comandante em chefe" Débora, e sim, Jael, a esposa de Héber, a qual é "bendita entre as mulheres que habitam em tendas" (Jz 5,24).

364. HERZBERG, B., Deborah and Moses, p. 16-17.

animado pelas palavras de Débora que, em instância superior, assim como as de Moisés, vêm de YHWH.

Ao papel de Débora como comandante militar das tribos de Israel (Jz 5,7-8.12), é acoplado um título específico e especial: em seu cântico de vitória, cheio de elementos bélicos – assim como Moisés (e também Maria) canta após a batalha vencida[365] (Ex 15) – ela aponta que se levantou como "mãe em Israel" (Jz 5,7d), cujo valor de autoridade não aparece em nenhum outro texto do Antigo Testamento em relação a uma mulher. E em sua função como profetisa que tem a força da palavra para julgar, e por isso comanda e livra seu povo (junto com Barac), pode ser reforçado em Débora o papel como sucessora de Moisés[366] e de Maria no ciclo profético (do Norte), e não em Samuel, Elias ou Eliseu.[367]

Débora e Rute são personagens femininas que se tocam, apresentando pontos em comum. A gesta de Débora assemelha-se à de Rute pelo fato de ambas serem mulheres de força/valor e confiarem em YHWH para que se mantenham vivas. Débora vai ao campo de batalha na força de YHWH, Rute vai aos campos de cevada e de trigo respigar e fica no campo de Booz, em que encontrou favor (simbolicamente, de YHWH). Débora e Rute são mulheres decididas e conscientes de sua força em atitudes e em palavras, força que surge principalmente no que se refere à habilidade de continuarem lutando, mesmo em meio às mais difíceis circunstâncias.[368]

Esta é a força (חַיִל) presente no livro de Rute igualmente em Booz (Rt 2,1; 4,11), e em Rute (Rt 3,11) como protagonistas, bem como nas narrativas dos juízes Gedeão (Jz 6,12) e Jefté (Jz 11,1), dos homens guerreiros de Israel (Jz 18,2; 20,44.46; 21,10), e dos homens guerreiros de Moab (Jz 3,29) – povo ao qual Rute pertence –, todos treinados para serem valentes e corajosos no ambiente de batalha. Tratando-se dos juízes de Israel, a juíza Débora, ainda que não contenha o adjetivo חַיִל em sua gesta, demonstra sua valentia na posição de liderança e não pode ser exceção à regra. Tratando-se dos valentes moabitas, por um lado eleva-se,

---

365. HERZBERG, B., Deborah and Moses, p. 17. O autor aponta a força narrativa do cântico e de seus elementos e aventa a possibilidade de os autores do cântico de Débora desejarem apresentá-la como sucessora de Moisés em seu tempo. Desta mesma opinião compartilha I. Fischer (Ni Samuel ni Élie ni Élisée, p. 149-176).

366. HERZBERG, B., Deborah and Moses, p. 15-33.

367. I. Fischer (Ni Samuel ni Élie ni Élisée, p. 149-176) afirma essa sucessão direta, utilizando critérios e argumentos em seu texto: a força da palavra de Débora, vinda de YHWH através do oráculo profético, que anima Barak a lutar; a proclamação de que Israel é salvo por YHWH; o fato de cantar após a vitória utilizando elementos bélicos e trazendo à memória a salvação de YHWH no campo de batalha.

368. McKEOWN, J., Ruth, p. 82-83.

analogamente, na força do povo inimigo, a coragem dos combatentes de Israel, e por outro se mostra a procedência da força de Rute.

Quanto ao papel de Débora em relação a Barac em cotejo com o de Rute em relação a Booz, percebem-se similaridades no campo do comportamento e da forma como o texto os apresenta em paridade. Barac e Booz são pares homens que cumprem cada um o seu papel de tomada de decisões, a despeito das atitudes aparentemente ousadas das mulheres em cena. Débora e Rute têm a palavra (Jz 4,6-9.14a-d // Rt 3,9) que dá força e incentivo para que os homens ajam (Jz 4,10.14e-16 // Rt 3,11.13; 4,1-10). Eles agem conforme as palavras delas: Débora, pela palavra de YHWH, impulsiona Barac a lutar e a vencer o exército de Sísara; Rute, pela obediência a Noemi, impulsiona Booz a tomá-la como mulher e resgatar não só ela, mas também a sogra e as terras pertencentes à família de Elimelec.

O nome Débora pertence ao campo semântico da abelha (דְּבוֹרָה) e pode também conter possíveis elementos de contato com mitologias cretenses e tradições gregas:[369] em Creta, uma mitologia apontava que a ninfa que descobriu o mel chamava-se, por isso, *Mélissa*. Na antiga Grécia, μέλισσα,[370] que significa abelha, era o epíteto comum para as profetisas, "que sussurravam como as abelhas em voo", especialmente aquelas cujo oráculo era direcionado a comandantes militares, como a Pítia de Delfos.[371] Esta *mélissa* teria profetizado como a mãe de Xerxes o estaria aguardando junto às suas damas.[372] Débora o faz de modo similar no cântico, referindo-se à mãe de Sísara, esperando seu glorioso retorno (Jz 5,28-30). Mas o carro de Sísara tardava em vir, pois o comandante, diferente do que se poderia esperar, morrera às mãos de mais uma mulher forte, uma heroína, Jael.

As heroínas do tempo dos juízes – a *combatente* Jael

Quando dois guerreiros se enfrentam em batalha, o que se apresenta é um "combate singular": ambos foram preparados para aquele momento e sua força se mede para lutarem um contra o outro. E quando a cena de "combate" compreende homem e mulher? De que modo surge a construção narrativa de uma mulher "guerreira"[373] que se torna heroína no ambiente em que está inserida e que armas ela utiliza para vencer este "combate"? A narrativa acerca de Jael (Jz 4,17-23; 5,24-27),

---

369. VAINSTUB, D., Some Points of Contact between the Biblical Deborah War Traditions and Some Greek Mythologies, p. 324-334; WAJDENBAUM, P., Argonautas do deserto, p. 271-273.

370. PÍNDARO, Pítica IV, 60. No verso, encontra-se a expressão μελίσσας Δελφίδος.

371. PÍNDARO, Pítica VI, 6.

372. ÉSQUILO, Os persas, 60, 180-183, 832-833.

373. MOBLEY, G., Samson and the Liminal Hero in the Ancient Near East, p. 85-108.

mulher de Héber, o quenita, exibe alguns elementos referentes ao campo semântico feminino e de objetos comuns do lar utilizados como "armas".

Jael não está relacionada diretamente ao campo de batalha, à luta militar. Ainda assim, torna-se uma combatente ao tomar a decisão de matar o chefe de um exército poderoso, inimigo do povo entre o qual vive, em um escopo externo ao da guerra, a sós com ele e em circunstâncias suscetíveis de serem interpretadas em termos eróticos, na cena em si e no retratar da cena pelo cântico de Débora: na cena, ela convida um homem que não é seu marido para entrar em sua tenda; no cântico, Débora aponta que Sísara se encurvara e caíra morto aos pés de Jael onde se encontrava (Jz 5,27), isto é, dentro da tenda.

Com o objetivo que perpassa todo o livro de Juízes – salvar o povo da opressão inimiga[374] –, Jael se utiliza do engano e da sedução, arriscando a própria vida e honra – ela era casada e estava a sós com um homem no interior de sua tenda. A ele dá leite e o cobre com um tecido para escondê-lo. Sem armas militares, utiliza instrumentos domésticos que tem em mãos – uma estaca da própria tenda e um martelo – e mata Sísara com um único golpe na fronte.[375] O feito extraordinário de Jael e seu nome serão exaltados no cântico de Débora e, assim como Jael é chamada de abençoada (בְּרוּכָה) no cântico (Jz 5,24), Rute também é chamada por Booz de abençoada (בְּרוּכָה) para YHWH (Rt 3,10b).

Apresentada pelo narrador (Jz 4,17-23) e cantada por Débora (Jz 5,24-27), o nome Jael (יָעֵל) tem como significado "cabra das montanhas", a qual era caçada na Antiguidade para servir de alimento, mas jamais domesticada por suas características selvagens peculiares à espécie. Devido a isso, obter leite de uma cabra dessas era algo anormal e miraculoso.[376] O narrador de Jz 4,17-23 e o cântico de Débora em Jz 5,24-27 possivelmente estariam preparando o ouvinte-leitor para o caráter insólito do feito de Jael através de um trocadilho com o significado do seu nome e as características inerentes a esta alusão.

Outro elemento importante quanto ao escopo de conhecimento do ouvinte-leitor de Jz 4–5 é a ligação entre as narrativas de Jael e Débora e as literaturas circulantes no Antigo Oriente Próximo e no Mediterrâneo Antigo. Em algumas mitologias provenientes da Grécia continental e insular, a ninfa Μέλισσα, supra-

---

374. GARCÍA BACHMANN, M. L., Perder la cabeza por una mujer bonita, p. 36.

375. Os elementos de sedução e a construção narrativa de toda a cena aproximam Jael de Judith. As diferenças são mínimas: Judith está no aposento de Holofernes, dá-lhe vinho a beber e mata-o com um instrumento militar – a própria espada dele (Jt 13). No entanto, assim como fez Jael, Judith se utilizou daquilo que tinha em mãos.

376. VAINSTUB, D., Some Points of Contact between the Biblical Deborah, p. 328.

citada, tinha uma irmã, também ninfa (e profetisa) de nome Ἀμάλθεια, cujo significado era "a cabra que vive livre nas montanhas".

Pensando nos influxos dessas mitologias, percebe-se, além da relação entre ambas e Débora e Jael, o reflexo sobre o caráter de liberdade que a representação que tais animais fêmeas contêm: uma abelha não é presa por vontade própria, tampouco uma cabra montesina. Neste sentido, pensa-se também na liberdade de Rute, que seguiu com Noemi para Belém de Judá porque assim decidiu acompanhá-la (Rt 1,16-22) e resolveu descer à eira de Booz por perceber a chance da manutenção de sua vida e da sogra (Rt 3,6-17). Em todo momento, Rute foi livre para decidir o que fazer.

A liberdade está nas entrelinhas da narrativa de Jael: a tribo dos quenitas (Jz 1,16) era aparentada com Moisés e se somara a Judá (Nm 24,21; 32,12; Js 14,6.14; 15,17). Em algum momento, a família de Héber deve ter deixado Judá para ir para o norte. Ainda, o rei com quem Héber entrara em tratado era Jabín, rei de Hazor, o principal opressor de Israel naquele tempo (Jz 4,2). Não se diz se Jael concorda com essa aliança. No entanto, isto se mostra em ação. Vista por esse ângulo, a coragem de Jael na liberdade para agir como queira se potencializa, visto que desobedecera ao marido para livrar Israel de Jabín, matando seu general, Sísara.

Nas linhas também se percebe um detalhe importante: Sísara pediu água, Jael deu-lhe leite (Jz 4,19). Na verdade, uma espécie de coalhada (חָלָב), servida por Jael em um odre (נֹאוד), feito do couro do animal. Débora, no entanto, conta que a bebida foi servida em taça de príncipes (סֵפֶל אַדִּירִים), o que enaltece o ato extraordinário de Jael. Simbolicamente, se o nome Jael abarca o campo semântico da liberdade das cabras selvagens montesinas, estaria ela já ali dando de si – o leite – a Sísara, não como submissa, mas para depois mostrar qual era sua verdadeira intenção em fazê-lo.

Apesar do caráter insólito do que acontecera, Jael vai ao encontro de Barac (no campo de batalha?) e mostrará seu feito (Jz 4,22) – o cadáver de Sísara – àquele que, em circunstâncias normais e típicas, deveria se encarregar da morte do inimigo.[377] Mostrar o cadáver do inimigo ao homem encarregado da batalha pode ter o caráter e a finalidade tanto de certificar o valor da ação de Jael à autoridade competente quanto de restaurar a ordem hierárquica e dar a palavra final ao homem a cargo da segurança do povo para que Jael possa ser, novamente, "mulher", e retornar ao seu papel inofensivo ao campo da guerra.[378] No entanto, é a memória de Jael que no cântico de Débora será lembrada por seus feitos extraordinários (Jz 5,24-27).

---

377. Assim como os anciãos de Betúlia em lugar de Judite (Jt 13,15-17).
378. GARCÍA BACHMANN, M. L., Perder la cabeza por una mujer bonita, p. 36.

Não obstante os feitos de Jael e a força e autoridade de Débora, o elemento masculino está sempre em cena ou nos seus bastidores. Não se pode prescindir da presença (e atuação) de Barac no texto, tampouco dos maridos de Débora e de Jael – ambos apontados igualmente na primeira vez que o texto de Juízes cita cada uma: Débora, "mulher de Lapidot" (Jz 4,4); Jael, "mulher de Héber, o quenita" (Jz 4,17). Apesar de tudo, a vitória dos israelitas sobre Jabín, rei de Canaã, é atribuída a *Elohim* (Jz 4,23). Através da instrumentalidade de mulher e homem, em um conjunto de forças que reuniu a autoridade da palavra de Débora sobre o povo e sobre Barac (Jz 4,6-9.14), ocorreu a eficácia do comando de Barac sobre dez mil homens contra o exército de Sísara (Jz 4,10.15-16) e a coragem de Jael para matar Sísara (Jz 4,17-22).

Jael, a quenita, é uma estrangeira que, por sua coragem, torna-se valiosa para todo o povo "do tempo dos juízes", assim como é Rute, a moabita para toda a Belém de Judá. Ambas são apresentadas como prosélitas por conhecerem e abraçarem a fé em YHWH: Jael, por sua tribo estar relacionada a Israel através do casamento de Moisés com a filha de Jetro; Rute, por estar em uma família de belemitas de Judá. As duas também são louvadas como "abençoadas" por suas atitudes: a primeira, por duas vezes, no cântico de Débora (Jz 5,24); a segunda, também por duas vezes: por Booz na eira (Rt 3,11), devido ao seu comportamento e atitude e, pelas mulheres belemitas, por seu afeto e dedicação à sogra (Rt 4,15: "tua nora, que te ama, te é melhor do que sete filhos"). Ambas – Jael e Rute – venceram suas próprias batalhas: a manutenção da vida através da proteção de YHWH.

Heroínas bíblicas: o prestígio da mulher na monarquia davídica e na sabedoria

A força das mulheres perpassa o "tempo dos juízes" e tem sua continuidade na monarquia davídica apresentada nos livros de Samuel: ditos e feitos as tornam modelo de virtude e comportamento, a ponto de serem desejadas por homens e comparadas a um bem de grande valor encontrado (Pr 18,22). Adicione-se o fato de que as mulheres geram e, por isso, têm em si o poder da vida e da morte e, com sua astúcia feminina, através de ações e palavras, têm o poder de, muitas vezes, evitar a morte e preservar a vida.

Por sua perspicácia quanto às atitudes tomadas em meio às situações que enfrenta, Abigail é uma das mulheres nomeadas nos livros de Samuel que se encaixa no perfil de mulher sábia[379] (1Sm 25). Abigail, mulher de Nabal, evita que

---

379. BERGER, Y., Ruth and Inner-Biblical Allusion, p. 253-272.

Davi o mate imediatamente à sua falta para com o rei. No entanto, pouco tempo depois, Nabal morre. Viúva, Davi manda trazer Abigail e esta se torna uma de suas esposas. Ainda nos livros de Samuel, outras duas mulheres, embora não nomeadas (2Sm 14,1-24; 2Sm 20,14-22), recebem o epíteto de *mulher sábia* (אִשָּׁה חֲכָמָה) por seus feitos que redundam, em última análise, em benefícios a Davi.

Uma dessas mulheres na dinastia davídica é uma heroína anônima e que exerce autoridade sobre toda a cidade de Abel Bet Maacá. A mulher fala de igual para igual com o chefe dos exércitos de Davi, Joab, que destruiria a cidade devido a um homem, Seba, que se rebelara contra Davi e estava na cidade. Joab atende ao pedido desta "mulher sábia"[380] e recua de sua empreitada de destruição. Note-se que ela tem poder para mediar entre Joab e todo o povo da cidade que, em seguida, entrega a cabeça de Seba pelo muro (2Sm 20,14-22). Assim, mulheres sábias vão permeando a monarquia, algumas nomeadas, outras anônimas.

Quanto aos textos da sabedoria propriamente ditos, e como se fazer para alcançá-la, o livro de Provérbios deixa claro seu objetivo: temer a YHWH é o princípio (רֵאשִׁית) da aquisição do conhecimento e a melhor parte da sabedoria[381] (Pr 1,7; 2,5; 9,10). Para tanto, seus ensinos e máximas pretendem inculcar no homem como agir sendo sábio. Conforme a sabedoria no homem se desenvolve, o temor de YHWH torna-se uma consciência cognitiva daquilo que YHWH deseja e realiza – assim, este temor equivale ao conhecimento de YHWH.[382] O aconselhamento para que se alcance a sabedoria é sempre dado ao filho homem,[383] principalmente no primeiro bloco (Pr 1–9), com as referências ao "filho meu" que não deve rejeitar a instrução.[384] Não obstante, a conclusão do livro apresenta não o ideal de homem sábio – mas um poema didático que louva a energia, o talento econômico e as virtudes pessoais de uma mulher que alcançou a sabedoria com seu comportamento e temor de YHWH.[385]

---

380. Assim o narrador a denomina (2Sm 20,16.22). Para se referir a si mesma, a mulher se intitula "uma das pacíficas e fiéis em Israel" (2Sm 20,19).

381. BERLIN, A.; ZVI BRETTLER, M. (Eds.). The Jewish Study Bible, p. 1449-1450. Os autores apontam a discussão entre os exegetas judaicos acerca deste princípio (רֵאשִׁית). Os textos nos quais o campo semântico de רֵאשִׁית surge dá margem a ambas as interpretações. No livro de Provérbios, um sentido é complementar ao outro e permite uma hermenêutica completa acerca do temor de YHWH como princípio de vida e para a vida.

382. BERLIN, A.; ZVI BRETTLER, M. (Eds.), The Jewish Study Bible, p. 1450.

383. Pr 1,8.10.15; 2,1; 3,1.11.21; 4,10.20; 5,1.20; 6,1.3.20; 7,1; 8,4.31; 13,22; 15,11; 17,6; 19,27; 23,15.19.26; 24,13.21; 27,11; 30,17; 31,5.8.

384. Com um destaque especial a duas referências nas quais a instrução da mãe é equiparada à do pai (Pr 1,8; 6,20).

385. BERLIN, A.; ZVI BRETTLER, M. (Eds.), The Jewish Study Bible, p. 1497. Os autores apontam o costume de que o poema é tradicionalmente recitado por homens judeus às suas esposas na tarde do Sabbath,

A personificação feminina da Sabedoria (Pr 8,1–9,12) em um mundo que é percebido como patriarcal, e a apropriação do elemento feminino como detentor e culminância da mesma (Pr 31,10-31) chama atenção e corrobora para o fato de apontar a mulher como par idôneo do homem, como imprescindível à construção, à manutenção e à transmissão do conhecimento para as próximas gerações. Posta em contraste com a "senhora insensatez" (Pr 9,13-18), a Sabedoria habita com a prudência, possui o conhecimento e a reflexão (Pr 8,12), elementos encontrados ao longo da história de Israel em várias personagens femininas.

Uma heroína na monarquia – Abigail

Ainda que o narrador no prólogo do livro de Rute queira apontar ao ouvinte-leitor um enredo cuja temporalidade é a dos juízes em Israel, o epílogo relaciona-se intrinsecamente à monarquia – davídica. Elementos comuns ou de contraste podem ser apontados ao longo dos livros de Samuel[386]. Um fato que merece destaque é a acolhida dos pais de Davi pelos moabitas, providenciando-lhes refúgio quando estavam em perigo (1Sm 22,3-4). Entretanto, em outra ocasião, inesperadamente Davi tratará os moabitas humilhando-os com extrema crueldade (2Sm 8,2), retribuindo, assim, a acolhida dos moabitas a seus pais com subserviência imposta, sem razão alguma apresentada pelo narrador para este comportamento.

Esta relação do livro de Rute com a monarquia davídica apresentada nos livros de Samuel também abarca o comportamento de algumas mulheres fortes, consideradas sábias. De todas as mulheres no Antigo Testamento, tomadas como modelos para uma análise intertextual, é a gesta de Abigail, mulher de Nabal, em 1Sm 25, que possui paralelos em nível vocabular – e não apenas temático – e que a aproxima, no livro de Rute, a Rt 2 e, de modo especial, a Rt 3, pois é no encontro de Rute e Booz na eira que mais se descortinam similitudes[387] com o encontro entre Abigail e Davi:[388]

---

antes do *Kiddush* (a santificação do *Sabbath* na bênção recitada sobre o vinho) e também em funerais de mulheres.

386. BERGER, Y., Ruth and Inner-Biblical Allusion, p. 253-272.

387. Esta aproximação entre as cenas de Rute e Booz e Abigail e Davi oferecem similitudes quanto ao gênero literário do jogo de sedução, como se pode ver no tópico 2.5.2 desta tese.

388. J. McKeown (Ruth, p. 84-85) aponta que, tomando-se o livro de Rute já nos primeiros versos, encontram-se paralelos: o modo como Nabal é apresentado (1Sm 25,2-3) é similar a Elimelec (Rt 1,1-2): as referências geográficas (um homem da terra de...) seguidas dos seus nomes e das esposas; além disso, a "saída" da narrativa também é similar: ambos têm sua morte anunciada de modo rápido pelo narrador (1Sm 25,38-39a//Rt 1,3).

Rt 3 – Rute e Booz	1Sm 25 – Abigail e Davi (Nabal)
Rute desce [יָרַד] furtivamente até a eira de Booz (Rt 3,6)	Abigail desce [יָרַד] ao encontro de Davi encoberta pelo monte (1Sm 25,20)
Rute aguarda, pela ordem de Noemi, que ele coma, beba e fique contente [וַיֹּאכַל וַיֵּשְׁתְּ וַיִּיטַב לִבּוֹ] do fruto de seu trabalho no campo (Rt 3,7)	Abigail age para tentar controlar a situação, enquanto Nabal come, bebe e tem contentamento כְּמִשְׁתֵּה הַמֶּלֶךְ וְלֵב נָבָל] טוֹב] do seu trabalho (1Sm 25,36)
Rute se deita aos pés [מַרְגְּלֹתָיו וַתִּשְׁכָּב] de Booz (Rt 3,7)	Abigail lança-se aos pés [וַתִּפֹּל עַל־רַגְלָיו] de Davi (1Sm 25,24)
Rute pede a Booz que exerça o direito de *goel*, tomando-a como mulher [וּפָרַשְׂתָּ כְנָפֶךָ עַל־אֲמָתְךָ]: "estende tua capa" (Rt 3,9)	Abigail "pede" a Davi que a tome como mulher [וְזָכַרְתָּ אֶת־אֲמָתֶךָ]: "derrames o sangue... lembrar-te-ás da tua serva" (1Sm 25,31)
Ao falar com Booz a primeira vez (Rt 2,13), Rute se denomina "tua serva" [שִׁפְחָתֶךָ], não sendo ainda como uma das tuas "servas" [שִׁפְחֹתֶיךָ]; em Rt 3,9, ela se diz "tua serva" [אֲמָתֶךָ]	Abigail denomina-se "serva" por quatro vezes em, ao falar com Davi: 1) אֲמָתֶךָ (1Sm 25,24-25) שִׁפְחָתְךָ (v. 27) אֲמָתֶךָ (v. 28-31) אֲמָתֶךָ (v. 41)
Booz responde a Rute, abençoando-a (בְּרוּכָה אַתְּ – Rt 3,10)	Davi responde a Abigail, abençoando-a (וּבְרוּכָה אָתְּ – 1Sm 25,33)
Finalmente, tanto Booz quanto Davi tomam para si as viúvas e as têm por mulheres (Rt 4,13//1Sm 25,39-42).[389]	

Abigail e Rute são mulheres que utilizam sua sabedoria prática adquirida no cotidiano para sobreviver em circunstâncias difíceis.[390] Nisto são semelhantes. No entanto, é possível fazer um contraste, apontando diferenças entre ambas no que diz respeito ao caráter e à bondade. Neste sentido, algumas atitudes de Abigail em relação a Nabal e diante de Davi podem elevar e enaltecer o comportamento de Rute, configurando uma antítese. Observa-se Abigail referir-se ao marido com palavras negativas (1Sm 25,25), insinuar-se diante de Davi ainda casada (1Sm

---

389. BERGER, Y., Ruth and Inner-Biblical Allusion, p. 259,267-268. O autor faz, ainda, paralelos específicos de 1Sm 25 com Rt 1 e Rt 2.

390. McKEOWN, J., Ruth, p. 84-85.

25,31) e ser uma espécie de cúmplice com Davi para matar Nabal (1Sm 25,31), o que sugeririam maquinações obscuras da esposa de Nabal.³⁹¹

Por outro lado, percebe-se em Rute a integridade moral de uma jovem mulher de Moab. Neste mesmo caminho, a dignidade e o respeito de Booz para com Rute na eira em Rt 3 estabelecem contrastes com o modo como Davi trata as mulheres. Tomando um exemplo, no episódio com Betsabeia (2Sm 11,1-27), observa-se que o comportamento de Davi, em relação a ela, demonstra que o maior rei de Israel é um modelo paupérrimo em matéria de bondade e generosidade, ou qualquer valor positivo de caráter, enquanto Booz apresenta um comportamento exemplar no trato com Rute.

Uma heroína da Sabedoria – a mulher de força/valor de Pr 31,10-31

A mulher "anônima" de Pr 31,10-31 e Rute são comparáveis no que demonstram e conquistam, por serem referenciais de comportamento: ambas são capazes e fortes, apresentam lealdade à família, desenvoltura, são mulheres de ação e de grande capacidade de trabalho e, por tudo isso, são merecedoras de louvor e reconhecimento por parte de seus pares, dos pertencentes à família e de todos que percebem seu valor.³⁹² Além disso, é possível a relação entre ambas devido ao termo apenas a elas dedicado: uma mulher de força/valor (אֵשֶׁת חַיִל). Ainda, ambas possuem pares masculinos à altura delas, homens que discutem à porta da cidade (Pr 31,23; Rt 4,1-12), os quais reafirmam a importância das mesmas – o marido sábio da mulher de Pr 31,10-31 e o justo e digno Booz.

Como uma costura que une todos os fios que perpassam o livro de Provérbios, as virtudes apresentadas nesta mulher anônima e paradigmática são como referências para o homem ideal (também). Dois fatos são dignos de nota quanto a esta mulher: a) contrária à noção comum do *status* da mulher no mundo antigo, a mulher de Pr 31,10-31 possui uma independência considerável, interagindo com pessoas de fora do domínio doméstico para conduzir e realizar seus negócios, o que permite a seu marido exercer negócios cívicos, junto aos anciãos, à porta da cidade, como um juiz (Pr 31,23); b) apesar de ser vista muitas vezes como uma alegoria à sabedoria, personificada no próprio livro de Provérbios (Pr 9,1-12), esta mulher em tela possui um marido e filhos – dado mais humano, ainda que ideal,³⁹³ que alegórico.

---

391. BERGER, Y., Ruth and Inner-Biblical Allusion, p. 267-269; McKEOWN, J., Ruth, p. 84-85
392. GOH, S. T. S., Ruth as a Superior Woman of חַיִל?, p. 487-500.
393. BERLIN, A.; ZVI BRETTLER, M. (Eds.), The Jewish Study Bible, p. 1497.

Pr 31,10 traz a indagação: "uma mulher de força/valor (אֵשֶׁת־חַיִל),³⁹⁴ quem encontra?³⁹⁵ Pois é muito além do que corais o seu valor" (אֵשֶׁת־חַיִל מִי יִמְצָא וְרָחֹק מִפְּנִינִים מִכְרָהּ). A pergunta com que inicia o verso (Pr 31,10a), à luz de Pr 20,6 (muitos homens proclamam a própria bondade, mas o homem fiel quem encontra?),³⁹⁶ abarca o campo semântico do valor, não da raridade.³⁹⁷ Deste modo, é grande a possibilidade dessa mulher cujo valor "é muito além do que corais"³⁹⁸ ser encontrada pelo homem que a procurar diligentemente, condição análoga àquele que deve procurar a sabedoria (com diligência) até encontrá-la e, assim, alcançar a alegria de tê-la consigo.

A "mulher de força/valor" (אֵשֶׁת־חַיִל) é expressão referente à força de toda sorte, coragem física,³⁹⁹ em influência social, em riqueza, ou em ética pessoal e poder intelectual, como se encontra no texto. Todas as virtudes e talentos repousam em uma profunda e sólida força de caráter. Isso se percebe em como o poema vai-se desenvolvendo em um crescendo que culminará no louvor do esposo (Pr 31,29) e dos filhos (Pr 31,28), no temor de YHWH alcançado e motivador do louvor (Pr 31,30) e no louvor das obras desta mulher por todos aqueles que a estiverem observando à porta da cidade (Pr 31,31) – o mesmo lugar onde seu marido exerce a função.

O temor de YHWH, sempre utilizado ao longo do livro de Provérbios como expressão construta,⁴⁰⁰ é a culminância das virtudes desta mulher de força/valor, justamente como o ponto inicial da sua aquisição, junto à sabedoria (Pr 1,7; 9,10) e seu ponto máximo (Pr 2,5). Em suma, o "hino à mulher

---

394. A relação entre mulher e força/valor é construta, assim como em Rt 3,11, por isso optou-se pela tradução "mulher de força/valor".

395. O verbo encontra-se no *qatal*, por isso optou-se por um presente com uma espécie de "intenção contínua", devido à força semântica de מָצָא, e não um futuro, como é traduzido na maioria das bíblias em língua portuguesa.

396. A sentença hebraica é: "רָב־אָדָם יִקְרָא אִישׁ חַסְדּוֹ וְאִישׁ אֱמוּנִים מִי יִמְצָא".

397. BERLIN, A.; ZVI BRETTLER, M. (Eds.). The Jewish Study Bible, p. 1497.

398. O jogo enfático que há entre o adjetivo masculino singular absoluto וְרָחֹק (distância, além) e a preposição מִן (mais do que) potencializa o valor desta mulher, elevando-a acima de finas joias compostas por corais, fazendo assim com que o homem tenha ainda mais desejo de encontrá-la.

399. Esta coragem alcança, também, o valor semântico característico do que é bélico, isto é, a coragem militar, sendo: 1) a coragem para estar em campo de batalha, como se pode perceber em Débora; ou b) a coragem para pegar em armas para defender-se, tendo como exemplos Jael e Judite.

400. O vocábulo temor, como substantivo feminino – יִרְאָה (Pr 1,7.29; 2,5; 8,13; 9,10; 10,27; 14,26.27; 15,16.33; 16,6; 19,23; 22,4; 23,17), não ocorre no livro de Provérbios fora da relação construta com YHWH. Como adjetivo feminino – יְרֵא ocorre em relação construta com YHWH em Pr 14,2; 31,30 (em Pr 13,13 ocorre sem esta relação). As ocorrências do verbo temer – יָרֵא – também são ligadas a YHWH como complemento direto em Pr 3,7; 24,21. Em Pr 3,25; 14,16; 31,21 o verbo não faz trânsito direto com YHWH.

forte",⁴⁰¹ através do poema alfabético, aponta a totalidade das características práticas e morais que aquele(a) que é sábio(a) deve possuir. Percebe-se a intencionalidade do autor na pergunta inicial que traz o mote em Pr 31,10-31, como réplica direta ao questionamento de Pr 20,6 que impõe uma resposta implícita: ao ser encontrado um homem fiel, encontra-se uma mulher forte, em paridade com ele.

Numa sociedade que é tida como fortemente patriarcal, instiga encontrar a construção poética dessa anônima mulher-modelo de Pr 31,10-31, precedida por outra mulher sábia e real: a mãe do rei Lemuel (Pr 31,1-9). Uma hermenêutica possível do texto pelo ouvinte-leitor pode partir de uma comparação da seguinte forma: assim como a Sabedoria é melhor do que as joias (Pr 8,11), assim uma mulher forte vale também mais do que pérolas. Essa mulher forte faz o que o bom israelita [o homem] deve fazer: estende a mão aos pobres e auxilia os necessitados. Fala com sabedoria e com bondade. É inteligente, prudente, e sabe julgar [o julgamento cabe ao universo masculino, quando se assenta às portas da cidade, ou quando precisa tomar uma decisão para o beneficiamento de sua família], mulher que possui bom-senso para os negócios⁴⁰² [no trato com os homens da cidade, os mercadores], que merece o respeito não só da família, mas também dos oficiais da cidade.⁴⁰³

Não apenas o fato de ser uma "mulher de força/valor" (אֵשֶׁת־חַיִל) relaciona Rute à mulher de Pr 31,10-31. Outros termos e atitudes as aproximam:⁴⁰⁴

A mulher de Pr 31,10-31	Rute
Dá provimento à sua casa (marido e filhos) de alimento e de roupas (Pr 31,11-27).	Dá provimento à sua sogra de alimento (Rt 2,18).
Seus feitos merecem o louvor da assembleia na porta da cidade (Pr 31,23.31).	Seus feitos são afirmados no campo (Rt 2,6-7) e por toda a cidade (Rt 3,11) e recebem louvor na assembleia dos anciãos na porta da cidade (Rt 4,12).

---

401. PINTO, S., Proverbi, p. 281.

402. Heródoto (Histórias II) esta também é uma prática das mulheres egípcias, as quais vão aos mercados a fim de negociar com os homens para o provimento de suas casas.

403. LAFFEY, A., Introdução ao Antigo Testamento, p. 279-280.

404. GOH, S. T. S., Ruth as a Superior Woman of חַיִל?, p. 489-492; PINTO, S., Proverbi, p. 281-290.

Não apenas dá ensinamento de bondade e generosidade (חֶסֶד em Pr 31,26b), como também pratica (Pr 31,20).	Seu primeiro ato de bondade e generosidade, (חֶסֶד) do ponto de vista de Booz, é acompanhar Noemi (Rt 1,16-17); o segundo e maior de todos, é não ir atrás de homens jovens, ricos ou pobres (Rt 3,10), mas escolhê-lo – a Booz, para ser tomada por ele como mulher.
É superior a muitas "filhas" (בָּנוֹת) que procedem virtuosamente (חַיִל), sobrepujando a todas (Pr 31,29).	É a "filha" (בַּת) louvada por Booz por escolher tê-lo como resgatador e, consequentemente, marido (Rt 3,10-11).

Ainda, as duas "heroínas" em suas gestas possuem atitudes similares diante de YHWH: a mulher de Pr 31,10-31 é caracterizada por seu temor a YHWH (Pr 31,30), a atitude central da sabedoria, referida como a lealdade ou o comprometimento com YHWH; Rute exemplifica esta virtude, desejando ter YHWH como seu Deus (Rt 1,16) e nele buscando refúgio (Rt 2,12). Ambas são vistas como mediadoras das bênçãos de Deus: em Provérbios, uma mulher de força (אֵשֶׁת־חַיִל) é um presente especial de YHWH (Pr 12,4): pela virtude e pelo temor de YHWH, a mulher de Pr 31,10-31 traz prosperidade à sua casa (Pr 31,11-22.24); o mesmo pode-se dizer de Rute, pois é através dela que Noemi recebe as bênçãos de Deus do alimento (Rt 3,17) e, mais importante, um descendente como filho (Rt 4,17).

Embora sejam encontradas todas essas semelhanças e possibilidades de leitura do ponto de vista intertextual entre a mulher de Pr 31,10-31 e Rute, duas diferenças básicas e muito próximas da realidade da vida as separam.[405]

A primeira diz respeito à "mulher de força" que são em relação à sua condição emocional: A mulher de Pr 31,10-31 tem marido e filhos que lhe oferecem suporte; Rute é viúva e sem filhos e tem uma sogra amargurada e que sente afligida por YHWH (Rt 1,20-21). Forças não se medem, mas no que tange ao suporte, Rute precisou buscar forças em si mesma e em YHWH.

A segunda se dá quanto à condição econômica: a "mulher de força" de Pr 31,10-31 tem "um preço" incalculável (Pr 31,10), seu marido de nada tem falta (Pr 31,11b), alguns dos víveres de sua despensa podem ser importados (Pr 31,13-14) e ela possui servas que lhe auxiliam no serviço da casa (Pr 31,15c), indicativos de que esta mulher pertence a uma família abastada.[406]

---

[405]. GOH, S. T. S., Ruth as a Superior Woman of חַיִל?, p. 492-493.

[406]. YODER, C. R., A Study of Women in the Socioeconomic Context of Proverbs 1–9 and 31:10-31; YODER, C. R., Wisdom as a Woman of Substance, p. 39-58. A autora aponta a possibilidade do contexto social de produção de Pr 31,10-31 ser a reconstrução do mundo socioeconômico da Palestina no período persa.

Rute, por sua vez, é uma "mulher de força" (אֵשֶׁת־חַיִל), porém pobre, que precisa viver respigando nos campos (Rt 2,2) e nem como uma das servas de Booz é contada (Rt 2,13), não tendo nenhuma estabilidade de trabalho quando vai respigar. Olhar para Rute é olhar para a virtude e para a força de lutar de uma mulher sozinha, uma heroína, que em momento algum se lamenta de sua condição.

Heroínas extrabíblicas: o prestígio da mulher na literatura grega

Os poemas homéricos tratam de várias mulheres como protagonistas de cenas, muitas vezes caracterizadas como heroínas ou deusas. A estas são dadas a vez de terem suas vontades concedidas e a voz para que sejam ouvidas por seus maridos ou personagens masculinos que participem do texto. O trecho da *Ilíada* IV, 21-42,[407] cujo ambiente é o Olimpo, serve de exemplo, no qual se pode perceber a postura de não submissão da deusa Hera a seu esposo, Zeus, no momento em que ela se dirige a ele e o censura por este querer fazer a paz imperar, trazendo de volta Helena ao seu esposo, Menelau, após ser levada – sem apresentar resistência – para Troia. Ainda no trecho, percebe-se a concessão de Zeus para que Hera aja como bem lhe parecer:

> Falou [Zeus]. Atena e Hera murmuraram. Ambas
> Sentadas juntas conspiravam, adversárias
> De Troia. Atena, ao pai Zeus reverente cala,
> Encruando a raiva. Hera, no entanto, incontida,
> Explode: "Cruel filho de Cronos, mas que falas
> São essas? Queres pôr o que fiz a perder?
> Meu suor e meu trabalho, meus dois estafados
> Cavalos, todo o esforço posto em unir Gregos,
> Juntá-los para a ruína de Príamo e seus filhos?
> Faze o que queres, mas de encontro aos outros deuses!"
> Indignando-se Zeus, junta-nuvens, responde:
> "Demônio de mulher! Que te fizeram Príamo
> E seus filhos, para tanta fúria te infundir
> E à ruína de Ílion, bem construída, te mover?
> [...] Faze, pois,

---

407. HOMÈRE, Iliade, 1987 (Tome I). Edição crítica das obras homéricas, em grego-francês, utilizada como documentação textual referente aos estudos de Antiguidade. Para tornar escorreita a leitura, neste bloco, das heroínas extrabíblicas, far-se-á a referência bibliográfica em nota quando da primeira citação ou quando necessário e, utilizar-se-á, no texto da tese, a localização dos textos, conforme se fazem as referências bíblicas.

O que quiseres! Basta de tanta querela.
Mas põe na tua cabeça: quando a mim me der gana
De destroçar cidade onde tenhas amigos,
Não tentes reprimir meus ímpetos. Agora,
A contragosto, sou em quem te libera
Para agir a teu grado (*Ilíada* IV, 20-43).[408]

A *Ilíada* é uma poesia épica atribuída a Homero, a partir de um texto oral que pode remontar ao século XI a.C. e tradicionalmente datada pelos estudiosos até então como obra escrita entre os séculos IX e VIII a.C., sendo compilada à época do governo do tirano Pisístrato em Atenas (546-527 a.C.). O ambiente e a temporalidade da narrativa se dão no nono ano da guerra de Troia, entre uma sociedade aristocrática de heróis-guerreiros, os quais vão até às últimas consequências – à morte – para defender sua honra e a terra de seus ancestrais. A partir da cólera do "Peleio Aquiles", o melhor guerreiro entre os gregos, e de sua desavença com Agamêmnon, rei-comandante dos gregos, dão-se as peripécias de uma narrativa que quer mostrar como se constrói a figura do herói-guerreiro. Por conta disto, o ambiente da *Ilíada* é, na maioria da épica, externo e em campo de batalha. Em paridade a estes heróis-guerreiros, vê-se, na épica, mulheres fortes, embora não bélicas.

No trecho seleto acima, cabe questionar, pensando-se na circulação da *Ilíada* e em sua compilação no século VI a.C.: a atitude de Hera representaria o comportamento das mulheres na sociedade grega entre os séculos VII-V a.C.? Ou o modelo feminino idealizado pelos gregos apresentava alguns distanciamentos em relação ao comportamento das deusas? O que se tem em mente é que este modelo do mundo divino entrava na experiência social como um controlador de tensões na medida em que as esposas tinham nas deusas a concretização de algumas de suas aspirações. Deste modo, haveria um rompimento do modelo da mulher que, em *tudo* subserviente, sem questionar e calada ao máximo, servia ao seu marido, sendo trabalhadora incansável dentro de casa e desta cuidando. Essa mulher – a subserviente – na cultura grega, é considerada a mulher-abelha (μέλισσα), ou, a partir do vocábulo grego próprio, a mulher do "modelo *mélissa*".[409]

Esse "modelo *mélissa*", no século V a.C., sofreu alguns embates nas tragédias gregas. Sófocles (496-405 a.C.) é o primeiro a fazê-lo com a peça *Antígona* (ca. 442 a.C.): a filha de Édipo, Antígona, como o nome diz, foi contra seu próprio *genos* (seus parentes) ao querer sepultar dignamente seu irmão Polinices, que lu-

---

408. A tradução do trecho é de CAMPOS, H., *Ilíada* (estudo introdutório), p. 147-148.
409. LESSA, F., *Mulheres de Atenas*, p. 31.

tara contra Etéocles, seu outro irmão, pelo governo de Tebas, e ambos morreram. Etéocles foi sepultado com todas as honras. Polinices, considerado inimigo de Tebas, deveria ser deixado insepulto às aves de rapina e aos cães. Antígona vai até o fim por sua luta, pagando com a própria vida. Insubmissa às leis, e a protagonista é, por isso mesmo, considerada uma heroína por sua força, coragem e determinação pelo que lutava: a dignidade e a igualdade na sepultura dos dois irmãos.

Eurípides (480-406 a.C.) é o maior responsável pelo questionamento e pela tentativa de desconstrução do modelo *mélissa* na Atenas do século V a.C. pela forma como elabora suas heroínas, nunca demonstrando passividade: todas são mulheres de atitude, fortes, em paridade aos personagens homens – esposas, viúvas ou filhas, tendo todas voz nos dramas. O tragediógrafo é conhecido no teatro grego clássico como aquele que introduziu em suas peças as protagonistas femininas. Dentre as dezessete tragédias completas deste autor, apenas cinco não receberam nomes femininos ou não estão ligadas a este universo. Suas tragédias são distribuídas em quatro ciclos:[410] no ciclo Troiano, *As Troianas, Hécuba, Andrômaca* e *Helena*; no ciclo dos Atridas, *Ifigênia em Áulis, Ifigênia em Táuris, Electra* e *Orestes*; no ciclo Ático, *Íon, Medeia, Hipólito Porta-Coroa, As Suplicantes* e *Os Heráclidas* e, finalmente, no ciclo Tebano, *As Bacantes, Héracles Furioso* e *As Fenícias*.

A percepção da mulher forte como par do homem na construção e manutenção da cidade-estado (a *polis*) é sustentada também por Platão (427-347 a.C.) em seu diálogo mais conhecido. Na *República* (380 a.C.), o filósofo apresenta Sócrates (ou será a própria opinião de Platão?) falando do trato e do respeito que deve ser dispensado às mulheres pelos homens. O filósofo utiliza-se de seu argumento dos contrários, comparando tal tratamento ao dispensado aos animais, colocando estes – machos e fêmeas – em posição de igualdade, para que Glauco – seu interlocutor no diálogo – reflita sobre a posição das mulheres como seres em relação de paridade com os homens. Indaga-lhe Sócrates:

> – Está o trabalho dos cães dividido entre os sexos, ou ambos participam igualmente da caça, do serviço de guarda e dos outros deveres caninos? Ou será que confiamos exclusivamente aos machos o cuidado do rebanho e deixamos as fêmeas em casa, na suposição de que os partos e a criação dos filhotes seja ocupação suficiente para elas?
> – Não – disse ele [Glauco] – fazem tudo em comum.
> (*República*, 451d-e).[411]

---

410. BRANDÃO, J., Teatro grego, p. 56-57.
411. PLATON, Oeuvres complètes. Tome VI: La République, livres I-III.

Na continuação do diálogo de Sócrates com Glauco, Platão propõe que a mulher faça parte do quadro de guardiães da cidade, pondo-a claramente, e não através de figuras, na mesma posição dos homens:

> – Tanto homens quanto mulheres possuem as qualidades que fazem um guardião, diferindo apenas quanto à força ou fraqueza relativa.
> – Assim parece.
> – E as mulheres que possuem tais qualidades devem ser escolhidas como companheiras e colegas dos homens da mesma classe, aos quais se assemelham pelo caráter e pelas aptidões?
> – Evidentemente.
> – E não convém dar os mesmos encargos às mesmas naturezas?
> – Os mesmos.
> (*República*, 456a-b).

O argumento de Platão acerca do papel do homem, e da mulher ao seu lado em nível de igualdade e paridade, em um texto de grande circulação no século IV a.C., como a *República*, é a demonstração da possibilidade de um pensamento que circula no Mediterrâneo Antigo e que não causaria estranhamento descabido ao ouvinte-leitor, como não causa a Glauco, o interlocutor do diálogo. Como se observam nos textos analisados em que mulheres bíblicas assumem papéis como pares dos homens, os textos de Platão também teriam acolhida favorável nos ouvintes-leitores do Antigo Israel e do Antigo Oriente Próximo.[412] Vale ressaltar que a *República* era um diálogo utilizado junto aos textos homéricos como base na *paideia* ateniense, ou seja, para a educação dos jovens aristocratas e oligarcas que manteriam e influenciariam a *polis*, sendo nela cidadãos ativos em sua participação na economia e na política.

A heroína de Homero – Arete, a virtude

Arete, a rainha dos Feaces,[413] é sobrinha e esposa do rei Alcínoo, cuja corte é modelo de comportamento e elevação presente na trama da *Odisseia* de Ho-

---

412. Essa informação corrobora o pensamento que perpassa a obra de P. Wajdenbaum (Argonautas do deserto: análise estrutural da Bíblia Hebraica, 2015). O livro é a publicação da tese de doutoramento de Wajdenbaum, na qual aponta que o eneateuco, em grande parte, foi escrito à luz de vários textos de Platão, principalmente da obra As Leis.

413. HOMÈRE, L'Odysée: Poésie Homérique (Tome II). Os Feaces são um povo mítico apresentado nos cantos V–VII da *Odisseia* como uma sociedade modelo quanto aos valores e ao comportamento no trato com os homens e mulheres. Na épica, Odisseu sofre um naufrágio e é encontrado na praia do Reino dos Feaces pela princesa Nausícaa e suas moças. Nausícaa o instruirá a como lidar com a cultura e o comportamento do seu povo, apontando que, para que alcançasse o favor do rei Alcínoo, seu pai, primeiro teria que alcançar o favor da rainha Arete, sua mãe, como se verá adiante.

mero. Sua gesta está contida em boa parte do poema homérico (Cantos VI–XII) quando das peripécias em meio ao regresso de Odisseu a Ítaca, sua terra natal. Chama atenção a caracterização da rainha Arete (seu caráter é imaculado), a qual remete todo o tempo ao significado de seu nome – ἀρετή é a própria virtude, a qualidade de quem é nobre, justo, digno, forte de caráter, ético e belo. Arete é a virtude em pessoa, portando todas estas qualidades em forma de mulher, rainha, esposa e mãe.

O conceito de ἀρετή é intrínseco ao grupo dos ἄριστοι – os bem-nascidos, pertencentes aos "melhores" da sociedade, e se desenvolve a partir do contexto de batalhas da *Ilíada* de Homero, não podendo, nesta, ser dissociado do espírito heroico que se mostra nas lutas e vitórias de cada herói-guerreiro em seus combates. Na *Ilíada*, ἀρετή é a mais alta distinção e o próprio conteúdo da vida desses heróis. Esses pressupostos de valentia e virtude, pois, são plenamente valorizados no período clássico (séculos VI–V a.C.), sendo associados ao princípio vigente do bem e do belo em uma pessoa – o homem de valor.[414] Este é o princípio que rege os participantes da aristocracia: o governo da cidade pelos nobres, pelos melhores.

Homero é o nome que se convencionou para o poeta épico, cuja lenda aponta para um aedo cego nascido em Quios ou em Esmirna, por volta do século VIII a.C. e que recitava oralmente os poemas, cantando-os, por isso, um aedo. Para as questões de autoria dos poemas, surgiu o que se denomina a *Questão Homérica*.[415]

---

414. Este princípio está contido na expressão grega καλοκἀγαθία ou καλὸν τε κἀγατόν e é empregada a partir dos textos gregos do período clássico, principalmente nas obras de Xenofonte, Platão e Aristóteles. Apesar disto, Homero já designa, na *Ilíada*, o paradigma do herói-guerreiro a partir da sua beleza corporal e da sua nobreza, mesmo não utilizando o termo καλὸν τε κἀγατόν propriamente. É o helenista Jean-Pierre Vernant que, em seus estudos sobre Homero (Entre mito e política, 2002, p. 414-419.), apontará os heróis-guerreiros como καλοὶ καὶ ἀγαθοί. A expressão formada a partir dos adjetivos καλός belo e ἀγαθός bom, nobre, ligados por και, ou τε, e, ou ambos, desempenha um importante papel na formulação de muitas concepções éticas, sociais e (num sentido muito amplo de) políticas da Antiguidade. Literalmente, equivale à fórmula de qualidade "beleza e bondade". Ora, "ser belo" significa, primariamente, "ser nobre" enquanto "bom exemplar do próprio tipo". Por isso, o termo καλοκἀγαθία é frequentemente traduzido por "nobreza e bondade", bem como por "honra". Com efeito, o καλοκἀγαθός é um modelo do homem honrado, nobre e bom e, portanto, o bom cidadão. Esse sentido cívico está presente em Xenofonte, Platão e Aristóteles. Nestes, a noção de καλοκἀγαθία é uma noção educativa, na medida em que exprime a ideia da boa educação oposta à ideia do poder puro e simples. Ela é, em grande parte, a justificação "educativa" do poder. O homem καλοκἀγαθός é aquele que exerce o poder de um modo intimamente ligado à justiça. Por isso, o καλοκἀγαθός é, ao mesmo tempo, o homem justo.

415. A Questão Homérica é formulada a partir da seguinte inquietação: quem é o autor da *Ilíada* e da *Odisseia* e como essas obras chegaram ao texto final? Diógenes de Laércio (I, 57) fala de interpolações realizadas por Pisístrato no texto homérico. Quanto ao autor das obras, as respostas são variadas, reduzindo-se todas elas a três teses principais: a unitarista (um só é o autor principal dos poemas homéricos), a dualista (dois poetas diferentes trabalhando na mesma tradição) e a pluralista (são vários os autores de cada um dos poemas). Quanto à redação dos textos, as correntes de crítica textual dos modernos (século XIX) dividem-se em Teoria da Ampliação (considera-se uma Ilíada primitiva, de pequena extensão, a qual crescera com o decorrer do tempo até alcançar as proporções tradicionais da obra), defendida por G. Hermann,

Histórica e literariamente, torna-se mais adequado dizer "o que foi Homero", isto é, referir-se ao modo de narrar do autor que ressalta as questões humanísticas subjacentes aos textos ao mostrar, por exemplo, em lugar de um acontecimento como o da Guerra de Troia, a cólera de Aquiles, um detalhe na guerra (*Ilíada*), ou no pós-guerra, os sofrimentos de Odisseu, em sua busca desenfreada para salvar a vida e voltar a casa (*Odisseia*).

Com efeito, o poeta da epopeia retrata os homens que representam a elevação da sua cultura e costumes, pois com esses está o seu coração (do poeta); e a exaltação que faz de tais homens tem, em seu âmago, a intenção *paidética* (παιδεία), educativa.[416] Na *Ilíada*, a virtude do herói – a sua ἀρετή – está em sua destreza, força e valentia para o campo de batalha: uma bela vida que pode culminar em uma *bela morte*.[417] Na *Odisseia*, onde Arete surge, o ideal herdado da destreza guerreira une-se às virtudes espirituais e sociais, tendo como modelo o herói a quem não falta o conselho inteligente – Odisseu – que, na luta pela vida e na volta ao lar, sai sempre triunfante dos perigos e dos inimigos. Esse conselho inteligente também se mostra na esposa de Odisseu, Penélope, e na rainha Arete, cuja fala é acatada pelos anciãos e conselheiros do rei e pelo próprio esposo, Alcínoo (*Odisseia* XII, 336-340), representando, assim, um argumento de autoridade diante dos nobres e, também, diante do próprio povo.

Na cultura aristocrática, a ἀρετή própria da mulher é a formosura, em que o culto à beleza feminina corresponde à formação cortesã nesta sociedade. Não obstante, a *Odisseia* apresenta mulheres que surgem não apenas como objeto da solicitação erótica do homem, como Helena, esposa de Menelau e raptada por

---

Teoria dos Cantos (a *Ilíada* continha cerca de dezesseis cantos individuais, divididos por K. Lachmann), e a Teoria da Compilação (tanto a *Ilíada* quanto a *Odisseia* não eram cantos, e sim pequenas epopeias de diversas proporções e valor também diverso), desenvolvida a partir da análise de A. Kirchhoff (LESKY, 1995, p. 51-52), problema que tem preocupado especialistas, desde os gregos eruditos do período helenístico – os primeiros a cogitar a questão – até os nossos dias, ainda que para alguns autores a principal questão não é pensar quem foi Homero e quando as obras foram convertidas da tradição oral e compiladas na tradição escrita, e, sim, o que foi Homero. Dadas as diferenças do meio e da estrutura social, a diferença de tema e as diferenças vocabulares e estilísticas da *Ilíada* e da *Odisseia*, parece legítimo concluir que os dois poemas foram compostos por diferentes poetas em tempos e lugares distintos. O tema é discutido entre historiadores, literatos e linguistas, tais como G. S. Kirk (1965), R. Aubreton (1956), D. Schüler (1972), M. Finley (1981), W. Burkert (1993), A. Lesky (1995) e todos os que veem o valor da obra homérica para a própria construção e fixação de valores tais como ética, preceitos morais e princípios guerreiros, como a defesa da honra e, ainda, o conceito de ἀρετή, junto à sociedade ocidental.

416. W. JAEGER, Paideia: a formação do homem grego, 2003, p. 44.

417. VERNANT, J-P., L'individu, la mort, l'amour; VERNANT, J-P., Entre mito e política. Bela morte é um conceito criado e proposto por Jean-Pierre Vernant para o guerreiro que morre em batalha e alcança a glória imperecível, e será imortalizado na memória coletiva de seu povo através dos cantos dos aedos, como ocorreu aos heróis da *Ilíada*.

Páris por sua beleza, ou Penélope,[418] esposa de Odisseu, mas a firme posição social e jurídica de dona de casa. Como na ode à mulher de força/valor em Pr 31,10-31, as virtudes das mulheres gregas compreendem principalmente o sentido da modéstia e o desembaraço no governo do lar. Penélope é louvada por sua moralidade rígida e virtudes caseiras (*Odisseia* XIX, 107-114).

Helena, de volta a Esparta com Menelau, o primeiro marido, aparece como protótipo da grande dama, modelo de elegância distinta e de soberana forma e representação social: ela dirige a conversa ao hóspede homem, suas servas trazem e colocam à sua frente um fuso de ouro e uma roca de prata (instrumentos pertencentes ao modelo feminino grego sem os quais não se concebe uma dona de casa), quando entra e toma assento na sala ao lado dos homens.[419]

Arete é citada pela primeira vez na *Odisseia* por boca de Odisseu, no seu encontro com a princesa Nausícaa, filha de Arete (*Odisseia* VI, 154). Odisseu menciona o porte, a postura e a beleza da princesa e declara, como por prolepse, venturosa por três vezes a sua *nobre* mãe (πότνια μήτηρ), ainda que não a conheça. Nausícaa está na praia, com suas servas, as quais se assustam por ela estar dialogando com um homem vítima de naufrágio, mas a princesa não se importa e vai descrevendo seu reino, seus costumes para com os estrangeiros e pobres (ξεῖνοί τε πτωχοί τε), considerados aqueles que Zeus envia para que se lhes faça o bem (*Odisseia* VI, 206-210). Odisseu se lava e se veste afastado das moças, a deusa Atená lhe reveste de beleza e a ele é servida uma refeição junto à princesa (*Odisseia* VI, 218-250). Em seguida, Nausícaa orienta Odisseu sobre como deverá se comportar ao chegar à cidade dos feaces, pois ela e suas criadas irão antes, para que não sejam vistas entrando com um estrangeiro na cidade. Finalmente, a princesa lhe diz o que fazer ao chegar ao palácio, a fim de que alcance auxílio e acolhida:

> Atingindo o palácio, entra, atravessa o
> salão. Dirige-te primeiro à minha mãe. Ela deverá
> estar sentada contra a coluna junto à lareira para fiar
> à luz do fogo, espetáculo de encher os olhos. Atrás
> dela poderás ver o trabalho das criadas. Encostado
> à mesma coluna encontra-se a poltrona de meu pai.
> Acomodado nela com imponência divina deverá estar
> ele a provar um cálice de vinho. Deverás passar por ele

---

418. Grande parte da *Odisseia* se dá com Penélope tendo que lidar com a situação dos pretendentes que desejam tomá-la como esposa por sua beleza física e sua firmeza de caráter, visto que se pensa que Odisseu morrera quando do retorno de Troia para Ítaca, seu reino. Os pretendentes só são mortos por Odisseu no último canto (*Odisseia* XXII).

419. JAEGER, W., Paideia, p. 46.

> e abraçar suplicante os joelhos de minha mãe a fim
> de que te seja concedido ver o alegre dia do regresso
> mesmo que vivas longe. Se ela te der acolhida cordial,
> haverá muita probabilidade de veres teus queridos, tua
> casa solidamente construída, tua pátria, tua terra (*Odisseia* VI, 304).

A descrição da corte do rei Alcínoo e das características e estrutura da cidade dos feaces é a pintura fiel de uma cidade-estado jônica sob o domínio de um rei por volta dos séculos VII-V a.C.[420] Cumpre observar, nesta cidade, o influxo das atitudes tomadas por Arete, sua filha Nausícaa e também pela deusa Atená, apontando seu valor na trama e seu cuidado quase materno para que Odisseu retorne ao lar. Assim, a *Odisseia* apresenta sagas heroicas e o mundo do fabuloso e do maravilhoso no qual Atená, em vários trechos, transfigura-se em personagens humanos para auxiliar Odisseu. Também, e com maior força, a *Odisseia* descreve as relações familiares, aproximando o ouvinte-leitor[421] de uma realidade em que este não deixa de estar inserido: sua própria família.

Arete surge novamente na narração de sua origem nobre e sua posição. Atená transfigura-se em um jovem feace que levará Odisseu ao palácio de Alcínoo e, enquanto o conduz, conta-lhe que Arete descende de Poseidon e de Peribeia, imagem sublime entre as mulheres (γυναικῶν εἶδος ἀρίστη). O pai de Arete, Rexenor, foi fulminado pelas flechas de Apolo, e:

> Deixou no palácio uma única filha, Arete.
> Alcínoo tomou-a por mulher e a honrou como
> nunca ninguém honrou outra na face da terra, de
> quantas sob o governo de homens administram
> a casa. Afetuosamente respeitada por seu esposo,
> ela vive com seus filhos e com Alcínoo. O povo
> lhe tributa homenagem e a aclama com palavras
> entusiásticas quando aparece na cidade.
> Conhecida pelo seu bom-senso, concilia mulheres,
> conhecidas suas. Resolve até conflitos de homens
> (*Odisseia* VII, 65-74).

Pelo favor de Arete, Odisseu é acolhido no palácio de Alcínoo e tratado com todas as honras devidas a um hóspede. Ele se recolhe todas as noites em um quarto que lhe é preparado, participa dos banquetes, ouve as gestas dos heróis – e

---

420. JAEGER, W., Paideia, p. 42.
421. JAEGER, W., Paideia, p. 42.

a sua própria da guerra de Troia – pelo aedo[422] Demódoco, emociona-se, e vira aedo de si mesmo, contando suas gestas e todos ouvem embevecidos. Odisseu interrompe o relato, e somente Arete toma a palavra, que será reiterada por Alcínoo e posta em prática pelos nobres (*Odisseia* XI, 336-340), que consideram a rainha muito prudente (περίφρων):[423]

> Que vos parece este homem, feaces, no aspecto, no
> talhe, no equilíbrio das decisões? Ele é meu hospede,
> cada um de vós participa desta honra. Não se pense
> em abreviar-lhe a estada. Não sejais econômicos
> ao presenteá-lo. Ele necessita de muito.
> (*Odisseia* XI, 345).

Se Homero é o educador de toda a Grécia, como afirma Platão (República, 606e), é preciso refletir acerca do aspecto *paidético* da epopeia homérica – mulheres ensinam, são honradas e valorizadas por seus maridos, convivem em ambientes públicos e muitas vezes determinam as ações e tomadas de decisões dos mesmos. Assim, o que o poema homérico, presente como código para a boa formação,[424] pretende inculcar na mente dos jovens que são educados a partir destes valores? A ideia filosófica de bem, no sentido estrito, modelo de validade universal, procede diretamente do modelo da ética da ἀρετή, própria da nobreza homérica presente na *Odisseia*, encarnada por Arete, a rainha dos feaces.[425]

Ainda quanto ao aspecto *paidético*, ao contrário da *Ilíada*, a *Odisseia* acontece em um contexto de paz, com muitas cenas em ambientação interna, o que proporciona a participação efetiva das mulheres na trama. O contexto de paz também coloca a *Odisseia* em um plano mais elevado que a *Ilíada*, em que há ternura, intimidade e refinamento de sentimentos. Esta íntima e profunda civilização é o produto do influxo educador da mulher numa sociedade rudemente masculina, violenta e guerreira.

Em íntima e pessoal relação do herói Odisseu com a deusa Atená, que o orienta nas suas andanças e jamais o abandona, o poder espiritual da mulher como inspiradora e guia acha a sua expressão mais bela,[426] pois, ao longo de toda

---

422. O aedo é aquele que canta as gestas dos heróis, tendo uma memória privilegiada pela grande quantidade de fatos dos quais lembra e, por isso, canta.

423. O adjetivo περίφρων (a que examina por todos os aspectos, que medita a fundo, prudente) é utilizado também para Penélope na epopeia (*Odisseia* XI, 446; XIX, 308, 349).

424. CARPEAUX, O. M., História da civilização ocidental, p. 52.

425. JAEGER, W., Paideia, p. 60.

426. JAEGER, W., Paideia, p. 48.

a trama, Odisseu é guiado por inspirações de Atená, sempre renovadas.[427] O quadro da cultura dos nobres esboçado nos poemas homéricos – principalmente na *Odisseia* – engloba também descrições vivas da educação usual, muitas vezes protagonizadas por mulheres, em tais círculos.[428]

Os homens e mulheres, muito mais na *Odisseia* do que na *Ilíada* de Homero, são tão reais que se poderia vê-los com os olhos e tocá-los com as mãos devido ao contexto de paz e intimidade em que se encontram. Tais personagens são sempre naturais, manifestando a própria essência[429] ao ouvinte-leitor. Por isso, mulheres como Arete, Helena e Penélope estão em íntima conexão com o mundo exterior, pela coerência do pensamento e da ação como mulheres de força e valor. Gestos e expressões exageradas dessas mulheres seriam insuportáveis ao ouvinte-leitor e inadequadas à epopeia. Sua solidez, facilidade de movimentação e coragem, que a nada se pode comparar, fazem delas heroínas e mulheres que seriam encontradas na Grécia arcaica e clássica por um marido de sorte.

Ainda quanto à caracterização da mulher, assim como Arete é a companheira idônea e par perfeito e próximo de Alcínoo, Penélope é quem mais se aproxima do caráter do herói principal na trama, pois, como um *alterego* de Odisseu, também fala com prudência e inteligência e, ainda, é ardilosa. Nesta cultura aristocrática que envolve a épica, à mulher cabe a formosura e a prudência no governo de sua casa. Neste âmbito, Helena é louvada no primeiro quesito[430] e Arete, esposa do rei dos Feaces, no segundo. Com efeito, a mulher é atendida e honrada não só como um ser útil, e na qualidade de mãe dos filhos legítimos, mas acima de tudo porque, nesta sociedade, a mulher pode ser mãe de uma geração ilustre, pois ela é a mantenedora e guardiã dos mais altos costumes e tradições.[431]

Acerca da rainha Arete, para uma mulher cujo nome e pessoa são a própria *virtude*, ἀρετή, tem-se um homem, Alcínoo, aquele *cuja força está no intelecto* (ἀλκή [ἀλκι] + força; νοός – capacidade intelectual). Além disso, o rei é um marido idôneo e compatível à rainha Arete: a primeira vez em que o nome de Alcínoo ocorre na *Odisseia*[432] segue-lhe o epíteto "o de saber divino" (θεῶν ἄπο μήδεα εἰδώς), lembrando-se de que nos poemas homéricos a primeira aparição de um personagem seguida de seu epíteto são marcantes, indicando seu caráter e determinando

---

427. JAEGER, W., Paideia, p. 79.
428. JAEGER, W., Paideia, p. 83.
429. JAEGER, W., Paideia, p. 83.
430. *Ilíada* III, 154-159: a beleza irresistível de Helena se mostra, a fim de justificar o erro de Páris.
431. JAEGER, W., Paideia, p. 47.
432. *Odisseia* VI, 12.

seu comportamento ao longo de todo o texto⁴³³. Ao mesmo tempo em que Arete é a mulher de valor (ἀρετή), torna-se uma mulher de força (ἀλκή). Isso se dá por ser esposa de Alcínoo (ἀλκή+νοός) e correspondente exata em paridade com ele na sua caracterização.

Nos poemas homéricos, os vocábulos ἀλκή e ἀρετή estão profundamente ligados à vida e à imagem do homem (e em mulheres de posição ou heroínas) na sociedade em que está inserido. Neste contexto, ἀρετή não é o conceito puramente abstrato a respeito da virtude, mas essencialmente a excelência, a superioridade, o alvo supremo do herói homérico, que se revela concretamente no campo de batalha, na *Ilíada*, e das lutas com os percalços e vicissitudes da vida, na *Odisseia*, através da coragem e da força,⁴³⁴ cujos heróis e heroínas são a representação do atleta que compete nos jogos em tempos de paz e combate como hoplita (a infantaria) nos tempos de guerra.

A realidade estabelecida na épica homérica também os tragediógrafos conhecem – o que se verá aplicado à mulher na Alceste de Eurípides. Há uma determinação histórica que faz com que alguns sentidos dos vocábulos sejam lidos e outros não,⁴³⁵ isto é, o contexto histórico-social de produção dos textos aplica aos vocábulos do discurso limites de interpretação ligados ao modo como a sociedade em questão os utiliza.⁴³⁶ Na maior parte das ocorrências, a associação da ἀρετή (a virtude) e da ἀλκή (a força) ao universo masculino é um irrefutável exemplo da aplicabilidade deste pressuposto. No entanto, sua utilização para heroínas e personagens femininas dá pistas da possibilidade da paridade entre mulheres e homens na sociedade grega dos séculos VII–V a.C., a cujos ouvintes-leitores não causará estranhamento ao terem contato com tais textos.

Alguns elementos característicos na rainha Arete aproximam-na de Rute e apontam a possibilidade de influxos entre a épica homérica e a narrativa do livro de Rute ou mesmo de Rt 3. Assim como supracitado, ἀλκή e ἀρετή, isto é, força e virtude – ou valor – são dois atributos que caminham juntos na cultura grega para designar heróis e heroínas. Rute, ao ser caracterizada como mulher de força/valor (אֵשֶׁת חַיִל), carrega, em si, tais atributos, ainda que esteja inserida em um texto não grego. Uma resposta plausível é apontar o mesmo *ethos* – costumes e

---

433. RACE, W., First Appearances in the Odyssey, p. 79-107.

434. PEREIRA, M. H. R., Estudos de História da cultura clássica, p. 135-136.

435. ORLANDI, E., Discurso e leitura, p. 12.

436. Para saber mais, veja ECO, U., Os limites da interpretação, 2008. O autor trabalha a ligação entre o contexto social do leitor e a interpretação da leitura que é feita, defendendo o conceito de Obra aberta, presente em seus outros livros, porém prevendo que há limites impostos pela própria obra e pelo reconhecimento de mundo do leitor.

crenças – que eleva mulheres de força/valor demonstrados nos textos à categoria de heroínas.

Arete é vista em paridade ao seu marido, Alcínoo, o qual também porta a força (ἀλκή), componente de seu próprio nome. Rute também será vista, pelo narrador do livro homônimo, em paridade a Booz, quanto à força de que ambos são investidos. Ela, uma mulher de força (valor), uma אֵשֶׁת חַיִל (Rt 3,11e); ele, um homem poderoso em força, um אִישׁ חַיִל (Rt 2,1). Alcínoo, ainda, é aquele que honra Arete, como a nenhuma outra mulher (*Odisseia* VII, 66-67); Booz é aquele que, na cena da eira, louva a bondade de Rute, chamando-a abençoada diante de YHWH (Rt 3,10b-d).

O valor de Arete é reconhecido por todo o seu povo, os feaces, e cantado pelo poeta épico, na "função" de narrador: "O povo / lhe tributa homenagem e a aclama com palavras / entusiásticas quando aparece na cidade. / Conhecida pelo seu bom-senso..." (*Odisseia* VII, 70-73). Rute, também, tem o seu valor reconhecido por todo o povo de Belém de Judá, proclamado pelas palavras de Booz: "pois todo o meu povo sabe que tu és uma mulher de força/ valor" (Rt 3,11).

Arete, como Rute, é uma mulher de atitudes e de palavras diante de seu *partner* em cena, o rei Alcínoo. Na cena da eira, Rute rompe o silêncio, apresentando-se e pedindo a Booz que exerça o goelato, pois ele é um *goel* (Rt 3,9d-f). Booz, após ouvi-la, diz "tudo o que dizes farei para ti" (Rt 3,11b-c). Assim se dá também com Alcínoo em relação a Arete. Na cena do jantar com Odisseu, Arete rompe o silêncio para pedir que auxiliem a Odisseu quando de seu regresso. À fala de Arete, um ancião, Equeneu, reage: "Amigos, não foge / do nosso escopo o que declarou a sábia rainha. Não / decidamos, porém, antes de ouvir Alcínoo, aqui / presente. Falar e agir é sua competência" (*Odisseia* IX, 343-346). Ao que Alcínoo assevera: "O que ouvimos será executado..." (*Odisseia* IX, 348).

A heroína de Eurípides – Alceste, a força

É Homero, na *Ilíada*, o primeiro a falar da princesa Alceste no canto que dá lugar ao chamado "Catálogo das naus", no qual muitos heróis-guerreiros bem-nascidos (os ἄριστοι) são elencados através de epítetos ou de seus feitos maravilhosos. No meio desse grande catálogo, no qual algumas mulheres também são apresentadas, está Alceste (ἀλκή – aquela cujo nome é a própria força). Ali, Homero aponta sua genealogia de mulher forte e bem-nascida e já a caracteriza pelo elogio atrelado a uma heroína, digna de recebê-lo, utilizando a beleza como critério: "Filha de Pélias, bela entre as belas, divina entre as mulheres" (*Ilíada* II, 714-715).⁴³⁷

A partir da fala de Homero, pode-se perceber que o discurso acerca de Alceste já é bastante conhecido e divulgado. Não é qualquer personagem feminina apresentada em Homero, cuja obra foi compilada e reconhecida sob o governo de Pisístrato, em Atenas (546-527 a.C.), a qual recebe um duplo epíteto: "bela [nobre] entre as belas [nobres]" (εἶδος ἀρίστη) e "divina entre as mulheres" (δῖα γυναικῶν). Os mitos e as lendas heroicas constituem um tesouro inesgotável de exemplos e modelos da nação, que a partir deles configura o seu pensamento, ideais e normas para a vida. Desse modo acontece com a referência a Alceste. Homero a utiliza, como também a outros exemplos míticos para todas as situações imagináveis da vida em que um homem pode estar na presença de outro para o aconselhar, advertir, admoestar, exortar e lhe proibir ou ordenar qualquer coisa. O mito, então, serve sempre de instância normativa para a qual apela o orador. Há no seu âmago validade universal.⁴³⁸ Assim é Alceste como exemplaridade de um mito feminino.

Em sua forma original, o mito de Alceste é contado, resumidamente: O pai a prometera àquele que fosse até ele num carro puxado por leões e javalis. Admeto, rei de Feras, a quem Apolo estava comprometido a servir durante um ano, executa a tarefa com sua ajuda – de Apolo – e ganha a mão de Alceste. Porém, durante o sacrifício da festa de casamento, Admeto se esquece das oferendas a Ártemis, o que era de costume, e encontra seu quarto cheio de cobras. Apolo sugere que ele tente apaziguar a deusa, e consegue fazer com que as Parcas⁴³⁹ o poupem, com a condição de que, no momento de sua morte, outro se sacrificasse voluntariamente por ele. Talvez um servo, pensara. No momento de sua morte, porém, ninguém se habilita, nem seus velhos pais; apenas Alceste oferece-se como substituta e se entrega à Morte (a figura de Θάνατος). Neste ínterim, Héracles, presente na casa de Admeto como hóspede por essa ocasião, fica sabendo da situação, luta com a Morte e devolve Alceste ao marido.

Eurípides,⁴⁴⁰ no entanto, vai recontar o mito acrescentando-lhe dois detalhes que redimensionam exponencialmente o momento crítico (o *ágon*) da ação na gesta de Alceste, tão importante ao drama a ser apresentado: a Alceste euripi-

---

437. Εὔμηλος, τὸν ὑπ᾽ Ἀδμήτῳ τέκε δῖα γυναικῶν/Ἄλκηστις Πελίαο θυγατρῶν εἶδος ἀρίστη.

438. W. JAEGER, Paideia..., p. 68.

439. As Parcas (ou as Erínias), segundo a mitologia grega, são as três vingadoras que se insurgem contra os humanos para tirar-lhes a vida como castigo à desobediência aos deuses.

440. EURIPIDE. Le Cyclope – Alceste – Médée – Les Héraclides. Tome I. Texte Établi e traduit: Louis Méridier. Paris: Les Belles Lettres, 1976.

diana está casada há algum tempo e já possui dois filhos, o que potencializa a ação trágica de sua morte vicária em favor de Admeto. É importante notar que Eurípides concebe a tragédia como práxis do homem, operando, por isso, uma profunda dicotomia entre o mundo dos deuses e o mundo dos homens.[441]

Para ele, o mundo (κόσμος) trágico não é mais o mito, mas o coração humano, de onde ele arranca sua tragédia.[442] E por ter consciência de que os universos psicológico e antropológico femininos são bem mais complexos que os masculinos, Eurípides elege a mente das mulheres como objeto de estudo e investigação para compor suas peças, sem esquecer seu tema principal – os mitos e sua releitura, numa reconfiguração própria nunca feita anteriormente.

Esta reconfiguração do mito de Alceste em Eurípides trata de um traço cultural de sua época – trazendo o mito de uma esposa que, de tão dedicada ao seu marido (a esposa abelha – μέλισσα) chega ao sacrifício vicário por ele. Não obstante, Eurípides transcende o mito (ou subverte-o!), quando Alceste toma em suas mãos as rédeas de seu lar, controlando ainda em vida o que viria a acontecer após sua morte.

Alceste impõe a Admeto a promessa de que ele não se casará novamente (*Alceste*, 280-310), o que seria ridículo e impensável no século V a.C. entre a sociedade ateniense. Entretanto, Admeto, o marido, aceita prontamente a imposição da esposa e surge na narrativa a extravagante ideia de que ele dormirá com uma estátua de Alceste e esperará ser visitado por ela em sonhos (*Alceste*, 348-357). Eurípides inverte deliberadamente os papéis sociais (esperados pelo ouvinte-leitor) de Admeto – tornando-o um personagem de "caráter feminino", dentro dos padrões de submissão – e de Alceste – apontada como uma mulher que dita as regras.

A classificação da peça *Alceste* de Eurípides é complexa por si mesma por desafiar o comum. *Alceste* é a quarta peça na tetralogia composta também pelas tragédias *As Cretenses*, *Alcmeão* e *Télefo*, exibidas nas Dionísias Urbanas em 438 a.C. *Alceste* pode ser caracterizada como um drama satírico ou uma tragédia realmente. De drama satírico, Alceste tem apenas a posição – ser a quarta na tetralogia – e não a estrutura.[443] As características da peça e sua complexidade na estruturação da composição tornam difícil tomar alguma posição. Os que a tomam como uma tragicomédia, ou um drama satírico, fazem-no pelo comportamento

---

441. Junito Brandão (Teatro grego: tragédia e comédia, p. 59-60) aponta que em Eurípides, personagens e fábula são elaboradas em função do *pathos*, isto é, a paixão amorosa é a mola-mestra do drama euripidiano. Por isso a mulher tem o trono de sua tragédia.

442. BRANDÃO, J., Teatro grego, p. 57.

443. BRANDÃO, J., Teatro grego, p. 58.

de Héracles no desenrolar do drama e pela presença do maravilhoso em cena, quando ele – Héracles – luta com a Morte (Θάνατος), traz Alceste de volta à vida, bela e jovem, e a entrega a Admeto.[444]

Pode-se dizer que Eurípides cria *sua* princesa Alceste no século V a.C. um pouco além do que se espera da virtude da esposa, e pode tê-lo feito para chocar aos espectadores de sua peça. A personagem de Eurípides pode ser vista, de certa forma, como aquilo que se poderia denominar uma "mulher guerreira", pensando-se na força do modelo do guerreiro homérico, pois o seu papel no drama aponta-a com o sentido conotativo de *um homem*. Ou, mais especificamente, pode-se atribuir a ela um termo que na tradição das literaturas gregas arcaica e clássica só se aplica ao universo masculino para o homem de valor, nobre e de belo porte – alguém que é tanto belo como nobre (um καλὸς κ᾽ἀγαθός), que em Eurípides se denota em um corpo de mulher. A princesa Alceste de Eurípides é, como a do mito, uma esposa virtuosa que governa bem a sua casa e ama o marido (e também os filhos, na sua releitura do mito), "como manda o figurino homérico".[445] Ao mesmo tempo, é a mulher que toma à frente a sua casa e se excede em suas exigências.

Eurípides, propositadamente, traveste Alceste em uma esposa "masculina" ao mesmo tempo em que o marido, Admeto, compõe o equilíbrio da narrativa como esposo "feminino". Deste modo, o poeta dos arrebatamentos e paixões da alma humana,[446] rompe com a tradição, tanto da epopeia quanto das tragédias já conhecidas em seu tempo e expõe toda a sua rebeldia vanguardista – pois suas ideias pertencem ao século IV a.C., no qual haverá uma amplitude dada ao valor de dois componentes da sociedade grega, principalmente a ateniense: as mulheres e os estrangeiros.

Sua obra dramática, exteriormente, retrata a tradição: não há ruptura quanto aos temas e às partes constitutivas da tragédia.[447] Interiormente, portanto, o âmago de seu teatro foi profundamente modificado: *Scenicus philosophus* (filósofo da ribalta) é seu epíteto, mostrando que ele não ficou indiferente à avalanche de ideias novas trazidas à *polis* e que lhe abalaram os nervos, implementadas princi-

---

444. LESKY, A., História da Literatura Grega, 1995, p. 391-392.

445. Alceste como modelo paradigmático é citada na própria *Ilíada* (II, 715). Eurípides, bem como os tragediógrafos Ésquilo e Sófocles, dependem de Homero para elaboração de suas peças, sejam tragédias ou dramas satíricos, pois em sua totalidade recontam os mitos e/ou utilizam-se das lacunas deixadas nas obras homéricas para tratarem nas peças (LESKY, A., História da Literatura Grega, 1995; ROMILLY, J., La douceur dans la pensée grecque, 1979.).

446. BRANDÃO, J., Teatro grego, p. 58.

447. A desmedida (ὕβρις), a cegueira da razão (ἄτη), o destino cego (μοῖρα) e o ciúme divino (νέμεσις).

palmente pelos sofistas, que souberam explorar o estado de espírito criado pelas especulações filosóficas e condições políticas e sociais do século IV a.C. [448]

O elemento forte que sinaliza e localiza Alceste como mulher-modelo do século V a.C., a mulher-abelha que serve ao marido, principalmente, e aos filhos, é o fato de Alceste entregar a própria vida em favor de Admeto, o qual teme a morte e o cumprimento do oráculo que a ele fora endereçado. Paradoxalmente, a princesa Alceste ganha força e supremacia em sua família por, em favor da mesma, ter abdicado da própria vida. Neste ponto, a trama euripidiana mostra-se como um exemplo da genialidade deste tragediógrafo vanguardista. Segundo Aristóteles na *Poética* (1460b, 32), Eurípides pinta os homens não como deveriam ser (como Sófocles o faz), porém como realmente eram. Inclusive com seus excessos, quebras de regras e de paradigmas.

A cena de uma parte da despedida dos cônjuges serve como modelo para essa inversão de papéis e desemboca em um verso totalmente *insólito* para o teatro grego do século V a.C. e seus espectadores. Após entregar os filhos aos cuidados exclusivos do pai [o que já é insólito na sociedade em tela por ser papel exclusivo do universo feminino – a mãe ou a ama], diz Alceste: "Sê, agora, em meu lugar, *a mãe* destes meninos"![449]

Eurípides constrói um esposo, Admeto, extremamente dependente da esposa. Transtornado, sua fala é: "Ai de mim! Que farei, se me deixares sozinho?[450] [...] Estarei perdido se me abandonares, ó mulher!"[451] A figura é a de um homem frágil, o qual não é valente a ponto de aceitar se entregar à morte, e por isso não se enquadra no modelo de homem grego – viril, forte e corajoso –, propagado desde os tempos de Homero na figura dos guerreiros e heróis, isto é, o homem ideal, belo e nobre – ο καλὸς κ'ἀγαθός. Em contraste, é Alceste que possui tais características.

O "tempo" de Eurípides, isto é, o século V a.C., é aquele em que estava em voga a questão da φιλία (amizade profunda), cujo campo semântico vai desde

---

448. BRANDÃO, J., Teatro grego, p.60. Eurípides condena e ridiculariza o emaranhado das lendas imorais da mitologia e substitui os deuses tradicionais – Zeus, Apolo, Atená, Hera... por abstrações: Ar, Éter, Razão, como vê Aristófanes em As Rãs, na crítica à concepção religiosa euripidiana. A Moira é substituída pela Týre, o poder do acaso, que será o deus do século IV. Criticando as lendas absurdas da mitologia, o poeta afirmou o sentimento religioso. Face aos deuses e à Moira, celebrou a grandeza humana. A Moira em Eurípides deixa de ter sentido e é substituída pelos transbordamentos afetivos e pela *hamartía* – falta, erro, desmando, oriundos das paixões.

449. *Alceste*, 377: σύ νυν γενοῦ τοῖσδ'ἀντ' ἐμοῦ μήτηρ τέκνοις.

450. *Alceste*, 380: οἴμοι, τί δράσω δῆτα σοῦ μονούμενος; Note-se que a expressão "ai de mim!" (οἴμοι) é característica de personagens femininas em sofrimento no teatro grego de Ésquilo e Sófocles; Eurípides a usa para personagens masculinos, como em Medeia (1399), na fala de Jasão.

451. *Alceste*, 386: ἀπωλόμην ἄρ', εἴ με δὴ λείψεις, γύναι.

uma amizade entre iguais, mormente homens, que os une em um ideal comum do bem pela *polis*, até a tênue linha entre essa amizade tão profunda e o amor propriamente dito entre iguais na sociedade ateniense.[452] Neste sentido, há uma comunicação "extradramática" dos caracteres em Eurípides sobre a importância da *philía* e seu campo semântico muito maior e não comparável ao vocábulo *amizade*, pois esta – a *philía* – é uma noção imanente ao pensamento grego e inseparável do campo de suas ideias fundamentais.[453]

Essa φιλία está presente em toda a obra euripidiana, inclusive em *Alceste*. Voltando à cena da despedida entre marido e mulher, em que Admeto diz: "Estarei perdido se me abandonares, ó mulher!", questiona-se o que estaria exatamente acontecendo. Obviamente, Admeto reconhece que a morte de sua esposa é idêntica à perda de sua própria existência. A partir daí, é removida a linha-limite que separara a ambos e uma ponte parece ser posta entre dois iguais, como se fossem dois homens, pois se estabelece uma comunicação que nunca fora alcançada antes,[454] ainda que Alceste, impassível, responda ao marido: "Podes dizer que já não existo mais" (*Alceste*, 387).[455] Tal sugestão de Eurípides – propor uma *philía* entre Alceste e Admeto por trás da ação dramática – poderia ser cabível e plenamente verossímil de acordo com as peripécias da trama em que se pondera o drama: aproximar tanto o casal a ponto de demonstrar sua paridade como se iguais fossem: até mesmo dois homens cuja φιλία seria a idealizada, a exemplar.

Eurípides não só aponta a paridade entre Alceste e Admeto, mas a coloca em plano superior ao marido quanto à força do temperamento e do caráter. A parceria dos cônjuges se dá no equilíbrio das personalidades e na forma com que se tratam: como iguais. Ao ouvinte-leitor ou espectador da peça, os dois são vistos como um par enlaçado pela amizade que vai além da vida – no gesto de Alceste ao se oferecer vicariamente pelo marido e no gesto de Admeto em obedecer aos desejos da esposa e cumpri-los após a morte desta, se assim acontecesse. Esta mulher de valor e força fez tudo que lhe estava ao alcance para salvar o marido, o qual lhe devolveu a honra dando-lhe a palavra de que cumpriria tudo que lhe pedira.

A fala de um dos filhos, Eumelo, reitera o fato de que Alceste é o sustentáculo da família e a personagem de supremacia na cena: "Com tua morte, mãe,

---

452. STAHL, H. P., "On 'extra-dramatic' communication of characters in Euripides'", 1977, p. 159-176. Esse amor entre iguais – homens – é representado em pratos e vasos em que se servia o alimento e o vinho misturado à água nos simpósios atenienses. Vários destes utensílios encontram-se atualmente nos Museus do Louvre, Britânico e Nacional Italiano.

453. STAHL, H. P., "On 'extra-dramatic' communication of characters in Euripides'", p. 160.

454. STAHL, H. P., "On 'extra-dramatic' communication of characters in Euripides'", p. 164, 167.

455. ὡς οὐκέτ᾽ οὖσαν οὐδὲν ἂν λέγοις ἐμέ.

morreu a nossa casa" (*Alceste*, 414-415).⁴⁵⁶ A própria Alceste é sabedora do seu valor, como se pode perceber em sua fala: "a melhor das mulheres [sou], e para vós, meus filhos, a mais nobre das mães" (*Alceste*, 324-325).⁴⁵⁷ Ainda, a personagem central utiliza para si um adjetivo que designa o caráter do homem temperante, maduro e forte de espírito. Alceste diz que é σώφρων – virtuosa (*Alceste*, 182).⁴⁵⁸ A palavra também significa: sã de espírito, prudente, sensata, moderada, simples, modesta. Some-se a isso o fato de que, por várias vezes,⁴⁵⁹ Alceste é referida como ἀρίστη γυνή (mulher 'nobre'), o que reforça ainda mais seu caráter respectivamente *bélico* e *masculinizado*, pois ἄριστος é um designativo do guerreiro grego em Homero, e que tem sua continuidade no homem ideal da *polis* que carrega em si a ἀρετή.⁴⁶⁰

O ápice desta ἀρίστη γυνή, louvada por Admeto por seus feitos, aponta Alceste como πολὺ δὴ πολὺ δὴ γυναῖκ᾽ ἀρίσταν, isto é, "mais do que mais que a melhor das mulheres" (*Alceste*, 442), louvada por Admeto, o marido. Some-se ainda a fala de uma das servas: "e como não seria a melhor das esposas? (*Alceste*, 152)⁴⁶¹ [...] toda a cidade disso está ciente" (*Alceste*, 156),⁴⁶² e do coro (*Alceste*, 742), em que se encontra para Alceste a expressão μέγ᾽ ἀρίστη, repetida quase ao fim da peça por Admeto em mais um louvor à esposa (*Alceste*, 899), e que pode ser traduzida por "incomparável".

Alceste é uma mulher cuja força sobrepuja qualquer outro traço de seu caráter. Ela possui a força no nome (ἀλκή), na coragem e no amor ao marido. O mito iniciado em Homero ganha força no drama de Eurípides e aponta a possibilidade da presença de mulheres fortes da sociedade ateniense do século V a.C. em sua aristocracia. Voltando à *Ilíada*, onde Alceste é pela primeira vez citada e louvada, o padrão estabelecido para a virtude (ἀρετή) está intrinsecamente vinculado à valentia do herói, pois o mais antigo dos poemas aponta o predomínio absoluto do estado de guerra, tal como devia ser no tempo das grandes migrações das tribos gregas.

---

456. οἰχομένας δὲ σοῦ, μᾶτερ, / ὄλωλεν οἶκος.

457. γυναῖκ᾽ ἀρίστην ἔστι κομπάσαι λαβεῖν,/ ὑμῖν δέ, παῖδες, μητρὸς ἐκπεφυκέναι.

458. A tradução de Junito Brandão (EURÍPIDES, *Alceste*, 1968) em texto bilíngue. O texto da edição de Les Belles Lettres (EURIPIDE. Le Cyclope – Alceste – Médée – Les Héraclides, 1976), utilizada como referência para a tradução dos clássicos gregos, também utiliza 'vertueuse'.

459. *Alceste*, 83-84, 150-151, 235-236, 324, 742, 899.

460. Lembrando que os vocábulos ἄριστος e ἀρετή pertencem à mesma família semântica.

461. πῶς δ᾽ οὐκ ἀρίστη.

462. καὶ ταῦτα μὲν δὴ πᾶσ᾽ ἐπίσταται πόλις.

A *Ilíada* corporifica o ideal heroico da ἀρετή em todos os seus heróis. O valente é sempre o nobre, o homem de posição. Os heróis da *Ilíada*, que se revelam no seu gosto pela guerra e na sua aspiração à honra como autênticos representantes de sua classe, são, todavia, quanto ao resto de sua conduta, acima de tudo grandes senhores, com todas as suas excelências, mas também com todas as suas imprescindíveis debilidades.[463] Tudo concorre para perceber que Eurípides quisera dar esse caráter à sua Alceste, revestindo-a de força guerreira para enfrentar, por amor, a morte.

Alceste se mostra, então, como a "mulher de força" proposta por Eurípides como modelo vanguardista para a sua época, ao mesmo tempo em que retoma o também modelo fixado desde Homero, no qual a virtude guerreira (ἀρετή) é finalmente reconhecida em seu ápice na morte do herói. Para tanto, Alceste é louvada em sua (primeira) morte: "Que ela saiba, pois, que vai morrer cheia de glória, sendo, indubitavelmente, a melhor das mulheres que têm existido sob o sol!" (*Alceste*, 150-151).[464] E receberá, tal qual o guerreiro homérico, a quem Eurípides faz referência por seu vernáculo, a glória imperecível na morte, por sua vida cheia de honra: "Oh, que receba louvor e honra semelhantes aos prestados aos deuses que sobre ela estão" (*Alceste*, 996-997).[465]

Alceste e Rute são duas heroínas com "gestas" que se diferem. Alceste é uma princesa que, ao casar-se, será elevada a rainha. E na visão de Eurípides, apresenta até mesmo características masculinas que a tornam um contraponto do marido, Admeto. No entanto, há algumas cenas e características que aproximam bastante Alceste e Rute. Além de o nome de Alceste ser formado pelo vocábulo grego ἀλκή (força), o que de antemão já sinaliza ao ouvinte-leitor que se trata de uma mulher de força/valor, as atitudes e palavras de Alceste também contribuem bastante para esse olhar sobre esta princesa.

Alceste é, como as heroínas da Antiguidade, uma mulher de força/valor cheia de bondade que se oferece de boa vontade para "solucionar" um problema que vê diante de si: entrega-se para morrer em lugar de Admeto, seu marido, para que não venha sobre ele a maldição de um oráculo – a sua morte. Por sua vez, Rute toma a decisão de, empenhando-se em resolver os problemas da sogra,[466] "ofere-

---

463. JAEGER, W., Paideia, p. 40-41.

464. ἴστω νυν εὐκλεής γε κατθανουμένη / γυνή τ'ἀρίστη τῶν ὑφ' ἡλίῳ μακρῷ.

465. τύμβος σᾶς ἀλόχου, θεοῖσι δ'ὁμοίως /τιμάσθω, σέβας ἐμπόρων.

466. SKA, J.-L., La biblica Cenerentola: Generosità e cittadinanza nel libro di Rut, p. 8: "Com efeito, a narrativa de Rt 3 só se encerra quando Noemi se convence de que a questão será solucionada (Rt 3,18), bem como o livro se encerra graças à Rute e a Booz, dos quais nasce um filho para Noemi (Rt 4,16-17), em substituição aos filhos defuntos desta".

cer-se" a Booz na cena da eira, ao dizer: "Eu sou Rute, tua serva. Poderás estender a ponta de tua veste sobre tua serva porque tu és resgatador" (Rt 3,9d-f).

Quanto à anuência da contraparte masculina em relação às palavras das mulheres em cena, também se podem colocar em paralelo Alceste e Rute. Assim como Booz diz que fará para Rute tudo o que ela diz, e que esta não tema, também o faz Admeto em relação a Alceste, após esta pedir que ele não se case mais e que mande esculpir uma estátua semelhante a Alceste para colocar na cama do casal. Eis a resposta do coro: "assim o fará..." (*Alceste*, 329) que precede a de Admeto: "não temas: será, há de ser como pedes" (*Alceste*, 330).

O gesto de entrega de Alceste é notório a toda a cidade em cujo palácio vive, assim como toda a cidade de Belém de Judá é sabedora do bem e da generosidade que Rute fizera e devotara à sogra, que faz dela uma mulher de força/valor (Rt 3,11c-e). A diferença está no personagem que fala em cada um dos textos. Em *Alceste*, a fala pertence à serva que vive no palácio e que está inconsolável: "Como não seria a melhor das esposas? / Quem o duvidará? Que mulher haverá / que a supere? [...]. A cidade inteira tem conhecimento disso" (*Alceste*, 153-156).[467] Em Rute, é a fala de Booz a dizer que "todo o meu povo sabe que tu és uma mulher de força/valor" (Rt 3,11d-e).

Rute e as heroínas bíblicas e extrabíblicas: um caminho percorrido

O livro de Rute possui uma estrutura narrativa em uma gradação ascendente de continuidade perfeita. Caminha-se junto aos personagens e às suas lutas cotidianas com a facilidade de quem está se identificando com as mesmas em um movimento já conhecido: o êxodo, de Belém para os campos de Moab, devido à fome.[468] Apesar de o narrador apontar fatos não esperados pelo ouvinte-leitor em vários momentos,[469] cada capítulo segue completamente imbricado ao que lhe é seguinte até a consumação da história: o suprimento de todo o vazio apontado nas linhas iniciais: fome, morte, impossibilidade de descendência e instabilidade

---

467. καὶ ταῦτα μὲν δὴ πᾶσ' ἐπίσταται πόλις:

468. A. C. Andrade ("A amizade no livro de Rute: identidades descentradas", 2009, p. 42) aponta a recorrência da moldura do êxodo no princípio do livro de Rute: a fome está presente no Israel dos tempos de Jacó, forçando uma ida ao Egito que se revela, posteriormente, como um lugar de morte (Ex 1,8). Na narrativa de Rute, a fome se encontra em Belém, de onde se deve fugir. A prosperidade parece estar em Moab, assim como pareceu estar no Egito, lugar de onde foi (também) necessário fugir. Ambos os polos geográficos (Israel-Egito e Belém-Moab) realçam o deslocamento que se apresenta como necessário. Foi também por causa de uma fome que Abraão desceu ao Egito (Gn 12,10), onde a morte o ameaçaria não fosse a presença de Sara que lhe permitiu viver.

469. ANDRADE, A. C., "A amizade no livro de Rute", p. 41-54.

são transformadas em suprimento, vida, geração de descendência e estabilidade. A penúria transforma-se em abundância.

Nesse caminhar, cuja culminância se dá na intimidade da cena de Rt 3, apontado como o "coração teológico" do livro,[470] Rute vai sendo delineada como a mulher de força/valor cheia de bondade que já dera sinais destas características de sua constituição desde Rt 1,16-17, quando surpreende o ouvinte-leitor pela primeira vez, com suas palavras de resignação e sua atitude de retornar para Belém de Judá com a sogra Noemi: "...para onde tu fores, irei também... o teu povo será o meu povo, o teu *Elohîm*, o meu *Elohîm*".

Pode-se perceber, nas mulheres bíblicas e extrabíblicas elencadas, esta resignação traduzida como a indissociabilidade entre força e bondade em suas gestas heroicas. Todas agem com força em uma coragem que arrancam de dentro de si pelo ato de bondade em favor de alguém, seja uma pessoa específica, como é o caso de Abigail, para com Davi (1Sm 25), de Arete, para com Odisseu (*Odisseia* V-VII), de Alceste para com Admeto (*Alceste*, 140-394); seja em favor de sua família, como a mulher de Pr 31,10-31; seja em favor do povo, como Débora e Jael (Jz 4–5). Rute o fez nas três instâncias: em favor de Booz (Rt 3,10); em favor de Noemi, *sua* família (Rt 3,10d.17-18), em favor do povo (Rt 3,11d-e), fazendo-o reconhecer que "poderia vir algo bom de Moab" para Belém.

Rute como mulher de força/valor (אֵשֶׁת חַיִל): o modelo das heroínas na Antiguidade

Rute como modelo de "mulher de força/valor" (אֵשֶׁת חַיִל) e heroína não é dado somente a ela, se é tomado o livro como um todo. As duas outras mulheres presentes – Noemi e Orfa – também têm imbuídas em si essa força/valor que servirá para iluminar e "elevar" Rute como personagem, em relações de gradação – e não de antítese – que se estabelecem na constituição das três personagens femininas do livro. Personagens carregadas de historicidade, tão próximas da realidade que são. Outra forma de relacionar as mulheres é apontar protagonistas que contrastam com os personagens secundários, como o dístico Rute/Orfa, Rute/moças (jovens) de Booz, Noemi/mulheres da cidade, o que também pode ser aplicado a Booz/o outro resgatador.

---

470. HALTON, C., "An Indecent Proposal...", 2012, p. 30-43.

a) Rute e Noemi: heroínas em suas jornadas

A primeira protagonista do livro de Rute é Noemi. A mulher de força que deixou seu lugar de origem – Belém de Judá – para ir com o marido e os filhos para Moab. Certamente, um ambiente para onde pouquíssima gente que conhecia, segundo a narrativa do passado histórico dos belemitas, gostaria de ir (Dt 23,3-4). Noemi vai sem ser consultada se queria estar nesta jornada[471], perfazendo sua caminhada ao mesmo tempo abraâmica e exodal (Rt 1,1-2), assim como o fará Rute (Rt 1,16-17). Deixaria sua terra e a casa de seus pais e iria para um lugar desconhecido por uma responsabilidade vital – era esposa e mãe – e para acompanhar e cuidar de sua família e de sua descendência. E manteria acesa a chama do nome de sua família na lâmpada de Israel, ainda que estivesse indo, sem saber, para um lugar de morte. Noemi não deixou de ser quem era, individual, nem socialmente. E o era em relação aos homens com quem dividia esse *status quo* – a doce esposa de Elimelec e mãe de Maalon e Quelion. Ainda que não quisesse estar ali.

A jornada da heroína Noemi apenas começara. E iria apontando ao ouvinte-leitor a jornada da heroína Rute que viria em seguida. No percurso padrão da aventura mitológica do herói *de mil faces*[472] subjazeria, para ambas, fazendo-se as devidas adequações, a fórmula:

Separação	um herói vindo do mundo cotidiano se aventura numa região de prodígios sobrenaturais;
Iniciação	ali encontra fabulosas forças e obtém uma vitória decisiva;
Retorno	o herói retorna de sua misteriosa aventura com o poder de trazer benefícios aos seus semelhantes.

Retirando-se os elementos que pertencem ao campo do maravilhoso, é Noemi que perfaz a jornada completa do herói da Antiguidade, pois retorna para Belém de Judá, donde viera. No caso de Rute, falta o elemento do retorno, conformando-se a sua jornada muito mais à de Abraão (Gn 12,1-3), saindo de sua terra – Moab – e indo a uma terra ainda a ser mostrada – Belém de Judá. Não obstante, são marcantes em Rute os elementos de separação e iniciação *do herói de mil faces*, bem como o poder de trazer benefícios ao próximo.

Noemi, assim como Rute, tinha o poder da palavra e da ação que seria utilizado assim que fosse necessário. Enquanto isso, o narrador da situação inicial

---

471. FEWELL, D. N., Compromising redemption, p. 25-26.
472. CAMPBELL, J., O herói de mil faces, p. 36-43.

de Rt 1 define uma doce e silenciosa Noemi para o primeiro momento. Como o fora Rute. Porém, a heroína Noemi estava ali sendo gestada como a mulher de força que, a princípio, renegaria o próprio nome apontando sua metamorfose e buscando forças na amargura. Para mais tarde retornar à bondade que atraíra a si duas noras que dela não queriam se separar e à doçura que lhe demarca o nome.

Já estabelecida em Belém de Judá, Noemi é a doce mulher judaíta que se tornou amargurada pelo castigo de *Shadday* (Rt 1,18), mas que vai sendo modelada pelas ações obedientes e pela coragem de Rute – a que tem o poder de trazer benefícios aos seus semelhantes –, até se alegrar e tornar-se novamente digna de seu nome ao fim do texto, com o nascimento de Obed que lhe é dado como filho (Rt 4,17). Por sua vez, Rute é a moabita "desobediente" (mas livre), por não ter aceitado o pedido de retornar à casa materna, e cuja desobediência redundou no resgate de tudo que Noemi antes perdera. A jornada se completa.

b) Rute e Orfa: heroínas em contrastes delicados

A maioria dos textos da Antiguidade utiliza linguagem e características baseadas em antíteses para apresentar heróis e heroínas. Isso facilitava em muito a memorização das gestas heroicas expostas de modo oral. Para uma audiência que deverá guardar esta gesta heroica com conteúdo pedagógico de *exempla*, duas marcas no interior do texto oral devem existir: refrões e antíteses. Os refrões fazem com que fique na memória dos ouvintes o princípio que se quer passar. As antíteses aproximam o ouvinte da história contada.[473]

Assim, se a gesta dos heróis e heroínas se passa em campo de batalha, quanto mais forte e poderoso o inimigo, mais destaque haverá para o combate singular que se dará com o herói que protagoniza a história.[474] Se o contexto é de paz, serão as características psicológicas o ponto de contato para estabelecer as relações antitéticas para a apresentação do herói e da heroína do texto em sua oralidade. Textos orais que posteriormente foram mais elaborados, ganharam marcas formais e estrutura e transformaram-se em textos escritos.[475] Contudo, em muitos deles permaneceram as marcas de oralidade percebidas com certa facilidade pelos ouvintes que se tornaram leitores.

Para que se compreenda Rute como uma heroína de tempos de paz, construída literariamente como modelo em textos da Antiguidade, há que se perceber no texto o seu contraste ou contraponto, Orfa, que não necessariamente é

---

473. HAVELOCK, E., A Revolução da escrita na Grécia e suas consequências culturais, p. 19-21.

474. VERNANT, J.-P., Entre mito e política, p. 407-413.

475. HAVELOCK, E., A Revolução da escrita, p. 28.

sua inimiga.[476] A delicadeza com que o autor do livro de Rute constrói o contraponto dá leveza e suavidade à narrativa. Orfa seria, ao que tudo indica, o modelo antitético a Rute.[477]

Entretanto, é mais adequado pensar em Orfa como uma "heroína em construção", em gradação ascendente para chegar ao "modelo Rute". Orfa não negou retornar a Belém, insistiu com Noemi para fazê-lo e chorou por não poder ir. Orfa era obediente. Obedeceu aos argumentos da sogra. Beijou-a e se despediu. E, ao partir para o lado oposto de Noemi, foi tão corajosa quanto Rute, pois voltaria para a casa de sua mãe, agora como viúva (Rt 1,7-14). O detalhe: Orfa era moabita e se casara com um belemita, um estrangeiro, habitando cerca de dez anos em um lar com pessoas das quais pode ter absorvido costumes e crenças. O que Orfa teria agora que enfrentar de volta a casa? Eis a sua força.

A leveza do contraponto se constrói da seguinte forma: a força de Orfa para retornar a casa serve como analogia à coragem de Rute para "desobedecer" a Noemi e com ela insistir para ir a Belém (Rt 1,16-17). As noras, inicialmente, tiveram a mesma reação diante da separação – ambas choraram o fato de ficar longe da sogra –, lidam em seguida com sua ordem "Ide! Tornai!" (Rt 1,8.11.12) de modos diferentes e, como consequência, seguem direções opostas.

Orfa volta à casa materna. À vida que tivera dez anos antes. Ela retorna ao seu passado e a tudo que lhe era conhecido. Muito provavelmente não é mais a Orfa que saíra de casa para se casar com um homem e habitar com uma família de cultura completamente diversa da sua. Agora, Orfa é outra e precisará voltar a ser aquela de antes, se assim conseguir fazê-lo após mais de dez anos de convivência com a família de Elimelec. Precisaria de força e bondade para lidar com sua "nova" família em seu novo jeito de enxergar o mundo à sua volta.

Rute, por sua vez, vai com Noemi para Belém.[478] A sogra está retornando a um lugar que conhece e no qual é conhecida. Rute vai para algo que lhe é completamente novo. A uma vida bastante diferente da que tivera nesses anos todos em Moab, ainda que haja a grande possibilidade de já conhecer muito desta nova vida e cultura pelos dez anos de convivência com a família judaíta. Em Moab, Rute nasceu, cresceu e fez suas escolhas de modo livre. Tem raízes e é conhecida. Em Belém, ninguém a conhece, ela será uma estrangeira, a levar sempre seu epíteto pátrio atrelado ao nome: Rute, a moabita (Rt 1,22; 2,2.21; 4,5.10). Ou ainda, seu parentesco com Noemi (Rt 1,22; 4,15).

---

476. A mesma leveza se dá no que se refere a Booz e ao Fulano de Tal, que tinha a primazia sobre o goelato.
477. ANDRADE, A. C., A amizade no livro de Rute, p. 41-54.
478. ANDRADE, A. C., A amizade no livro de Rute, p. 46-47.

Após a força (semântica) das palavras de Noemi, Orfa reuniu toda a sua coragem e voltou. Não se ouve falar mais dela. Rute, no entanto, foi mais forte que Orfa em sua resignação de ficar com a sogra, percebida e descrita pelo narrador com palavras tão fortes quanto: "Mas Rute apegou-se a ela" (Rt 1,14: וְרוּת דָּבְקָה בָּהּ). O verbo é דָּבַק, o mesmo utilizado em Gn 2,24, ao exprimir o que levará o homem a *unir-se* à sua mulher. A *aderir* a ela como uma cola adere a um material poroso.[479] Utilizado como verbo ativo, significa a livre-escolha feita por alguém que renuncia à liberdade em favor de outro ser.[480] Anteposto ao verbo דָּבַק, o *waw* com sentido adversativo (*mas*) representa a (des)obediência inicial de Rute, que se transformará em obediência para o cumprimento de um plano maior – a manutenção da vida de ambas, sogra e nora.[481]

c) *Rute e Booz: uma* אֵשֶׁת חַיִל *para um* אִישׁ חַיִל

Rute é, ao mesmo tempo, uma mulher comum e muito especial. Sua força/valor concentra-se nos atos de bondade para com a sogra, Noemi, ao longo da trama narrativa do livro. Passo a passo, Rute vai-se mostrando cada vez como uma mulher do povo, com braços fortes para o trabalho, de quem nada se tem a falar mal. Apenas sua origem moabita. Mas que vai perdendo o valor negativo à medida que os atos de Rute suplantam este "detalhe".

Neste sentido, Rute se afasta da אֵשֶׁת חַיִל de Pr 31,10-31, por ser esta uma mulher (Pr 31,10), possivelmente com posses e família de boa reputação e origem. Rute, ao contrário, é mais uma dentre as mulheres pobres, viúvas e estrangeiras que trabalham respigando nos campos. Se não fora sua força incansável para o trabalho e o motivo pelo qual esse esforço ocorria – manter-se a si e à sogra – talvez nunca tivesse sido notada. Em nenhum momento o narrador ou qualquer dos personagens aponta a beleza física de Rute, por exemplo, como algo que chamasse a atenção. Algo pode ser suposto neste sentido, quando da fala de Booz de que ela não fora atrás de rapazes jovens... (Rt 3,10e).

A LXX faz essa diferenciação na tradução da expressão אֵשֶׁת חַיִל, utilizada para a mulher de Pr 31,10 e para Rute (em Rt 3,11e). Na acepção dos tradutores da LXX, a mulher da sabedoria de Provérbios é uma γυναῖκα ἀνδρείαν, mulher de uma coragem pertencente ao mundo masculino (ἀνδρεία, *coragem viril*, própria do ἀνήρ, ἀνδρός – *homem*, no sentido de *macho*). Por sua vez, Rute é uma γυνὴ δυνάμεως, isto é, uma mulher de força contínua, com o dinamismo do poder

---

479. CHWARTS, S., Família e clã nas narrativas patriarcais e na literatura profética, p. 129-130.
480. BAL, M., Heroísmo e nomes próprios, ou os frutos da analogia, p. 54-91; BAL, M. Lethal Love, p. 68-88.
481. BAL, M., Heroísmo e nomes próprios, p. 62; BAL, M., Lethal Love, p. 68-88.

incutido em si mesma. Tratando-se de uma palavra em voga na atualidade, Rute poderia ser considerada uma "mulher empoderada", sabedora do valor de sua força. Esse poder que a anima e a faz trabalhar incansavelmente, é a mola mestra de sua vida.

A cena da eira em Rt 3 é, no seu ápice e em sua essência, uma cena de reconhecimento. Análoga ao momento em que o homem reconhece a mulher em Gn 2,24 e a ela é aderido, e assim como aquele que teme a YHWH a ele se une, Booz reconhece Rute como semelhante a ele e a ela se unirá. Como fora desde o princípio, o par, quando Booz tomar Rute como mulher, tornar-se-á a unidade completa em si, o que se dará ao fim da narrativa (Rt 4,13).

Esse percurso do reconhecimento[482] do herói Booz se dá a partir do momento em que o narrador o reconhece como um אִישׁ חַיִל (Rt 2,1). E é na cena da eira, quando Booz consente em ser o *goel* da אֵשֶׁת חַיִל Rute, que se mostra um אִישׁ חַיִל digno de tomá-la como mulher, caso o parente que tem a primazia não aceite. Assim como Rute sacrificou-se a si própria em favor da sogra, Noemi, Booz sacrificará, sendo o *goel*, parte de sua propriedade e bens para ajudar Rute e Noemi.[483] Assim, mulher e homem de força/valor (חַיִל), juntos, aliados à sua bondade (חֶסֶד), são o par perfeito um do outro.

Como uma אֵשֶׁת חַיִל que é, Rute vem ao auxílio de Booz, fazendo com que ele ganhe mais חַיִל em Efrata (Rt 4,11) e um nome de fama em Belém de Judá. Essas bênçãos – força e um nome afamado – se darão como resultado natural e esperado da união entre uma אֵשֶׁת חַיִל e um אִישׁ חַיִל, e serão distribuídas, em Obed, aos descendentes diretos de Rute e Booz, dentre os quais estará o rei Davi.[484]

A bondade de Rute (חֶסֶד): o modelo das heroínas se completa

O que poderia tornar a moabita Rute, que vai respigar nos campos, uma mulher tão notada e comentada por toda uma cidade, a ponto de chegar isso aos ouvidos de Booz? E o que acontecera que fez com que as mulheres de Belém nem reparassem em Rute quando chegara com Noemi e, depois de certo tempo, quando do nascimento de Obed, outras mulheres que atenderam a Noemi reconhecessem que a nora a amava e lhe era melhor que sete filhos? A resposta a essas perguntas é uma só – a bondade (חֶסֶד) de Rute.

---

482. RICOEUR, P., Percurso do reconhecimento, p. 87-104, 163-175.
483. WÜNCH, H.-G., Ruth, a proselyte par excellence, p. 36-34.
484. GOH, T. S., Ruth as a Superior Woman of חַיִל?, p. 487-500.

Em Rt 3,10 há a presença de uma bondade (חֶסֶד) em prinicípio, uma "segunda" bondade, considerada maior que a "primeira". Esta "segunda" bondade é a tentativa de Rute em seduzir Booz a fim de que exerça o resgate em favor dela e de Noemi. A primeira bondade aparece em Rt 1,14: "Mas Rute apegou-se a ela" (Noemi), em uma analogia a Gn 2,24.[485]

O "coração" do significado de חֶסֶד surge como o conceito de bondade, o qual é fundamental para a religião israelita, e expressa uma importante mensagem ética intrínseca. Deste modo, חֶסֶד opera em dois planos: o das relações humanas, nas quais a bondade é essencial como pilar para a construção e manutenção da sociedade; o do encontro com o divino, no qual חֶסֶד é um atributo de Deus.[486] No livro de Rute, חֶסֶד abarca ambos os planos: no divino, sendo atribuído a YHWH (Rt 1,18); no humano, a Rute, por duas vezes (Rt 2,10; 3,10).

Booz tem um nome que pode ser facilmente explicado: *bôoz* significa "nele reside a força". De fato, Booz é um homem de firmeza e de força. Firme em suas ações, sua bondade se manifesta ao colocar a justiça em seu curso correto, quando resgata a herança de seu parente, Elimelec, e vai além de seu dever, tomando, pelo goelato, uma viúva – estrangeira, indefesa. A força de Booz na narrativa aponta-o como homem forte e valoroso (גִּבּוֹר חַיִל), o que faz intuir que o narrador pode estar sinalizando-o como um equivalente masculino à "mulher de força/valor" (אֵשֶׁת חַיִל), um elogio feito a Rute no próprio livro (Rt 3,11e) e também pelos rabinos.[487]

Neste sentido, a mulher de força/valor possui, conforme apontado pelos estudos rabínicos, um חֶסֶד extraordinário, também admirável: "Este livro (Rute) não possui nenhuma questão de impureza ou pureza, nenhuma proibição ou permissão. Por que foi escrito? Para te ensinar como atos de amor ao próximo são bem recompensados" (rabino Zeira).[488] Assim, é difícil dissociar a força/valor e a bondade de Rute em seu comportamento. Uma característica move e alimenta a outra constantemente.

Rt 3 apresenta-nos uma heroína de força/valor e cheia de bondade em sua construção literária típica, ao lado de seu companheiro, herói. Força e bondade estão presentes em todas as heroínas que são construídas sempre com uma contraparte masculina, que pode também ter essa força e a bondade que o fará dar a mulher devido valor: Débora e Barac, Jael e Héber (e/ou Sísara),[489] Abigail e Davi

---

485. O tópico c) Rute e Booz: uma אֵשֶׁת חַיִל para um אִישׁ חַיִל.

486. LEVINE, B. A., On the concept ḥesed in the Hebrew Bible, p. 6-8.

487. BRONNER, L. L., Uma abordagem temática de Rute, p. 207.

488. ALANATI, L., Releituras rabínicas, p. 72-76.

489. Jael, neste âmbito, não é louvada pela contraparte masculina em cena, mas por Débora, em seu cântico (Jz 5,24-27).

(/Nabal?) a mulher de Pr 31,10-31 e seu marido, Arete e Alcínoo, Alceste e Admeto. O homem, que neste duplo pode (ou não) ser o marido da mulher heroína, pode, ainda, elogiá-la no transcurso da narrativa (ou da épica, como na *Odisseia* de Homero; ou do drama, como em *Alceste* de Eurípides).

A construção literária de Rute como uma heroína inserida na narrativa de Rt 3, bem como das heroínas supracitadas, possui uma mensagem que se faz *paidética*, pedagógica, manifestada no discurso: as heroínas possuem um percurso em que caminham de modo paritário à sua contraparte masculina. Homem e mulher caminham juntos, falam juntos, reconhecem-se mutuamente como valiosos na construção e manutenção da vida. Esse caminhar está inserido em um contexto com as mais variadas situações, às quais as heroínas tão próximas das experiências cotidianas respondem dialogando com o interlocutor/ouvinte-leitor através do texto. O *interlocutor* é a comunidade para a qual o texto é escrito como réplica.

Conclusão

> A veces en las tardes una cara
> nos mira desde el fondo de un espejo;
> el arte debe ser como este espejo
> que nos revela nuestra propia cara
> Jorge Luis Borges.[490]

Olhar para o episódio do encontro entre Rute e Booz naquela noite na eira é ver refletidas as vicissitudes humanas de cada um que se aproxima do texto. O ouvinte-leitor acompanha, antes da cena da eira, os detalhes da exposição do plano de Noemi, vê as pequenas modificações feitas por Rute no plano, assiste com aflição à cena em que a moabita poderia ser vista por mais alguém (Rt 3,14e-f) e julgada erradamente.[491]

Em contraste, ele observa Rute tomar a palavra ousadamente, ouve Booz abençoá-la por YHWH e afirmar a bondade e a força/valor desta mulher. A cada peripécia narrada até o desenlace e situação final de Rt 3, o ouvinte-leitor torce com Noemi e espera que Booz aja e não descanse enquanto não resolver a questão legal do resgate e da remissão – ser o *goel* para Rute, Noemi e a casa de Maalon e Elimelec.

A cena da eira é um fato trivial nas cercanias agrárias da Antiguidade. Para descer até ali, Rute reniu toda a sua força e bondade. Enfrentou sua origem moabita e sua condição de viúva digna. Foi mulher, utilizando-se dos elementos próprios de sedução que lhe eram peculiares: lavou-se, perfumou-se, chegou em um momento de satisfação de Booz, deitou aos seus pés. O compromisso de amor e

---

490. BORGES, J. L., El hacedor, p. 114.

491. Rute, como moabita, poderia ser julgada como a mulher estrangeira de palavras sedutoras (Pr 7,5), pois até então o ouvinte-leitor não sabe que o povo a admira (Rt 3,11e).

amizade estabelecido com Noemi foi mais forte do que qualquer temor que viesse à mente e ao coração de Rute com relação à reação de Booz. Ela foi, falou e fez o que precisava falar e fazer.

Ao vencer-se a si mesma, à sua condição de mulher pobre, viúva e estrangeira moabita, Rute tornou-se uma heroína. Ao assumir a responsabilidade da fala e do feito, aproximou-se, como heroína, do herói em cena, o *goel* Booz. E por ele foi reconhecida, simbolicamente, como igual, e desejada, como uma releitura e concretização de Gn 2,23.[492] Pois é somente ao se deparar com a אִשָּׁה [mulher] que o homem reconhece a si próprio como אִישׁ [homem], sendo instituído um vínculo de espelho entre ambos[493] – a paridade estabelecida desde o princípio, resgatada na noite na eira.

Em uma cena tão insólita, sensual que é, e que poderia ser chamada na atualidade de "uma proposta indecente",[494] apresenta-se um episódio que se faz tão humano, paradoxalmente apontando o divino que fica embutido todo o tempo nas entrelinhas, para vir à tona apenas uma vez em forma de abençoador para Rute: "Abençoada tu sejas para YHWH, minha filha!" é a exclamação de Booz diante de tanta bondade e força. Pedagogia de um Deus que se faz insólito tantas vezes, fora dos parâmetros humanos que tentam aprisioná-lo. Até os dias atuais.

Funcionando como um "espelho",[495] no sentido em que estabelece certa imagem do mundo – "o mundo do relato" – o texto exerce sua influência sobre a maneira de ver do ouvinte-leitor, conduzindo-o e levando-o a adotar certos valores em lugar de outros.[496]

A arte narrativa da Bíblia significa, portanto, mais que um empreendimento estético, e aprender a ler suas modulações mais finas pode aproximar o ouvinte-leitor, com mais precisão que os conceitos amplos da história das ideias e das religiões, de uma estrutura imaginativa a cuja sombra ele ainda vive.[497] Neste sentido, o livro de Rute transforma-se em uma história na qual se expressa a liberdade de Deus em seu modo de agir e, por sua vez, seu imenso respeito pela liberdade que deu ao ser humano no princípio dos dias, para que cresse nele e pudesse reconhecê-lo.[498]

---

492. FERNANDES, L. A. Evangelização e família, 2015, p. 59-79.

493. CHWARTS, S., Família e clã nas narrativas patriarcais e na literatura profética, p. 129.

494. HALTON, C., An Indecent Proposal, p. 30-43.

495. SKA, J-L., Specchi, lampade e finestre, p. 37-43.

496. PONTIFÍCIA COMISSÃO BÍBLICA, A interpretação da Bíblia, p. 52.

497. ALTER, R., A arte, p. 196.

498. NAVARRO PUERTO, M., O livro de Rute, p. 346.

Ao evocar situações humanas típicas e tão próximas da realidade, o narrador remete ao ouvinte-leitor a sua própria existência e, narrando as decisões dos personagens, suas escolhas, convida o ouvinte-leitor a se perguntar, implicitamente, sobre suas próprias decisões, escolhas e valores postos em jogo. O *mundo do texto* para o qual o ouvinte-leitor é transposto incita-o a colocar em questão o seu próprio mundo real.[499] Ao receber em si os efeitos de Rt 3, como o ouvinte-leitor terá refletido sobre as mulheres à sua volta? Tê-las-á em alta conta? Reparará em seus sofrimentos, suas lutas, suas conquistas, sua força e coragem frente às vicissitudes da vida? Se for homem, reconhecerá uma mulher de força/valor independente de sua condição civil, social ou nacional? E se for mulher, reconhecer-se-á como uma mulher de força/valor cujas atitudes e falas são um contributo para aqueles que estão à sua volta?

A proposta desta tese foi fazer com que se percebesse Rute em relação de paridade com Booz e se aventurasse por este universo através do ocorrido em um fato da vida real essencialmente antropológico como o apresentado em Rt 3. Para tanto, por meio do estudo exegético, chegou-se às minúcias que levaram a analisar o texto com categorias narrativas; ao se perceber Rute como a companheira à altura de Booz, e vice-versa, chegou-se às categorias pertencentes às heroínas bíblicas e extrabíblicas da Antiguidade que levaram à análise intertextual. O texto iluminou a realidade do Israel pós-exílico, com os influxos culturais do Antigo Oriente Próximo e da bacia do Mediterrâneo.

Apresentaram-se como hipóteses a serem respondidas nesta pesquisa: a) A personagem Rute, que dá nome a um dos cinco *Meguilot*, lido por ocasião da festa das primícias, é um elemento-chave para se entender a construção histórico-literária e bíblico-teológica do papel e da importância da figura feminina como par do homem, apresentada pelo autor do texto canônico no contexto dos *K^{e}tûbîm* na Biblia Hebraica; b) O modelo de paridade entre homem e mulher, engendrado em Rt 3, aponta para uma elaboração *teológica* de que como pares foram criados, isto é, desde o princípio (Gn 2,23), observados, também, nos textos bíblicos seletos referentes à Débora, Jael, Abigail e à mulher apresentada em Pr 31,10-31, bem como esse modelo de paridade aponta para uma elaboração *literária* da mulher heroína como par do homem herói, com ressonância nos mitogramas, na literatura da Antiguidade, seja no Antigo Oriente Próximo, seja na bacia do Mediterrâneo, exemplificado na rainha Arete (Homero, *Odisseia* V-VII) e na princesa Alceste, protagonista do drama homônimo de Eurípides.

---

499. WÉNIN, A., El libro de Rut, p. 6-7.

Constituiu-se como objetivo principal do trabalho analisar o texto hebraico de Rt 3 e as passagens referentes à construção e consolidação das mulheres bíblicas, contidas em Jz 4–5; 1Sm 25; Pr 31,10-31, bem como os textos gregos de Homero e Eurípides, referentes, respectivamente, às mulheres extrabíblicas Arete, na *Odisseia* V-VI, e Alceste, no drama homônimo; e como objetivos secundários: 1) observar as instâncias narrativas que constituem o texto de Rt 3 e demarcam a presença de Rute como par de Booz; 2) demonstrar as similitudes na construção da figura da heroína em Rute e nas demais mulheres bíblicas e extrabíblicas, apresentando o modelo de força/valor para sua personalidade, bem como a paridade no trato com os homens em cena nos textos, maridos ou não.

A paridade exposta em Rt 3 foi-se tornando cada vez mais nítida à medida que os capítulos ganharam corpo e forma e se complementaram: os resultados da análise exegética sincrônica com os resultados da aplicação do método histórico-crítico a que o texto foi submetido (capítulo 3); a análise narrativa (capítulo 4), necessária devido à riqueza de detalhes, tanto nos elementos formais contidos na estrutura do texto como na utilização das instâncias narrativas ao longo de Rt 3; a análise intertextual de Rute como protagonista e par de Booz em Rt 3, com textos que trazem mulheres bíblicas e extrabíblicas que denotam esta mesma paridade entre mulher e homem em cena. Neste sentido, Rute e estas mulheres, com sua força/valor, e pares dos homens, adquirem literariamente nos textos da Antiguidade a categoria de heroínas, também desenvolvida nesta tese.

A pesquisa buscou apresentar como são construídas algumas heroínas na Antiguidade, perpassando as literaturas inseridas na cultura do antigo Israel e da Grécia arcaica e clássica, ao mesmo tempo em que se procurou demonstrar que se podem apontar similitudes entre a heroína Rute e as personagens femininas apresentadas e construídas narrativamente também como heroínas, através da possibilidade dos textos e das culturas que representam terem tido contato através de uma *rede de conectividade*[500] estabelecida na bacia do Mediterrâneo antigo ou mesmo da presença de um *ethos* (conjunto de normas e costumes) comum aos povos da Antiguidade no que diz respeito ao valor e à participação da mulher na sociedade em que se encontra inserida.

Apesar da distância geográfica, linguística e cultural entre Israel e a Grécia continental e insular, fala-se de um modelo de mulher muito próximo, com duas vertentes: de um lado, a mulher abelha grega, a *mélissa*, encontrada também em Débora; de outro, a mulher forte e de valor, a virtuosa. Ambas incansáveis nos trabalhos, guardiãs de suas casas, trabalhadoras no ofício de tecer, dignas da

---

500. MALKIN, I., Foreign Founders, p. 21-40.

confiança e do orgulho de seus maridos e de todos das sociedades que as cercam, merecedoras de um registro de louvor e exaltação à sua figura na construção do discurso literário, pela palavra que impregna toda a dinâmica da sociedade,[501] por essa palavra que será sempre o indicador mais sensível de todas as transformações sociais efetuadas no campo das relações humanas.

Com efeito, o que se iniciou a partir de uma leitura mais atenta a Rt 3 e à percepção de como são apresentados os protagonistas Rute e Booz em termos de paridade na cena central – a cena da eira –, bem como o valor que é dado a Noemi nas cenas periféricas tornou-se, com a exegese narrativa e a análise intertextual, um caminho para apontar a novidade desta tese. O resultado alcançado trouxe, de modo concreto, a percepção de que as mulheres de força/valor como Rute – Débora, Jael, Abigail, a mulher de Pr 31,10-31, Arete e Alceste – e seus pares homens – contidos no *mundo dos textos* bíblicos e extrabíblicos são, em si, um retrato das sociedades que os produziram, as quais iam atingindo seu desenvolvimento a partir da colaboração de ambos – mulheres e homens, cada um com sua peculiaridade, contudo de modo paritário.

Rute é uma mulher do seu tempo. Portadora de fala e de ação. Sabedora de seu valor. É o reflexo das mulheres que poderiam ser encontradas nos campos e nas cidades, seja em Israel, em Canaã ou no mundo helênico. Rute é ensinamento para mulheres e homens de que YHWH não faz acepção de pessoas e vê homem e mulher como pares que são, para caminharem juntos, apoiando-se um *no* outro e um *ao* outro. Isso não é privilégio de Israel. É modelo para todos, a ser seguido por todos, em todos os tempos. Rute é uma mulher de força/valor. E cheia de bondade. Uma heroína própria da Antiguidade.

---

501. BACCEGA, M. A., Palavra e discurso, p. 64.

Posfácio

Antes de mais nada, manifesto a minha alegria em poder fazer o Posfácio desta obra da Profa. Alessandra Serra Viegas, intitulada *Uma heroína chamada Rute*, que certamente vem trazer significativas colaborações para o estudo e o conhecimento da Palavra de Deus, especialmente no que diz respeito ao conjunto dos Livros Históricos, sendo o livro de Rute um dos cinco *Megillot* / מגילות, ou como alguns preferem dizer, dos Cinco Rolos ou Livros da *Megillah* / מגילה (*Rute, Cântico dos Cânticos, Eclesiastes, Lamentações e Ester*), de grande reverência para o mundo judaico, lidos em suas grandes festas e momentos marcantes, como foi a queda do Templo (*Semanas/Pentecostes, Páscoa, Tabernáculos, Jejum, Purim*).

A edição deste texto em nossa Série Teologia PUC-Rio traz-nos grandes alegrias, pois consagra o valor do texto e oferece ao público de língua portuguesa um ótimo material a ser levado em consideração em nossos estudos, como referência para as pesquisas na área das Sagradas Escrituras. Sabemos das lacunas que temos de textos produzidos nos estudos bíblico-acadêmicos diretamente em língua portuguesa. No Brasil, nós contamos com textos traduzidos de outros idiomas. Então, ver este texto sendo produzido e publicado por alguém de nossa língua materna é, por si só, causa de grande alegria, ainda mais por alguém com a envergadura da Profa. Alessandra, com quem tenho tido a alegria de trabalhar no Grupo de Pesquisa "Análise Retórica Bíblica Semítica", procurando sempre facilitar o acesso aos frutos dos estudos e produções acadêmicas ao público em geral, que espera produções de nossa área: a Teologia Bíblica.

A Profa. Alessandra, que também tem formação na área de Letras Clássicas, constrói este texto em um linguajar agradável, com um emprego exemplar da língua materna, de fácil leitura e acadêmico ao mesmo tempo, trazendo inclusive textos nas línguas originais e a tradução para a língua portuguesa, a fim de facilitar o acesso aos que não conhecem as línguas bíblicas originais, o hebraico e o grego, com as quais ela trabalha nesta obra. Além do texto bíblico de Rute, escrito em hebraico, ela também trabalha na interface com *extrabíblicos não religiosos*, da literatura grega antiga, dando, assim, um enriquecimento ainda maior a este seu trabalho. Neste sentido, este texto constitui uma grande colaboração para o mundo acadêmico, englobando toda a área exegético-bíblico-teológico-pastoral, visto que somos chamados a ajudar a Igreja a caminhar na construção do Reino de Deus, eliminando todo tipo de injustiça, violência e sofrimento presentes no mundo, como aqueles que se dão no relacionamento entre homens e mulheres, visto que o machismo ainda impera na sociedade hodierna.

    O texto é construído com harmonia inclusive na grandeza entre os capítulos, desde a sua introdução, contendo um *status quaestionis* da intepretação de Rt 3, com suas tendências interpretativas, histórico-sociais, culturais, linguístico-literárias e hermenêuticas; o primeiro capítulo apresenta o texto, sua organização e constituição, com sua bonita tradução e ricas notas de crítica textual, realçando ainda a unidade e o gênero do texto (novela); o segundo capítulo traz a análise narrativa de Rt 3,1-18, mostrando personagens, enredos, tempos, perspectivas, encontros, relacionamentos, espaço e tempo da história, as peripécias de cada personagem etc., e como tudo isso colabora no poder e na força do discurso; no terceiro e último capítulo temos a análise intertextual de Rt 3, com seus pressupostos teóricos, os níveis da intertextualidade, exemplos de outras heroínas bíblicas (Débora, a *comandante* – Jz 4,4-16; 5,1-23.28-31; Jael, a *combatente* – Jz 4,17-23; 5,24-27; Abigail, uma mulher de prestígio na *monarquia* – 1Sm 25,2-42; e a *sabedoria* da mulher anônima de Pr 31,10-31, percorrendo a *intertextualidade interna* à própria Bíblia; logo após, apresenta o exemplo de duas heroínas extrabíblicas (Arete, a mulher *virtuosa*, de Homero – *Odisseia*, Cantos V-VI; e Alceste, a mulher de *força*, de Eurípedes – *Alceste*, procurando percorrer um caminho na *intertextualidade externa* à Bíblia, mas sempre trabalhando a partir do modelo dessas heroínas bíblicas e extrabíblicas, todas elas sempre ligadas à figura de um homem; em seguida temos a conclusão e as referências bibliográficas, que são robustas e atualizadas.

    Ressalto igualmente a preponderância que Profa. Alessandra dá à análise narrativa, em olhar sincrônico, fazendo uso dos pressupostos do método histórico-crítico. Neste sentido, como ela afirma, o olhar literário-semiótico-linguístico, que tem sido utilizado a partir do fato de que o texto de Rt 3 é rico em aspectos desta ordem e que contribuem para o seu entendimento, é algo que também nos encanta neste seu trabalho e análises que a autora apresenta, aliás, tendo sempre presente que a análise narrativa, a semiótica e a retórica são métodos de análise literária, das ciências da linguagem (Documento da Comissão Bíblica Internacional, p. 46-57). A partir destas análises é que a autora confirma que tudo isso a ajudou numa leitura mais atenta de Rt 3,1-18, trilhando os caminhos da exegese narrativa e da análise intertextual, fato este que a ajudou a apontar a novidade de sua tese: "a contribuição do trabalho tem como dado inédito apresentar Rute como uma mulher de força/valor e uma heroína da Antiguidade à luz de outros exemplos de mulheres bíblicas e extrabíblicas, cuja característica 'heroína' intrínseca é a paridade com a contraparte masculina nos textos supracitados".

A beleza deste texto da Profa. Alessandra, sem sombra de dúvidas, encontra-se no objeto material de sua Tese Doutoral (Rt 3,1-18 e textos extrabíblicos das heroínas da literatura grega antiga), que é algo sempre prazeroso de se estudar; mas eu diria, que ela se encontra sobremaneira em seu objeto formal: "Uma heroína chamada Rute". Ou seja, todo o trabalho produzido nos mergulha e nos ajuda a ver a figura de Rute como uma mulher de força e de valor, bem como das outras mulheres abordadas no texto: Noemi, Orfa, Débora, Jael, Abigail, Arete, Alceste, indicando-nos sempre a grande colaboração de cada uma destas mulheres, fortes e guerreiras, que, a seu tempo e contexto, muito ajudaram na construção da história e muito têm a nos ajudar nos atuais, difíceis e desafiadores tempos em que vivemos hoje, que nos pedem força e coragem para realizar as tão necessárias mudanças para a construção de uma sociedade justa e fraterna entre homens e mulheres, segundo o coração de Deus.

É justamente a partir do contexto de todo livro de Rute, esta grande novela, que conta com apenas quatro capítulos, com *tramas* e jogo de *sedução*, que se desenvolve toda a história destas grandes mulheres: Rute, Orfa e Noemi, sendo, esta última, uma grande figura neste texto, que prefere seguir as pegadas da lei do *goelato*, apelando a Booz, tida igualmente como mulher de força e valor. O prazeroso aqui não é apenas trabalhar estas e outras figuras femininas da Bíblia, mas trabalhar este tema com a interface extrabíblica e, mais ainda, poder trabalhar a questão do papel da mulher na Igreja e no mundo, a partir dos *signa temporum*, para que saibamos lê-los hoje e sempre (*Gaudium et Spes* 4), sobremaneira com o grande desafio em ajudar a diminuir o preconceito que o mundo machista ainda tem e exercita impedindo que todos os filhos e todas a filhas de Deus sejamos respeitados e respeitadas segundo o projeto de Deus, que nos fez homem e mulher, "à sua imagem e semelhança" (Gn 1,26-27). Ademais, como nos afirma Paulo Apóstolo, diante de Deus "não há judeu ou grego, não há escravo nem livre, não há homem nem mulher; pois todos vós sois um só em Cristo" (Gl 3,28).

A beleza deste trabalho me fez lembrar de outras duas mulheres bíblicas, que encontramos nos livros deuterocanônicos: a) Judite, que a autora cita *en passant*, mas é de um valor muito grande, pois ela é aquela que corta a cabeça do general Holofernes (Jt 13,6-8), sendo chamada *a honra e o orgulho de Israel* (Jt 15,9-10), pois sendo mulher ela dá a vitória a Israel, e não é um homem quem faz isso; b) e a figura da *mulher mãe anônima* de 2Mc 7,1-29, que vê morrer seus sete filhos em um só dia. O v.21 afirma que a mãe permanecia firme diante de tudo "*animando com ardor viril o seu raciocínio de mulher*", enfrentando a coação do rei cruel e vendo seus sete filhos serem martirizados, mas não renega a fé e permanece fiel ao "Rei do mundo". Creio que ambas nos ajudam no *campo bíblico-teológico* e na compreensão das *gestas heroicas* que também as classificariam como "mulheres viris" ou de "coragem viril", como para a mulher de Pr 31,10, na tradução da LXX. Além disso, elas se encaixam dentro da literatura grega, uma vez que os originais se encontram em língua grega e, mais ainda, oferecem a possibilidade de influxos entre a épica homérica e a narrativa bíblica do livro de Rute.

Parabéns à Profa. Alessandra pelo belíssimo trabalho, de superlativa tessitura, de fluidez linguística e riqueza de dados acadêmicos. Com certeza, este é um livro que vem para compartilhar e agregar conhecimentos, experiência e resultados de anos de trabalho, que nos impulsionam a continuar estudando e produzindo ainda mais. Não tenho dúvidas em afirmar que este é um texto que também está voltado para uma teologia bíblico-pastoral, tendo em vista o crescimento da fé de nosso povo, que quer cada vez mais compreender e viver a Palavra de Deus, mas sobretudo em ajuda à superação do *machismo* e de tantos problemas no relacionamento entre homens e mulheres, masculino e feminino, que infelizmente ainda imperam em nosso meio.

Alia iacta est! Boa leitura e bons estudos a todos os que tiverem a felicidade de entrar em contato com esta obra da Profa. Alessandra Serra Viegas: *Uma heroína chamada Rute*, a partir de nossa Série Teologia PUC-Rio, que nasceu para compartilhar os resultados de anos de trabalho de nossos discentes e docentes, com a publicação de Dissertações e Teses em formato livro.

Prof.-Dr. Pe. Waldecir Gonzaga
Pontifícia Universidade Católica do Rio de Janeiro

Referências bibliográficas

Fontes e documentação textual oriental

BIBLIA Septuaginta. Stuttgart: Deutsche Bibelgesellschaft, 1979.

BIBLIA Hebraica Stuttgartensia. Stuttgart: Deutsche Bibelgesellchaft, 1990.

BÍBLIA de Jerusalém. São Paulo: Paulus, 2002.

BIBLIA Hebraica Quinta. General Introduction and Megilloth: Ruth, Canticles, Qoheleth, Lamentations, Esther. Stuttgart: Deutsche Bibelgesellchaft, 2004.

BERLIN, A.; ZVI BRETTLER, M. (eds.). *The Jewish Study Bible: TANAKH*. New York: Oxford University Press, 2004 (Jewish Publication Society).

GARDINER, A. H. *Hieratic Papyri in the British Museum*. Third Series. London: British Museum, 1935.

GRESSMANN, H. *Altorientalische Texte and Bilder 2*. Berlin; Leipzig: Walter de Gruyter, 1929, p. 70, BM estela 191.

M. DIETRICH; O. LORETZ; J. SANMARTÍN. *Die keilalphabetischen Texte aus Ugarit: Einschliesslich der keilalphabestischen Texte ausserhalb Ugarits 1*. Kevelaen; Neukirchen: Vluyn, 1976.

TORÁ. A Lei de Moisés. São Paulo: Sefer, 2001.

VISOTZKY, B. L. *Midrash Mishle*. A Critical Edition Based on Manuscripts. New York: The Jewish Theological Seminary of America, 1983.

Documentação textual clássica grega

ARISTOTE. *Poétique*. Paris: Les Belles Lettres, 1932.

ARISTOTE. *Rhétorique*. Tome I: Livre I. Paris: Les Belles Lettres, 1932.

ARISTÓTELES. *Poética*. Lisboa: Calouste Gulbenkian, 2004.

ARISTÓTELES. *Retórica*. Lisboa: Imprensa Nacional; Casa da Moeda, 2010.

ATHENAEUS. *The Learned Banqueters*. Vol. III. Loeb Classical Library 224. Cambridge: Harvard University Press, 2008.

ESCHYLE. *Tragédies*. Tome I: Les Suppliantes - Les Perses - Les Sept contre Thèbes - Prométhée enchaîné. Paris: Les Belles Lettres, 1920.

EURIPIDE. *Le Cyclope – Alceste – Médée – Les Héraclides*. Tome I. Paris: Les Belles Lettres, 1976.

EURIPIDES. *Electra – Orestes – Iphigenia in Taurica – Andromache – Cyclops*. Tome II. Cambridge: Harvard University Press, 1978.

EURIPIDES. *Ion – Hippolytus – Medea – Alcestis*. Tomus IV. Cambridge: The LOEB Classical Library, 1971.

EURÍPIDES. *Alceste*. Rio de Janeiro: Graeca & Latina, 1963.

HERODOTE. *Histoires*. Paris: Les Belles Lettres, 2003.

HOMÈRE. *Iliade*. Paris: Les Belles Lettres, Tome I (1987), Tome II (1992), Tome III (1994), Tome IV (1982).

HOMÈRE. *L'Odysée*. Poésie Homérique. Paris: Les Belles Lettres, 1953, Tomes I, II, III, IV.

PINDARE. *Pitiques*. Paris: Les Belles Lettres, 1922, Tome II.

PLATÃO. *A República*. Lisboa: Calouste Gulbenkian, 2001.

PLATON. *Oeuvres complètes*. La République, livres I-III. Paris: Les Belles Lettres, 1932, Tome VI.

PLUTARQUE. *Œuvres morales*. Paris: Les Belles Lettres, 1975, Tome VII, 1ère partie: Traités 27-36.

Documentos da Igreja

PONTIFÍCIA COMISSÃO BÍBLICA. *A Interpretação da Bíblia na Igreja*. São Paulo: Paulinas, 2009.

Dicionários e concordâncias

ALONSO SCHÖKEL, L. *Dicionário bíblico hebraico-português*. São Paulo: Paulus, 1997.

ALONSO SCHÖKEL, L., לָאָג, p. 125-126.

ALONSO SCHÖKEL, L., חַיִל, p. 217-218.

ALONSO SCHÖKEL, L., חֶסֶד, p. 235-236.

AUTENRIETH, G. *A Homeric Dictionary*. Norman: University of Oklahoma Press, 1961.

BAILLY, A. *Dictionnaire grec-français*. Paris: Hachette, 2000.

BAILLY, A., ἀνδρεία, p. 148-149.

BAILLY, A., δύναμις, p. 542.

BAILLY, A., ἔλεος, p. 643.

BALDWICK, C. *The concise Oxford dictionary of literary terms*. Oxford: Oxford University Press, 1996.

BAUMGARTNER, W.; KOEHLER, L. *Hebraisches und Aramaisches Lexicon zum Alten Testament*. Leiden: Brill, 2004.

BAUMGARTNER, W.; KOEHLER, L., חַיִל, p. 99;

BAUMGARTNER, W.; KOEHLER, L., חֶסֶד, p. 110;

BOTTERWEK, G. J.; RINGGREN, H.; FABRY, H. J. (org.). *Grande Lessico dell'Antico Testamento*. Brescia: Paideia, 1988-2010. v. 1-10.

BRUNEL, P. (org.). *Dicionário de Mitos Literários*. Brasília: Ed. UNB; Rio de Janeiro: José Olympio, 2000.

CHANTRAINE, P. *Dictionnaire étymologique de la langue grecque – histoire des mots*. Paris: Klincksieck, 1990. 2 v.

CHARAUDEAU, P.; MAINGUENEAU, D. *Dicionário de Análise do Discurso*. São Paulo: Contexto, 2004.

GESENIUS, W. *Handwörterbuch über das Alte Testament* (Hebräisches und Aramäisches). Berlin: Springer-Verlag, 1962.

GESENIUS, W., חַיִל, p. 228.

GESENIUS, W., חֶסֶד, p. 247.

HARRIS, R. L.; ARCHER, G. L. Jr.; WALTKE, B. K. *Dicionário Internacional de Teologia do Antigo Testamento*. São Paulo: Vida Nova, 1998.

HARRIS, R. L.; ARCHER, G. L. Jr.; WALTKE, B. K., גָּאַל, p. 235-236.

HARRIS, R. L.; ARCHER, G. L. Jr.; WALTKE, B. K., חַיִל, p. 440-441.

HARRIS, R. L.; ARCHER, G. L. Jr.; WALTKE, B. K., חֶסֶד, p. 499-503.

LIDELL, H. G. & SCOTT, R. *A Greek-English Lexicon*. Oxford: Clarendon Press, 1996.

LIDELL, H. G. & SCOTT, R., ἀνδρεία, p. 128.

LIDELL, H. G. & SCOTT, R., δύναμις, p. 452.

LIDELL, H. G. & SCOTT, R., ἔλεος, p. 532.

VanGEMEREN, W. A. (org.). *Novo Dicionário Internacional de Teologia e Exegese do Antigo Testamento*. São Paulo: Cultura Cristã, 2001. v. 1.

VanGEMEREN, W. A., גָּאַל, p. 765-766.

Gramáticas e manuais

FRANCISCO, E. F. *Manual da Bíblia Hebraica*. Introdução ao Texto Massorético e Guia introdutório para a Biblia Hebraica Stuttgartensia. São Paulo: Vida Nova, 2008.

HORTA, G. N. B. P. *Os gregos e seu idioma*. Rio de Janeiro: Di Giorgio, 1991. 1º tomo.

HUMBERT, J. *Syntaxe Grecque*. Paris: Klincksieck, 1993.

JOÜON, P. *A Grammar of Biblical Hebrew*. Roma: Editrice Pontificio Istituto Biblico, 1996. (Vol. I: Part One: Ortography and Phonetics; Part Two: Morphology).

JOÜON, P. *A Grammar of Biblical Hebrew*. Roma: Editrice Pontificio Istituto Biblico, 1996. (Vol. II: Part Three: Syntax).

NAZARI, O. *Dialetto omerico. Grammatica e vocabolario*. Torino: Loescher Editore, 1999.

NICCACCI, A. *Sintaxis Del Hebreo Bíblico*. Navarra: Verbo Divino, 2002.

RUIPÉREZ, M. S. *Estructura del sistema de aspectos y tiempos del verbo griego antiguo. Análisis funcional sincrónico*. Salamanca: Blass, 1954.

WALTKE, B. K.; O CONNOR, M. P. *Introdução à sintaxe do hebraico bíblico*. São Paulo: Cultura Cristã, 2006.

Teoria e metodologia

Livros

ABDALA JUNIOR, B. *Introdução à Análise da Narrativa*. São Paulo: Scipione, 1995.

AICHELE, G. (ed.). *A Bíblia Pós-Moderna: Bíblia e Cultura Coletiva*. São Paulo: Loyola, 2000.

ALETTI, J.-N.; GILBERT, M. ; SKA, J.L. ; DE VULPILLIÈRES, S. *Lessico Ragionato dell'esegesi biblica: le parole, gli approcci, gli autori*. Brescia: Queriniana, 2006.

ALONSO SCHÖKEL, L. *A Palavra Inspirada: a Bíblia à Luz da Ciência da Linguagem*. São Paulo: Loyola, 1992.

ALONSO SCHÖKEL, L. *A Manual of Hebrew Poetics*. Roma: Pontificio Istituto Biblico, 2000 (Subsidia biblica 11).

ALTER, R. *A Arte da Narrativa Bíblica*. São Paulo: Companhia das Letras, 2007.

ALTER, R.; KERMODE, F. (org.). *Guia Literário da Bíblia*. São Paulo: Editora UNESP, 1997.

ANTOINE, G. (ed.). *Exégesis. Problema de Método y Ejercicios de Lectura*. Buenos Aires: La aurora, 1978.

ARMENGAUD, F. *A pragmática*. São Paulo: Parábola, 2006.

BACCEGA, M. A. *Palavra e discurso – história e literatura*. São Paulo: Ática, 1995. Série Princípios.

BAKHTIN, M. *Questões de Literatura e de Estética*. São Paulo: Hucitec-Unesp, 1998.

BAKHTIN, M. *Estética da Criação Verbal*. São Paulo: Martins Fontes, 2000.

BAKHTIN, M. *Marxismo e filosofia da linguagem*. São Paulo: Hucitec, 1979.

BAR-EFRAT, S. *Narrative Art in the Bible*. New York: T& T Clark, 2008.

BARTHES, R.; MARTIN-ACHARD, R.; STAROBINSKI, J.; LEENHARDT, F-L. *Análisis estructural y exégesis bíblica*. Buenos Aires: La Aurora, 1973.

BERLIN, A. *Biblical Poetry Through Medieval Jewish Eyes*. Bloomington: Indiana University Press, 1991.

BERLIN, A. *Poetics and Interpretation of Biblical Narrative*. Winona Lake: Eisenbrauns, 2005. v. 9.

BOOTH, W. C. *The Retoric of Fiction*. Chicago & London: The University of Chicago Press, 1983.

BREMOND, C. *Literatura e Semiologia: pesquisas semiológicas*. Petrópolis: Vozes, 1972.

BRENNER, A. *A Mulher Israelita. Papel Social e Modelo Literário na Narrativa Bíblica*. São Paulo: Paulinas, 2001.

BUCHOLTZ, M.; HALL, K. *Gender Articulated. Language and the Socially Constructed Self*. New York & London: Routledge, 1995.

BUCHOLTZ, M. (ed.). *Language and Woman's Place. Text and Commentaries*. New York: Oxford University Press, 2004 (Original text by Robin Tolmach Lakoff).

CALVERT-KOYZIS, N.; WEIR, H. (eds.). *Breaking Boundaries. Female Biblical Interpreters who challenged the Status Quo*. London and New York: T&T Clark International, 2010.

CÂNDIDO, A. *O Estudo Analítico do Poema*. São Paulo: Editora Humanitas, 2006.

CARBAJOSA, I. *De la Fe Nace la Exégesis. La Interpretación de la Escritura a la Luz de la Historia de la Investigación sobre el Antiguo Testamento*. Navarra: Verbo Divino, 2011.

CARMODY, T. R. *Como Ler a Bíblia. Guia para Estudo*. São Paulo: Loyola, 2008.

CARNAP, R. *Introduction to Semantics*. Cambridge: Harvard University Press, 1942.

CARVALHAL, T. F. *Literatura Comparada*. São Paulo: Ática, 2001.

CARVALHAL, T. F. *O próprio e o alheio. Ensaios de literatura comparada*. São Leopoldo: Unisinos, 2003.

CHWARTS, S. *Uma Visão da Esterilidade na Bíblia Hebraica*. São Paulo: Associação Editorial Humanitas, 2004.

CLIFTON, J. *Introduction to Cultural Anthropology*. Boston: Houghton Mifflin Company, s/a.

COATS, G. W. (ed.). *Narrative Forms in Old Testament Literature*. England: JSOT Press, 1985. Supplement Series 35.

COLLINGWOOD, R. *A ideia de História*. Lisboa: Editorial Presença, 2001.

CULLER, J. *Teoria literária. Uma introdução*. São Paulo: Beca Produções Culturais, 1999.

ECO, U. *Os limites da interpretação*. São Paulo: Perspectiva, 2008.

ECO, U. *Interpretação e superinterpretação*. São Paulo: Martins Fontes, 1993.

ECO, U. *Seis Passeios pelos Bosques da Ficção*. São Paulo: Companhia das Letras, 1994.

ECO, U. *Lector in fabula*. São Paulo: Perspectiva, 2004.

ECO, U. *Obra aberta*. São Paulo: Perspectiva, 2007.

FOKKELMAN, J. P. *Major Poems of the Hebrew Bible. At the Interface of Hermeneutics and Structural Analysis*. Assen the Netherlands: Van Gorcum, 1998.

FOKKELMAN, J. P. *Narrative Art in Genesis. Specimens of Stylistic and Structural Analysis*. Eugene; Oregon: Wipf and Stock, 2004.

FOUCAULT, M. *As palavras e as coisas*. São Paulo: Martins Fontes, 1995.

FRANCESCA, S. *Land of Our Fathers. Their Roles of Ancestor Veneration in Biblical Land Claim*. London: Continuum International Publishing, 2011.

FRIEDMAN, R. E. *Who Wrote the Bible?* New York: Haper Collins Publishers, 1989.

FRYE, N. *Código dos Códigos. A Bíblia e a Literatura*. São Paulo: Boitempo, 2004.

GABEL, J. B.; WHEELER, C. B. *A Bíblia como Literatura*. São Paulo: Loyola, 2003.

GANCHO, C. V. *Como Analisar Narrativas*. São Paulo: Ática, 2006.

GARDINER, P. *Teorias de História*. Lisboa: Fundação Calouste Gulbekian, 2004.

GENETTE, G. *Figures III*. Paris: Seuil, 1972.

GOTTWALD, N. *Introdução Socioliterária à Bíblia Hebraica*. São Paulo: Paulus, 1988.

GRAY, G. B. *The Forms of Hebrew Poetry. Considered with Special Reference to the Criticism and Interpretation of the Old Testament*. New York: Ktav Pub. House, 1972.

HAYNES, S. R.; McKENZIE, S. L. *To Each Its Own Meaning. An Introduction to Biblical Criticisms and Their Application*. Louisville; KY: Westminster; John Knox Press, 1993.

HAYS, R. B.; ALKIER, S.; HUIZENGA, L. A. (eds.). *Reading the Bible Intertextually*. Waco: Baylor University Press, 2009.

HEIMERDINGER, J. M. *Topic, Focus and Foreground. In Ancient Hebrew Narratives*. Great Britain: Sheffield Academic Press, 1999.

ILARI, R.; GERALDI, J. W. *Semântica*. São Paulo: Ática, 2004.

INGARDEN, R. *A obra de arte literária*. Lisboa: Fundação Calouste Gulbenkian, 1973.

ISER, W. *O ato da leitura. Uma teoria do efeito estético*. São Paulo: Editora 34, 1996. v.1.

ISER, W. *O ato da leitura. Uma teoria do efeito estético*. São Paulo: Editora 34, 1999. v.2.

KENNEDY, G. A. (ed.). *The Cambridge History of Literary Criticism*. Classical Criticism. Cambridge: Cambridge University Press, 1989. v.1.

KNELLWOLF, C.; NORRIS, C. (eds.). *The Cambridge History of Literary Criticism. Twentieth-Century Historical, Philosophical and Psychological Perspectives*. Cambridge: Cambridge University Press, 2001. v.9.

KRISTEVA, J. *Introdução à Semanálise*. São Paulo: Perspectiva, 1974.

LACOCQUE, A.; RICOEUR, P. *Thinking Biblically. Exegetical and Hermeneutical Studies*. Chicago; London: The University of Chicago Press, 2007.

LEITE, L. C. M. *O Foco Narrativo*. São Paulo: Ática, 1989.

LIMA, L. C. (coord.). *A literatura e o leitor: textos de estética da recepção*. São Paulo: Paz e Terra, 1979.

LIMA, L. C. *História. Ficção. Literatura*. São Paulo: Cia das Letras, 2006.

LIMA, M. L. C. *Exegese bíblica: teoria e prática*. São Paulo: Paulinas, 2014.

LUBBOCK, P. *The craft of fiction*. London: C. Scribner's Sons, 1921.

MAINGUENEAU, D. *Elementos de linguística para o texto literário*. São Paulo: Martins Fontes, 2001.

MAINGUENEAU, D. *Novas Tendências em Análise do Discurso*. Campinas: Pontos, 1989.

MALANGA, E. B. *A Bíblia Hebraica como Obra Aberta*. São Paulo: Humanitas-FAPESP, 2005.

WAJDENBAUM, P. *Argonautas do deserto: análise estrutural da Bíblia Hebraica*. São Paulo: Paulus, 2015. Col. Biblioteca de Estudos Bíblicos.

MARCONDES, D. *A pragmática na filosofia contemporânea*. Rio de Janeiro: Zahar, 2005. Col. Passo a Passo.

MARGUERAT, D. ; BOURQUIM, Y. *La Bible se raconte*. Initiation à l'analyse narrative. Paris: Éditions Du Cerf, 1998.

MARGUERAT, D. ; BOURQUIM, Y. *Para ler as Narrativas Bíblicas*. São Paulo: Loyola, 2009.

MIELIETINSKI, E. *A poética do mito*. Rio de Janeiro: Forense-Universitária, 1987.

MOISÉS, M. *A criação literária*. Poesia. São Paulo: Cultrix, 1984.

MOISÉS, M. *A Análise Literária*. São Paulo: Cultrix, 2003.

MORRIS, C. *Signs, Language and Behavior*. New York: George Braziller, 1964.

MORRIS, C. *Writings on the General Theory of Signs*. The Hague: Mouton Publishers, 1971.

NICKELSBURG, G. W. E. *Literatura Judaica entre a Bíblia e Mixná*. São Paulo: Paulus, 2011.

ORLANDI, E. P. *Discurso e leitura*. São Paulo: Cortez; Campinas; Edunicamp, 1988.

ORLANDI, E. P. *A linguagem e seu funcionamento. As formas do discurso.* São Paulo: Pontes, 1996.

ORLANDI, E. P. *Análise de Discurso. Princípios e procedimentos.* Campinas: Pontes, 2009.

ORTON, D. E. *Poetry in the Hebrew Bible. Selected Studies from Vetus Testamentum.* Leiden: Brill, 2000.

PARRIS, D. P. *Reception Theory and Biblical Hermeneutics.* Eugene: Pickwick Publications, 2009. Princeton Theological Monograph Series, 107.

PETERSEN, D. L.; RICHARDS, K. H. *Interpreting Hebrew Poetry.* Minneapolis: Fortress Press, 1992.

PROENÇA FILHO, D. *A Linguagem Literária.* São Paulo: Ática, 2004.

REIS, C. *Técnicas de Análise Textual. Introdução à Leitura Crítica do Texto Literário.* Coimbra: Almedina, 1981.

REUTER, Y. *A Análise Narrativa. O Texto, a Ficção e a Narração.* Rio de Janeiro: Difel, 1987.

RICOEUR, P. *Le Conflit des Interprétations. Essais D' Herméneutique.* Paris: Editions du Seuil, 1969.

RICOEUR, P. *Hermenêutica Bíblica.* São Paulo: Loyola, 2006.

RICOEUR, P. *Interpretation Theory. Discourse and the Surplus of Meaning.* Texas: Christian University Press, 1976.

RICOEUR, P. *Percurso do reconhecimento.* São Paulo: Loyola, 2006.

RICOEUR, P. *Tempo e Narrativa I. A intriga e a narrativa histórica.* São Paulo: Martins Fontes, 2010.

RICOEUR, P. *Tempo e Narrativa III. O tempo narrado.* São Paulo: Martins Fontes, 2010.

RICOEUR, P. *Teoria da interpretação.* Lisboa: Edições 70, 1987.

RÖMER, T. *A chamada história Deuteronomista. Introdução sociológica, histórica e literária.* Petrópolis: Vozes, 2008.

ROSENBLATT, J. P.; SITTERSON, J. C. (ed.). *Not in Heaven. Coherence and Complexity in Biblical Narrative.* Indiana University Press, 1991.

SAKENFELD, K. D. *Just Wives? Stories of Power and Survival in the Old Testament and Today.* Louisville: Westminster John Knox Press, 2003.

SCHOTTROFF, L.; SCHROER, S.; WACKER, M.-T. *Exegese feminista. Resultados de pesquisas bíblicas na perspectiva de mulheres.* São Leopoldo: Sinodal EST; CEBI; São Paulo: ASTE, 2008.

SCHREINER, J. (coord.). *Introducción a los Métodos de la Exégesis Bíblica.* Barcelona: Herder, 1974.

SCHÜLER, D. *Carência e plenitude. Uma análise das sequências narrativas na Ilíada.* Porto Alegre: Movimento, 1976.

SILVA, C. M. D. *Metodologia de exegese bíblica*. São Paulo: Paulinas, 2000.

SIMIAN-YOFRE, H. (org.). *Metodologia do Antigo Testamento*. São Paulo: Loyola, 2000.

SKA, J.-L. *Specchi, lampade e finestre. Introduzione all'ermeneutica biblica*. Bologna: EDB, 2014.

SKA, J.-L. *A Palavra de Deus nas narrativas dos homens*. São Paulo: Loyola, 2005.

SKA, J.-L. *Our Fathers Have Told Us. Introduction to the Analysis of Hebrew Narrative*. Roma: Ed. Pontificio Istituto Biblico, 2000.

STAM, R. *Bakhtin. Da teoria literária à cultura de massa*. São Paulo: Ática, 1992. Série Temas, v. 20, Literatura e Sociedade.

STERNBERG, M. *The Poetics of Biblical Narrative. Ideological Literature and the Drama of Reading*. Bloomington: Indiana University Press, 1985.

STAVRALOPOULOU, F. *Land of Our Fathers*. London: Continuum International Publishing, 2011.

THOMPSON, T. L. *Biblical Narrative and Palestine's History*. Changing Perspectives 2. USA: Equinox Publishing, 2013.

TODOROV, T. *Mikail Bakhtine. Le principe dialogique*. Paris: Seuil, 1981.

TODOROV, T. *As Estruturas Narrativas*. São Paulo: Perspectiva, 2006.

TODOROV, T. *A literatura em perigo*. Rio de Janeiro: DIFEL, 2010.

TOOHEY, P. *Reading epic. An Introduction to the Ancient Narratives*. New York: Routledge, 1992.

ULMANN, S. *Semântica. Uma introdução à ciência do significado*. Lisboa: Calouste Gulbenkian, 1967.

WEISSENRIEDER, A.; COOTE, R. B. *The Interface of Orality and Writing. Speaking, Seeing, Writing in the Shaping of New Genres*. Tübbingen: Mohr Siebeck, 2010.

WÉNIN, A. (ed.). *Studies in the Book of Genesis. Literature, Redaction and History*. Louven: Peeters Publishers, 2001. v. 155.

WÉNIN, A. *De Adão a Abraão ou as Errâncias do Humano*. São Paulo: Loyola, 2011.

WÉNIN, A. *O homem bíblico. Leituras do Primeiro Testamento*. São Paulo: Loyola, 2006.

Capítulos de livros e artigos:

ALONSO SCHÖKEL, L. Arte narrative en el libro de los Jueces. In: *Hermeneutica de la Palabra II: Interpretación literaria de textos bíblicos*. Madrid: Ediciones Cristiandad, 1987, p. 359-382.

ALTER, R. Structures of Intensification. In: *The Art of Biblical Poetry*. New York: Basic Books, 2011, p. 81-107.

ALTER, R. The Dynamics of Parallelism. In: *The Art of Biblical Poetry*. New York: Basic Books, 2011, p. 14-39.

BAR-EFRAT, S. Some Interpretations on the Analysis of Structure in Biblical Narrative, *VT* 30, 1980, p. 154-173.

BEATTIE, D. R. G. Jewish Exegesis of the book of Ruth. *Journal for the Study of the Old Testament Supplement series*, 2. Department of Semitic Studies – The Queen's University of Belfast. Sheffield, p. 2-251, 1977.

BERLIN, A. Introduction to Hebrew Poetry. In: DORAN, R.; NEWSOM, C. A. (et al). *The New Interpreter's Bible* 4, 1996, p. 301-314.

BERLIN, A. Poetry, Hebrew Bible. In: J. H. HAYES. *Dictionary of Biblical Interpretation* 2, 1999, p. 290-339.

BUCHOLTZ, M.; LIANG, A. C.; SUTTON, L. A. (eds.). *Reinventing Identities. The Gendered Self in Discourse*. New York: Oxford University Press, 1999, p. 221-240.

CAMP, C. V. Woman Wisdom as Root Metaphor: A Theological Consideration. In: HOGLUND, K. G.; HUWILER, E. F.; GLASS, J. T.; LEE, R. W. (eds.). *The Listening Heart. Essays in Wisdom and the Psalms in honor of Roland E. Murphy, O. Carm*. Sheffield: Sheffield Academic Press, 1987, p. 45-76.

CHATMAN, S. B. Story: Events. In: CHATMAN, S. B. *Story and discourse: Narrative structure in fiction and film*. Cornell University Press, 1978, p. 43-98.

COATS, G. W. Genres: Why Should They Be Important for Exegesis. In: COATS, G. W. (ed.). *Narrative Forms in Old Testament Literature*. England: JSOT Press, 1985, p. 7-15. (Supplement Series 35).

FOWLER, R. M. Characterizing Character in Biblical Narrative. *Semeia* 63, 1993, p. 97-104.

GENETTE, G. Voix. In: GENETTE, G. *Figures III*. Paris: Seuil, 1972, p. 225-268.

GONZAGA DO PRADO, J. L. O livro de Rute à luz do método histórico-crítico. *Estudos Bíblicos* 98, 2008, p. 77-84.

GRAY, G. B. Parallelism: a Restatement. In: GRAY, G. B. *The Forms of Hebrew Poetry*. Publisher not identified, 1915, p. 37-88.

GUNN, D. M. Narrative Criticism. In: HAYNES, S. R.; McKENZIE, S. L. *To Each Its Own Meaning. An Introduction to Biblical Criticisms and Their Application*. Louisville, KY: Westminster/John Knox Press, 1993, p. 171-194.

HEARD, R. C. Narrative Criticism and the Hebrew Scriptures: A Review and Assessment. *ResQ* 38, 1996, p. 29-45.

ISER, W. A interação do texto com o leitor. In: L. C. LIMA (coord.). *A literatura e o leitor: textos de estética da recepção*. São Paulo: Paz e Terra, 1979, p. 83-132.

LETE, G. La Biblia y su intertextualidade. *EB* 71, 2013, p. 407-432.

MARKL, D. *Hab 3 in intertextueller und kontextueller Sicht*. Bib 85, 2004, p. 99-108.

MCKNIGHT, E. V. Reader-Response Criticism. In: HAYNES, S. R.; McKENZIE, S. L. *To Each Its Own Meaning. An Introduction to Biblical Criticisms and Their Application.* Louisville, KY: Westminster/John Knox Press, 1993, p. 197-219.

NIELSEN, K. Intertextuality and Hebrew Bible. In: A. LEMAIRE. *Congress Volume Oslo,* 1998, p. 17-31.

NABOKOV, V. The Dynamics of Parallelism. In: ALTER, R. *The Art of Biblical Poetry.* New York: Basic Books, 2011, p. 14-107.

ORLANDI, E. O inteligível, o interpretável e o compreensível. In: ZILBERMAN, R.; SILVA, E. T. (orgs.). *Leitura: perspectivas interdisciplinares.* São Paulo: Ática, 1988, p. 58-77.

SKA, J. L. Sincronia: a análise narrativa. In: SIMIAN-YOFRE, H. *Metodologia do Antigo Testamento,* 2000, p. 123-148.

STAHL, H.P. On 'extra-dramatic' communication of characters in Euripides. In: GOULD, T. F.; HERINGTON, C.J. *Yale Classical Studies – Greek tragedy.* Cambridge: Cambridge University Press, 1977, p. 159-176. v. 25.

STERNBERG, M. The Structure of Repetition: Strategies of Informational Redundancy. In: STERNBERG, M. *The Poetics of Biblical Narrative Ideological Literature and the Drama of Reading,* 1985, p. 365-440.

STERNBERG, M. Double Cave, Double Talk: The Indirections of Biblical Dialogue". In: ROSENBLATT, J. P.; SITTERSON, J. C. (ed.). *Not in Heaven: Coherence and Complexity in Biblical Narrative.* Indiana University Press, 1991, p. 28-57.

STERNBERG, M. What is Exposition? An Essay in Temporal Delimitation. In: *Expositional modes and temporal ordering in fiction.* Indiana University Press, 1993, p. 1-34.

TODOROV, T. A descrição da significação em literatura. In: *Literatura e Semiologia: pesquisas semiológicas.* Petrópolis: Vozes, 1972.

TRIBLE, P. Feminist Hermeneutics and Biblical Studies. In: LOADES, Ann (ed.). *Feminist Theology: a reader.* London: Biddles, 1990, p. 23-29.

WÉNIN, A.; SKA, J.-L.; SONNET, J.-P. L'analyse narrative des récits de l'Ancien Testament. *Cahiers Évangile* 107, 1999, p. 5-59.

WEITZMAN, S. Before and After the Art of Biblical Narrative. *Prooftexts* 27.2, 2007, p. 191-210.

Bibliografia instrumental

Livros:

ALBERTZ, R. *Historia de la religión de Israel em tiempos del Antiguo Testamento: de los comienzos hasta el final de la monarquía.* Madrid: Trotta, 1999.

ALBRIGHT, W. F. *Yahweh and the Gods of Canaan.* Winona Lake: Eisenbrauns, 1994.

ARAÚJO, G. L. *História da festa judaica das Tendas.* São Paulo: Paulinas, 2011.

ASCHKENASY, N. *Woman at the window: Biblical tales of oppression and escape.* Detroit: Wayne State University Press, 2002.

BORGES, J.L. *El hacedor.* Buenos Aires: Alianza, 2006.

BRANDÃO, J. S. *Teatro grego. Tragédia e comédia.* Petrópolis: Vozes, 2007.

BRAUDEL, Fernand. *Les Mémoires de la Mediterranée.* Paris: Editions de Fallois, 1998.

BRENNER, A. (org.). *De Êxodo a Deuteronômio a partir de uma leitura de gênero.* São Paulo: Paulinas, 2000.

BROWN, W. *The ethos of the Cosmos: The Genesis of moral Imagination in the Bible.* Cambridge: Eerdmans Publishing, 1999.

BROSIUS, M. *Women in Ancient Persia.* Oxford: Clarendon Press, 1998.

CAMPBELL, J. *O herói de mil faces.* São Paulo: Cultrix, 1995.

CARMICHAEL, C. *Women, Law and the Genesis Traditions.* Edinburg: Edinburg University Press, 1979.

CARPEAUX, O. M. *História da civilização ocidental.* Rio de Janeiro: O Cruzeiro, 1959.

DANDAMAEV, M.; LUKONIN, V. *The Culture and Social Institutions of Ancient Iran.* New York: Cambridge University Press, 1994.

DUBY, G.; PERROT, M. *História das mulheres no Ocidente.* Vol. I – A Antiguidade. Porto: Afrontamento, s/d.

DONNER, H. *História de Israel e dos povos vizinhos.* São Leopoldo: Sinodal, 2004. v. 1-2.

EDGERTON, W. F.; WILSON, J. A. *Historical Records of Ramses III*: Studies in Ancient Oriental Civilization 12. Chicago: The University of Chicago Press, 1936.

FARIA, J. F. (org.). *História de Israel e as pesquisas mais recentes.* Petrópolis: Vozes, 2003.

FERNANDES, L. A. *Evangelização e família.* São Paulo: Paulinas, 2015.

FINKELSTEIN, I.; SILBERMAN, N. A. *Le tracce de Mosé.* La Bibbia tra storia e mito. Roma: Carocci, 2002.

FOHRER, G. *História da religião de Israel.* São Paulo: Academia Cristã; Paulus, 2006.

GILLIGAN, C. *In a different voice.* Cambridge; Massachusetts: Harvard University Press, 1982.

GERSTENBERGER, E. S. *Israel no tempo dos persas.* Séculos V e IV antes de Cristo. São Paulo: Loyola, 2014.

GRABBE, L. L. *Judaism from Cyrus to Hadrian.* The Persian and Greek Periods. Minneapolis: Fortress Press, 1992. v.1.

GRABBE, L. L. *A History of the Jews and Judaism in the Second Temple Period. A History of the Persian Province of Judah.* London: T & T Clark, 2006.

HARL, M. (org.). *A Bíblia grega dos Setenta. Do judaísmo helenístico ao cristianismo antigo.* São Paulo: Loyola, 2007.

HAVELOCK, E. *A revolução da escrita na Grécia e suas consequências culturais*. São Paulo: UNESP, 1996.

JAEGER, W. *Paideia – a formação do homem grego*. São Paulo: Martins Fontes, 2001.

KESSLER, R. *História social do Antigo Israel*. São Paulo: Paulinas, 2009.

KELEN, J. *As Mulheres da Bíblia*. Lisboa: Âncora, 2001.

LACOCQUE, A. *The Feminine Unconventional. Four subversive figures in Israel's tradition*. Minneapolis: Fortress Press, 1990.

LAFFEY, A. *Introdução ao Antigo Testamento – perspectiva feminista*. São Paulo: Paulus, 1994.

LESKY, A. *História da Literatura Grega*. Lisboa: Calouste Gulbenkian, 1995.

LESSA, F. *Mulheres de Atenas*. Mélissa do gineceu à ágora. Rio de Janeiro: LHIA, 2001.

LIVERANI, M. *Para além da Bíblia. História Antiga de Israel*. São Paulo: Loyola, 2008.

PERDUE, L. G. (org.). *Families in Ancient Israel*. Louisville; KY: Westminster John Knox Press, 1997.

PEREIRA, M. H. R. *Estudos de História da cultura clássica. Cultura grega*. Lisboa: Calouste Gulbekian, 2006. v.1.

PINTO, S. (org.). *Proverbi. Introduzione, traduzione e comento*. Torino: San Paolo, 2013. Nuova versione della Bibbia dai Testi Antichi.

REDFELD, J. M. *La tragedia de Hector: natureza e cultura em la Ilíada*. Barcelona: Ensaios; Destino, 1992.

RENDTORFF, R. *Introduzione all' Antico Testamento*. Torino: Claudiana, 1994.

ROMILLY, J. *La douceur dans la pensée grecque*. Paris: Les Belles Lettres, 1979.

SCHREINER, J.; KAMPLING, R. *Il prossimo – lo straniero – il nemico*. Bologna: EBD, 2001.

SCHWANTES, M. *Projetos de Esperança: Meditações sobre Gênesis 1-11*. São Paulo: Paulinas, 2002.

SCHWANTES, M. *História de Israel: Local e origens*. São Leopoldo: Oikos, 2008. v.1.

SCHWANTES, M. *Introdução à leitura do Pentateuco. Chaves para a interpretação dos cinco primeiros livros da Bíblia*. São Paulo: Loyola, 2003.

TENACE, M. *Para uma antropologia de comunhão. Da imagem à semelhança. A salvação como divinização*. São Paulo: Edusc, 2005.

TURNER, V. *Dramas, Fields and Metaphors. Symbolic Action in Human Society*. Ithaca; NY: Cornell Umiversity Press, 1974.

VERNANT, J. P.; VIDAL-NAQUET, P. *Mito e tragédia na Grécia Antiga*. São Paulo: Duas Cidades, 1977.

VERNANT, J. P.; VIDAL-NAQUET, P. *L'individu, la mort, l'amour. Soi-même et l'autre en Grèce ancienne*. Paris: Éditions Gallimard, 1989.

VERNANT, J. P.; VIDAL-NAQUET, P. *Entre mito e política*. São Paulo: EdUSP, 2002.

VERNANT, J. P.; VIDAL-NAQUET, P. *Mito e pensamento entre os gregos. estudos de psicologia histórica*. Rio de Janeiro: Paz e Terra, 1990.

VILCHEZ LÍNDEZ, J. *Sabedoria e Sábios em Israel*. São Paulo: Loyola, 1999.

VON RAD, G. *Teologia do Antigo Testamento*. São Paulo: ASTE; Targumin, 2006.

WAJDENBAUM. P. *Argonautas do deserto. Análise estrutural da Bíblia Hebraica*. São Paulo: Paulus, 2015

WINKLER, J. J. *The Constraints of Desire. The Anthropology of Sex and Gender in Ancient Greece*. New York & London: Routledge, 1990.

WOLFF, H. *Bíblia, Antigo Testamento. Introdução aos escritos e aos métodos de estudo*. São Paulo: Paulus, 2003.

ZENGER, E. (org.). *Introduzione all'Antico Testamento*. Brescia: Queriniana, 2005.

Capítulos de livros e artigos:

AMIT, Y. Manué prontamente seguiu sua esposa (Juízes 13,11), sobre o lugar da mulher nas narrativas de nascimento. In: A. BRENNER. *Juízes a partir de uma leitura de gênero*. 2001, p. 183-195.

ANDERSON, C. B. Women, Ideology and Violence. Critical Theory and the Construction of Gender in the Book of the Covenant and the Deuteronomic Law. *JSOTSup* 394, London, New York: T & T Clark International, p. xii-148, 2005.

ACKERMAN, S. 'Awake! Awake! Utter a Song!' Deborah, Women and War. In: ACKERMAN, S. *Warrior, Dancer, Seductress, Queen*. Women in Judges and Biblical Israel, 1998, p. 51-73.

BIRD, P. A. Male and female he created them. Gen 1:27b in the context of the priestly account of creation. *HTR* 74.2, p. 129-159, 1981.

BRITT, B. Death, Social Conflict, and the Barley Harvest in the Hebrew Bible. *JHS* 5.14, p. 1-29, 2005.

CANDIDO DE PAULA, A. Tragédia, Epopeia e Lírica: as Narrativas das Mulheres do Antigo Testamento. *Mandrágora* 15, p. 80-90, 2009.

CERVANTES-ORTIZ, L. Reading the Bible and reading life: everyday life approaches to wisdom literature from Latin America. *CTJ* 46.2, p. 278-288, 2011.

CHWARTS, S. Família e clã nas narrativas patriarcais e na literatura profética: um breve comentário. *Cadernos de Língua e Literatura Hebraica* 14, p. 126-140, 2016.

DACIES, E. W. Inheritance Rights and the Hebrew Levirate Marriage. *VT* 31, p. 138-144, 1981.

DEMPSTER, S. G. Mythology and History in the Song of Deborah. *WTJ* 41, p. 33-53, 1978.

EXUM, J. C. "The Mother's Place", Fragmented Women: Feminist (Sub)Versions of Biblical Narratives. *JSOT Supplement*, p. 94-147, 1993.

FISCHER, I. Ni Samuel ni Élie ni Élisée: Débora succeède a Moïse et à Miryam. In: FISCHER, I. *Des Femmes Mennsagères de Dieu. Le phénomène de la prophétie et des prophétesses dans la Bible hébraïque. Pour une interpretation respectueuse de la dualité sexuelle*. Paris: Du Cerf, 2009, p. 149-176.

GARCÍA BACHMANN, M. Perder la cabeza por una mujer bonita... ¿O entregarla voluntariamente? Judit e otras heroínas bíblicas. *Reseña Biblica* 74, p. 33-42, 2012.

GUDBERGSEN, T. God consists of both the male and the female genders: a short note on Gen 1:27. *VT* 62.3, p. 450-453, 2012.

GUTSTEIN, N. Proverbs 31:10-31. The Woman of Valor as Allegory. *JBQ* 27.1, p. 36-39, 1999.

GUTTMANN, M. *The Term 'Foreigner' (nôkri) Historically Considered*. Hebrew Union College Annual, p. 3-20, 1926.

GRUBER, M. I. Women in the Biblical World. A Study Guide. *ATLA Bibliography Series* 38, p. 19-155, 1995.

HAMILTON, V. P. Marriage: Old Testament and Ancient Near East. *Anchor Bible Dictionary*, v. 4, p. 559-569, 1992.

HAWKINS, T. R. The Wife of Noble Character in Proverbs 31:10-31. *BSac*, 153.609, p. 12-23, 1996.

HERZBERG, B. Deborah and Moses. *JSOT* 38.1, p. 15-33, 2013.

HOROWITZ, M. C. The image of God in man: is women included?. *HTR* 72.3-4, p. 175-206, 1979.

JOHNSON, E. A. The incomprehensibility of God and the image of God male and female. *TS* 45.3, p. 441-465, 1984.

KIRSCHBAUM, S. Sobre o caráter diacrônico dos festivais religiosos. São Paulo: REVER, 2003. Fórum. *Revista de Estudos da Religião*. Pós-graduação em Ciência da Religião da PUC-SP. Disponível em: <www.pucsp.br/rever/relatori/kirschbaum01.htm>. Acesso em: 08 de nov. 2014.

KOVACIK, J. J. Radical Agency, Households and Communities. Networks of Power. In: O'DONOVAN, M. (ed.). *The Dynamics of Power. Center of Archaeological Investigations Occasional Papers 30*. Carbondale: Southern Illinois University, p. 51-65, 2002.

LANG, B. Women's work, household and property in two Mediterranean societies. A comparative essay on Proverbs XXXI 10-31. *VT* 54. 2, p. 188-207, 2004.

MALKIN, I. Foreign Founders: Greeks and Hebrews. In: SWEENEY, N. M. (ed.). *Foundation Myths in Ancient Societies: Dialogues and Discourses*. Philadelphia: Pennsylvania Press, 2015, p. 21-40.

MEYERS, C. L. Everyday life. Women in the Period of the Hebrew Bible. In: NEWSON, C. A.; RINGE, S. H. (eds.). *The Women's Bible Commentary*. London; Westminster: John Knox Press, 1992, p. 244-251.

MOBLEY, G. Samson and the Liminal Hero in the Ancient Near East. In: MOBLEY, G. *Hero in the Ancient Near East*. New York; London: T&T Clark, 2006, p. 86-88.

POLAK, F. Negotiations, social drama and voices of memory in some Samuel tales. In: POLAK, F.; BRENNER, A. (eds.). *Performing Memory in Biblical Narrative and Beyond*. Sheffield: Sheffield Phoenix Press, 2009, p. 46-71.

RACE, W. First Appearances in the Odyssey. *TAPS* 123, p. 79-107, 1993.

RIESS, J. K. The Woman of Worth. Impressions of Proverbs 31:10-31. *Dialogue* 30.1, p. 141-151, 1997.

STAHL, H. P. On 'extra-dramatic' communication of characters in Euripides. In: GOULD, T. F.; HERINGTON, C. J. *Yale Classical Studies – Greek tragedy* (Vol. XXV). Cambridge: Cambridge University Press, 1977, p. 159-176.

SZLOS, B. M. A portrait of power: a literary-critical study of the depiction of the woman in Proverbs 31:10-31. *USQR* 54.1-2, p. 97-103, 2000.

VAINSTUB, D. Some Points of Contact between the Biblical Deborah War Traditions and Some Greek Mythologies. *VT* 61, p. 324-334, 2011.

VALLER, S. Who is ēšet ḥayil in Rabbinic Literature? In: BRENNER, A. (ed.). *A Feminist Companion to Wisdom Literature*. Sheffield: Sheffield Academic Press, 1995, p. 85-97.

WOLTERS, A. M. Nature and grace in the interpretation of Proverbs 31:10-31. *CTJ* 19. 2, p. 153-166, 1984.

WOLTERS, A. M. Proverbs 31:10-31 as heroic hymn. A form-critical analysis. *VT* 38.4, p. 446-457, 1988.

YEE, G. A. By the hand of a woman. The metaphor of the woman warrior in Judges 4. *Semeia* 61, p. 104-105, 1993.

YODER, C. R. The woman of substance ('ŠT-ḤYL): a socioeconomic reading of Proverbs 31:10-31. *JBL* 122.3, p. 427-447, 2003.

YODER, C. R. A Study of Women in the Socioeconomic Context of Proverbs 1–9 and 31:10-31. In: YODER, C. R. *Wisdom as a Woman of Substance: A Socioeconomic Reading of Proverbs 1-9 and 31:10-31*. Berlin; New York: De Gruyter, 2001, p. 39-58.

Livro de Rute

Livros:

BRENNER, A. (ed.). *A Feminist Companion to Ruth*. Sheffield: Sheffield Academic Press, 2001.

BRENNER, A. (org.). *Rute a partir de uma leitura de gênero*. São Paulo: Paulinas, 2002.

BRENNER, A. (ed.). *Ruth and Esther*. Sheffield: Sheffield Academic Press, 1999.

CAMPBELL Jr., E. F. *Ruth*. New York: Doubleday & Company, 1975. The Anchor Bible.

CASPI, M. M; HAVRELOCK, R. S. *Women on the Biblical Road: Ruth, Naomi, and the Female Journey*. Lanham London: University Press of America, 1996.

D'ANGELO, C. *Il libro di Rut. La Forza delle Donne: Commento Teologico e Letterario*. Bologna: EBD, 2004.

FERNANDES, L. A. *Rute*. São Paulo: Paulinas, 2012.

FEWELL, D. N.; GUNN, D. *Compromising Redemption: Relating Characters in the Book of Ruth*. Louisville: John Knox Press, 1990.

FISCHER, I. *Rut*. HThKAT 8. Freiburg.i.B.-Basel-Wien: Herder, 2001.

FRANKE, J. R. (org.). *Ancient Christian Commentary on Scripture, Old Testament IV. Joshua, Judges, Ruth, 1–2 Samuel*. Illinois: Inter Varsity Press, 2005.

HALS, R. M. *The Theology of the book of Ruth*. Philadelphia: Fortress Press, 1969.

HUBBARD, JR., R. L. *The book of Ruth*. Michigan: Eerdmans Publishing Company, 1988.

JOÜON, P. *Ruth. Commentaire philologique et exegetique*. Rome: Institute Biblique Pontifical, 1993.

KÖHLMOOS, M. *Das Alte Testament Deutsch: Ruth*. Göttingen: Vandenhoeck; Ruprecht GmbH; Co. KG., 2010.

KORPEL, M. C. A. *The Structure of the Book of Ruth*. Vol. II. Assen: Royal Van Gorcum, 2001.

LACOQUE, A. *Ruth: a Continental Commentary*. Minneapolis: Fortress Press, 2004.

LACOQUE, A. *Le Livre de Ruth: Commentaire de l'Ancien Testament XVII*. Genève: Labor et Fides, 2004.

LACOQUE, A. *Subversives, ou un Pentateuque de femmes*. Paris: Cerf, 1992. Lectio Divina 148.

LAU, P. H. W. *Identity and Ethics in the Book of Ruth: a social identity approach*. Berlin; New York: Walter de Gruyter GmbH; Co. KG, 2011.

LINAFELT, T. *Ruth*. Collegeville, MN: Liturgical Press, 1999.

LEVINE, É. *The Aramaic Version of Ruth*. Rome: Biblical Institute Press, 1973.

McKEOWN, J. *Ruth. The Two Horizons Old Testament Commentary*. Cambridge: W. B. Eerdmans, 2015.

MESTERS, C. *Rute*. São Leopoldo; Petrópolis: Sinodal; Vozes, 1986.

MESTERS, C. *Rute*. São Paulo: Loyola, 2009.

MESTERS, C. *Como ler o livro de Rute*. Pão, família, terra. São Paulo: Vozes, 1991.

MATTHEWS, V. H. *Judges & Ruth*. New York: Cambridge University Press, 2004.

MYERS, J. M. *The Linguistic and Literary form of the book of Ruth*. Leiden: E.J. Brill, 1955.

NIELSEN, K. *Ruth*. A commentary. Louisville: Westminster John Knox Press, 1997.

SAXEGAARD, K. M. *Character Complexity in the Book of Ruth*. Tübbingen: Mohr Siebeck, 2010.

SCAIOLA, D. *Rut*. Milano: Paoline Editoriale Libri, 2009.

SILVA, A. *Rute. Um evangelho para a mulher de hoje*. São Paulo: Paulinas, 2002.

SKA, J.-L. *La Biblica Cenerentola. Generosità e cittadinanza nel libro di Rut*. Bologna: EDB, 2013.

VILCHEZ LÍNDEZ, J. *Rut y Ester*. Navarra: Verbo Divino, 1998.

WAARD, J.; NIDA, E. A. *A translator's handbook on the book of Ruth*. Vol. XV. London: United Bible Societies, 1973.

WÉNIN, A. *Le livre de Ruth. Une approche narrative*. Cahiers Evangile 104. Paris: Du Cerf, 1998.

WÉNIN, A. *El libro de Rut. Aproximación narrativa*. Estella: EVD, 2000,

YERUSHALMI, R. S. *MeAm Lo'ez. The book of Ruth*. New York; Jerusalem: Maznaim Publishing Corporation, 1985.

Capítulos de livros e artigos

ADELMAN, R. Seduction and recognition in the story of Judah and Tamar and the Book of Ruth. *Nashim* 23, p. 87-96, 2012.

ALANATI, L. Releituras rabínicas do livro de Rute. *Estudos Bíblicos* 98, p. 72-76, 2008.

ANDERSON, G. A. A marriage in full. *First Things* 183, p. 31-34, 2008.

ANDRADE, A. C. A amizade no livro de Rute. Identidades descentradas. *RIBLA* 68, p. 29-40, 2009.

BADLEY, J.-A.; BADLEY, K. R. Slow Reading. Reading along Lectio Lines. *Journal of Education & Christian Belief*, 15.1, p. 29-42, 2011.

BAUCKHAM, R. The Book of Ruth and the Possibility of a Feminist Canonical Hermeneutic. *BibInt* 5.1, p. 29-45, 1997.

BAUCKHAM, R. The book of Ruth as evidence for Israelite Legal Practice. *VT* 24, p. 251-267, 1974.

BEATTIE, D. R. G. Redemption in Ruth, and Related Matters. A Response to Jack M. Sasson. *JSOT* 3.5, p. 65-68, 1978.

BEATTIE, D. R. G. Ruth III. *JSOT* 5, p. 39-48, 1978.

BENJUMEA, O. L. A. O Livro de Rute, bordado à mão. *RIBLA* 67, p. 59-68, 2010.

BERGER, Y. Ruth and Inner-Biblical Allusion. The Case of 1 Samuel 25. *JBL* 128.2, p. 253-272, 2009.

BERQUIST, J. L. Role Dedifferentiation in the Book of Ruth. *JSOT* 18.57, p. 23-37, 1993.

BLANCO ARELLANO, L. R. Booz... – Para uma masculinidade de doação. *RIBLA* 56, p. 72-89, 2007.

BONS, E. Le vocabulaire de la servitude dans la Septante du livre de Ruth. *JSJPHR*, 33.2, p. 153-163, 2002.

BOVELL, C. Symmetry, Ruth and Canon. *JSOT* 28.2, p. 175-191, 2003.

BRENNER, A. From Ruth to the 'global woman': social and legal aspects. *BibInt*. 64.2, p. 162-168, 2010.

BRENNER, A. Rute e Noemi. In: BRENNER, A. *Rute a partir de uma leitura de gênero*. São Paulo: Paulinas, 2002, p. 92-111.

BRONNER, L. L. Uma abordagem temática de Rute na literatura rabínica. In: BRENNER, A. (org.). *Rute a partir de uma leitura de gênero*. São Paulo: Paulinas, 2002, p. 195-226.

CABRERA, R. Identidade das mulheres estrangeiras no pós-exílio. *RIBLA* 68, p. 55-76, 2009.

CARDOSO PEREIRA, N. De olhos bem abertos. Erotismo nas novelas bíblicas. *RIBLA* 38, p. 135-146, 2001.

CASTRO, M. A. Rute: símbolo da força feminina. *Estudos Bíblicos* 114, p. 109-118, 2012.

COHEN, A. D. The eschatological meaning of the book of Ruth: 'Blessed be God: *Asher lo hishbit lakh go'el*'. In: *JBQ* 40.3, p. 163-170, 2012.

DAVIS, A. R. The literary effect of gender discord in the book of Ruth. *JBL* 132.3, p. 495-513, 2013.

DUQUE, M. A.; PULGA, R. O protagonismo de uma sogra: a história de Noemi e Rute. Uma abordagem feminina sob o olhar da psicologia. *Estudos Bíblicos* 98, p. 121-129, 2008.

EMBRY, B. Redemption-acquistion: the marriage of Ruth as a theological commentary on Yahweh and Yahweh's people. *JTI* 7.2, p. 257-273, 2013.

ESTÉVEZ, E. Función socio-histórica y teológica del libro de Rut. *MCom* 59, p. 685-707, 2001.

EXUM, L. C. Is This Naomi? In: BAL, M. (ed.). *The Practice of Cultural Analysis*. Stanford: Stanford University Press, p. 189-202, 1999.

FALCHINI, C. Rut: una donna. *PdV* 5, p. 6-8, 1995.

FERREIRA, C. A. P. O Livro de Rute. Uma leitura sobre o discurso e as relações de poder. *Atualidade Teológica* 45, p. 456-509, 2013.

FEWELL, D. N.; GUNN, D. M. Boaz, Pillar of Society. Measures of Worth in the Book of Ruth. *JSOT* 14.45, p. 45-59, 1989.

FISCH, H. Ruth and the structure of covenant history. *VT* 32.4, p. 425-437, 1982.

FISCHER, I. Rut. Das Frauenbuch der Hebräischen Bibel. *RHS* 39, p. 1-6, 1996.

FISCHER, I. Von der Vorgeschichte zur Nachgeschichte: Schriftauslegung in der Schrift – Intertextualität – Rezeption. *ZAW* 125.1, p. 143-160, 2013.

FISCHER, I. Noémi et Ruth, les femmes ancêtres non conventionnelles de la maison de David. In: FISCHER, I. *Des femmes aux prises avec Dieu. Récits bibliques sur les débuts d'Israël*. Paris: Du Cerf, 2008, p. 205-229.

GAISER, F. J.; LEWIS, K. M.; LANGE, D. G.; JACOBSON, R.; SCHIFFERDECKER, K. M.; ALBING, M. E. A new look at sermon series: preaching through Ruth (Commentator for written text). *W&W* 33.2, p. 166-187, 2013.

GARCÍA BACHMANN, M. Perder la cabeza por una mujer bonita... ¿O entregarla voluntariamente? Judit e otras heroínas bíblicas. *Reseña Biblica* 74, p. 33-42, 2012.

GLANTZMAN, G. S. Origin and Date of the Book of Ruth. *CBQ* 21, p. 201-207, 1959.

GOH, S. T. S. Ruth as a Superior Woman of חַיִל? A Comparison between Ruth and the 'Capable' Woman in Proverbs 31.10-31. *JSOT* 38.4, p. 487-500, 2014.

GOULDER, M. D. Ruth: A Homily on Deuteronomy 22–25. In: McKAY, H. A.; CLINES, D. J. A. (eds.). *Of Prophets' Visions and the Wisdom of Sages. Essays in Honour of R. Norman Whybray on his Seventieth Birthday*. Sheffield, 2000, p. 307-319.

GRÄTZ, S. The Second Temple and the legal status of the Torah: the hermeneutics of the Torah in the book of Ruth and Ezra. In: KNOPPERS G. N.; LEVINSON, B. M. (eds.). *The Pentateuch as Torah: New Models for Understanding Its Promulgation and Acceptance*. Indiana: Eisenbrauns, 2007, p. 273-287.

GUIDA, A. Introduzione all'analisi narrativa: Storia di un método. *PdV* 56.1, p. 50-53, 2011.

GHINI, E. Rut, una straniera antenata di Gesù. *PSV* 16, p. 57-69, 1987.

HALTON, C. An indecent proposal: the Theological core of the book of Ruth. *SJOT*, p. 30-43, 2012.

HOLLADAY, W. L. Indications of Segmented Sleep in the Bible. *CBQ* 69, p. 215-221, 2007.

HONIG, B. Ruth, the model emigree: mourning and the symbolic politics of immigration. *PT* 25.1, p. 112-118, 1997.

HYMAN, R. T. Questions and changing identity in the Book of Ruth. *USQR* 39.3, p. 189-201, 1984.

IRWIN, B. P. Removing Ruth: *tiqqune sopherim* in Ruth 3.3-4?. *JSOT* 32.3, p. 331-338, 2008.

JACKSON, B. S. Ruth, the Pentateuch and the nature of Biblical Law. In conversation with Jean Louis Ska. In: GIUNTOLI, F.; SCHMID, K. (eds.). *The Post-Priestly Pentateuch: New Perspectives on its Redactional Development and Theological Profiles*. Tübingen: Mohr Siebeck, 2015, p. 75-111.

KING, G. A. Ruth 2:1-13. *BibInt* 52.2, p. 182-184, 1998.

KRUGER, P. A. The Hem of the Garment in Marriage. The Meaning of the Symbolic Gesture in Ruth 3:9 and Ezek 16:8. *JNSL* 12, p. 86-94, 1984.

LARIVALILLE, P. L'analyse (mopho)logique du récit. *Poétique* 19, p. 368-388, 1974.

LENEMAN, H. More than the Love of men. Ruth and Naomi's story in music. *BibInt* 64.2, p. 146-160, 2010.

LEVENSON, A. T. The mantle of the Matriarchs. Ruth 4:11-15. *JBQ* 38.4, p. 237-243, 2010.

LEVINE, B. A. On the Concept Hesed in the Hebrew Bible. *The Living Pulpit*, p. 6-8, 1993.

LEVINE, N. Ten Hungers/Six Barleys. Structure and Redemption in the Targum to Ruth. *JSJPH*, 30.3, p. 312-324, 1999.

LINAFELT, T. Narrative and poetic art in the Book of Ruth. *BibInt* 64.2, p. 118-129, 2010.

LOBOSCO, R. L. A solidariedade familiar. *Estudos Bíblicos* 85, p. 22-29, 2005.

LOPES, M. Aliança pela vida. Uma leitura de Rute a partir das culturas. *RIBLA* 26, p. 110-116, 1997.

LOPES, M. O livro de Rute. *RIBLA* 52, p. 88-100, 2005.

MANN, T. W. Ruth 4. *BibInt* 64.2, p. 178-180, 2010.

MANOR, D. W. A brief history of levirate marriage as it relates to the Bible. *ResQ* 27.3, p. 129-142, 1984.

MARTÍN-CONTRERAS, E. Masoretic and rabbinic lights on the word *habî*, Ruth 3:15: *yhb* or *bw'*? *VT* 59.2, p. 257-265, 2009.

MATHIEU, M. Analyse du récit (1) La structure des histories. *Poétique* 30, p. 226-242, 1977.

MATTHEWS, V. H. The Determination of Social Identity in the Story of Ruth. *BTB* 36.2, p. 48-55, 2006.

MESTERS, C. Casos de imaginação criativa. *Estudos Bíblicos* 42, p. 20-27, 1994.

MEYERS, C. De volta para casa. Rute 1,8 e a definição de gênero do livro de Rute. In: BRENNER, Athalya (org.). *Rute a partir de uma leitura de gênero*. São Paulo: Paulinas, 2002, p. 120-12.

MILANI, M. Il poema acrostico di Pr 31, 10-31 e il libro di Rut. Un interpretazione del testo Masoretico? *Initium sapientiae*, p. 65-74, 2000.

MOORE, M. S. Two Textual Anomalies in Ruth. *CBQ* 59.2, p. 234-243, 1997.

MOORE, M. S. Ruth the Moabite and the blessing of foreigners. *CBQ* 60.2, p. 203-217, 1998.

MOORE-KEISH, M. L. Ruth 2. *BibInt* 64.2, p. 174-176, 2010.

MORGENSTERN, M. Ruth and the Sense of Self: Midrash and Difference. *JJLT* 48.2, p. 131-145, 1999.

NAVARRO PUERTO, M. O livro de Rute. In: LAMADRID, G. *História, Narrativa, Apocalíptica*. São Paulo: Ave Maria, 2004.

NICCACCI, A. Syntactic Analysis of Ruth. *LA* 45, p. 69-106, 1995.

NIELSEN, K. Le choix contre le droit dans le livre de Ruth. De l'aire de battage au tribunal. *VT* 35.2, p. 201-212, 1985.

OSTRIKER, A. The Book of Ruth and the Love of the Land. *BibInt* 10.4, p. 343-359, 2002.

OZICK, C. Rute. In: BRENNER, Athalya (org.). *Rute a partir de uma leitura de gênero*. São Paulo: Paulinas, 2002, p. 251-283.

PÁDUA GRACIA, C. Uma leitura do livro de Rute: mulheres pobres e transgressoras do judaísmo. *Estudos Bíblicos* 114, p. 97-108, 2012.

PRINSLOO, W. S. The Theology of the book of Ruth. *VT* 30/3, p. 330-341, 1980.

RANON, A. Uma storia di famiglia. *PdV* 5, p. 9-18, 1995.

RASHKOW, I. Rute: o discurso do poder e o poder do discurso. In: BRENNER, A. (org.). *Rute a partir de uma leitura de gênero*. São Paulo: Paulinas, 2002, p. 34-53.

SASSON, J. M. The Issue of Geu'lla in Ruth. *JSOT* 3.5, p. 52-68, 1978.

SASSON, J. M. Ruth. In: ALTER, R.; KERMODE, F. (eds.). *The Literary Guide to the Bible*. Cambridge; Massachusetts: Harvard University Press, 1987.

SHEPHERD, D. Violence in the Fields? Translating, Reading, and Revising in Ruth 2. *CBQ* 63.3, p. 444-463, 2001.

SKA, J.-L. La storia di Rut, la moabita e il diritto di cittadinanza in Israele. In: BORTONE, G. (ed.). *Maria nella Bibbia, dale prefigurazioni alla realtà L'Aquila*: Edizioni ISSRA, p. 3-28, 2004.

SKORKA, A. Consideraciones linguísticas y conceptuales para la datación del texto de Rut. *CT* 25, p. 25-33, 2006.

SILVA, J. J. Rute e Noemi: O resgate das leis na defesa das relações afetivas e a união civil entre pessoas do mesmo sexo. *Estudos Bíblicos* 87, p. 46-56, 2005.

SILVA, A. J. Leitura socioantropológica do Livro de Rute. *Estudos Bíblicos* 98, p. 107-120, 2008.

SOUZA, S. Em busca da Saúde Social com Rute e Noemi. *Estudos Bíblicos* 111, p. 9-16, 2011.

SMITH, M. S. Your People Shall be My People: Family and Covenant in Ruth 1:16-17. *CBQ* 69. 2, p. 242-258, 2007.

TATE, J. Ruth 1:6-22. *BibInt* 64.2, p. 170-172, 2010.

TEZZA, M; TOSELI, C. Rute: Uma Introdução. *RIBLA* 67, p. 47-58, 2007.

VITÓRIO, J. A narratividade do livro de Rute. In: Bíblia: Teoria e prática. Leituras de Rute. *Estudos Bíblicos* 98.2, p. 97-100, 2008.

WALSH, J.T. Two notes on translation and the syntax of *ṭerem*. *VT* 49.2, p. 264-266, 1999.

WÉNIN, A. La stratégie déjouée de Noémi en Rt 3. *Estudios Bíblicos* 56, p. 179-199, 1998.

WIJK-BOS, V.; JOHANNA, W. H. Out of the shadows: Genesis 38; Judges 4:17-22; Ruth 3. *Semeia* 42, p. 37-67, 1988.

WIFALL, W. R. Bone of my bones and flesh of my flesh: the politics of the Yahwist. *CurTM* 10.3, p. 176-183, 1983.

WRIGHT, G. R. H. The mother-maid at Bethlehem. *ZAW* 98.1, p. 56-72, 1986.

WÜNCH, H.-G. Ruth, a proselyte par excellence – exegetical and structural observations. *JSem*, 24.1, p. 36-64, 2015.

ZAMFIR, K. The quest for the 'eternal feminine': an essay on the effective history of Gen 1-3 with respect to the woman. *Annali di storia dell'esegesi*, 24.2, p. 501-522, 2007.

Teses e dissertações

DIAS, E. C. *A vida de Sara e o cumprimento da promessa-aliança: exegese narrativa de Gn 23,1-20*. Rio de Janeiro, 2016. Tese. Faculdade de Teologia, Pontifícia Universidade Católica do Rio de Janeiro.

FERREIRA, C. A. P. *O pacto da memória: interpretação e identidade nas fontes bíblica e talmúdica*. Rio de Janeiro, 2002. Tese. Faculdade de Letras, UFRJ.

FRIZZO, A. C. *A Trilogia Social: estrangeiro, órfão e viúva no Deuteronômio e sua recepção na Mishná*. Rio de Janeiro, 2009. Tese. Faculdade de Teologia, Pontifícia Universidade Católica do Rio de Janeiro.

OLIVEIRA, T. C. S. A. *Os Bezerros de Arão e Jeroboão: Uma Verificação da Relação Intertextual entre Ex 32,1-6 e 1Rs 12,26-33*. Rio de Janeiro, 2010. Tese. Faculdade de Teologia, Pontifícia Universidade Católica do Rio de Janeiro.

KITZINGER, Â. M. *Messianismo – de Rute ao Brasil Contemporâneo: Sofrimento e Esperança – Rute 4,1-12*. São Paulo, 2001. Dissertação. Faculdade de Filosofia e Ciências da Religião, UMESP.

SANTOS, P. P. A. *Exegese bíblica e estudos literários*. Rio de Janeiro, 2006. Tese. Faculdade de Letras, Pontifícia Universidade Católica do Rio de Janeiro.

Série Teologia PUC-Rio

- *Rute: uma heroína e mulher forte*
Alessandra Serra Viegas

- *Por uma teologia ficcional: a reescrita bíblica de José Saramago*
Marcio Cappelli Aló Lopes

- *O Novo Êxodo de Isaías em Romanos: estudo exegético e teológico*
Samuel Brandão de Oliveira

LEIA TAMBÉM:

Dicionário de Teologia Fundamental

Esse *Dicionário* tem por base o binômio revelação-fé. Em torno deste eixo giram os 223 verbetes que o compõem. A estrutura do *Dicionário* foi pensada de modo a propor, a quem o desejar, um estudo sistemático de todos os temas da Teologia Fundamental: os princípios básicos e suas implicações.

Em sua concepção inicial, essa obra procurou definir, antes de tudo, as grandes linhas do *Dicionário* e, em seguida, determinar os verbetes a serem tratados, levando em conta uma série de critérios.

Mesmo tendo sido composto há algumas décadas, permanece muitíssimo atual, justamente pela forma abrangente utilizada em sua organização. Sendo um dicionário, não contém tratados teológicos sistemáticos, mas cada temática é apresentada com uma grande abrangência. Além disso, ao final de cada verbete há indicações bibliográficas para aprofundamento.

EDITORA VOZES

Editorial

CULTURAL
Administração
Antropologia
Biografias
Comunicação
Dinâmicas e Jogos
Ecologia e Meio Ambiente
Educação e Pedagogia
Filosofia
História
Letras e Literatura
Obras de referência
Política
Psicologia
Saúde e Nutrição
Serviço Social e Trabalho
Sociologia

CATEQUÉTICO PASTORAL

Catequese
Geral
Crisma
Primeira Eucaristia

Pastoral
Geral
Sacramental
Familiar
Social
Ensino Religioso Escolar

TEOLÓGICO ESPIRITUAL
Biografias
Devocionários
Espiritualidade e Mística
Espiritualidade Mariana
Franciscanismo
Autoconhecimento
Liturgia
Obras de referência
Sagrada Escritura e Livros Apócrifos

Teologia
Bíblica
Histórica
Prática
Sistemática

REVISTAS
Concilium
Estudos Bíblicos
Grande Sinal
REB (Revista Eclesiástica Brasileira)

VOZES NOBILIS
Uma linha editorial especial, com importantes autores, alto valor agregado e qualidade superior.

PRODUTOS SAZONAIS
Folhinha do Sagrado Coração de Jesus
Calendário de mesa do Sagrado Coração de Jesus
Agenda do Sagrado Coração de Jesus
Almanaque Santo Antônio
Agendinha
Diário Vozes
Meditações para o dia a dia
Encontro diário com Deus
Guia Litúrgico

VOZES DE BOLSO
Obras clássicas de Ciências Humanas em formato de bolso.

CADASTRE-SE
www.vozes.com.br

EDITORA VOZES LTDA.
Rua Frei Luís, 100 – Centro – Cep 25689-900 – Petrópolis, RJ
Tel.: (24) 2233-9000 – Fax: (24) 2231-4676 – E-mail: vendas@vozes.com.br

UNIDADES NO BRASIL: Belo Horizonte, MG – Brasília, DF – Campinas, SP – Cuiabá, MT
Curitiba, PR – Fortaleza, CE – Goiânia, GO – Juiz de Fora, MG
Manaus, AM – Petrópolis, RJ – Porto Alegre, RS – Recife, PE – Rio de Janeiro, RJ
Salvador, BA – São Paulo, SP